U0515046

创业蓝皮书

BLUE BOOK OF
ENTREPRENEURSHIP

中国创业发展研究报告
（2015~2016）

RESEARCH REPORT ON ENTREPRENEURSHIP OF CHINA
(2015-2016)

主　编／黄群慧　赵卫星　钟宏武　等

社会科学文献出版社
SOCIAL SCIENCES ACADEMIC PRESS（CHINA）

图书在版编目（CIP）数据

中国创业发展研究报告 . 2015～2016 / 黄群慧等主编
. －－北京：社会科学文献出版社，2016. 11
（创业蓝皮书）
ISBN 978 – 7 – 5097 – 9306 – 0

Ⅰ. ①中… Ⅱ. ①黄… Ⅲ. ①企业发展 – 研究报告 –
中国 – 2015 – 2016 Ⅳ. ①F279. 2

中国版本图书馆 CIP 数据核字（2016）第 125071 号

创业蓝皮书
中国创业发展研究报告（2015～2016）

主　　编／黄群慧　赵卫星　钟宏武 等

出 版 人／谢寿光
项目统筹／邓泳红　吴　敏
责任编辑／宋　静

出　　版／社会科学文献出版社·皮书出版分社（010）59367127
　　　　　地址：北京市北三环中路甲 29 号院华龙大厦　邮编：100029
　　　　　网址：www. ssap. com. cn
发　　行／市场营销中心（010）59367081　59367018
印　　装／北京季蜂印刷有限公司

规　　格／开 本：787mm×1092mm　1/16
　　　　　印 张：18. 75　字 数：286 千字
版　　次／2016 年 11 月第 1 版　2016 年 11 月第 1 次印刷
书　　号／ISBN 978 – 7 – 5097 – 9306 – 0
定　　价／79. 00 元

皮书序列号／B – 2016 – 544

主编简介

黄群慧 1986 年、1991 年和 1999 年先后毕业于河北科技大学、华中科技大学和中国社会科学院研究生院，分别获得工学学士、工学硕士和管理学博士学位。现为中国社会科学院工业经济研究所所长、研究员、博士生导师，兼任中国企业管理研究会理事长和秘书长、中国社会科学院管理科学研究中心副主任。研究领域为产业经济和企业管理，曾先后主持和参与完成国家社会科学基金重大招标课题、中国社会科学院重大课题多项。在《中国社会科学》《经济研究》等学术刊物公开发表论文百余篇，独立撰写、参与撰写著作十余部。获第十二届孙冶方经济科学奖、第二届蒋一苇企业改革与发展学术基金优秀专著奖、第三届蒋一苇企业改革与发展学术基金优秀论文奖、第十四届国家图书奖和中国社会科学院优秀科研成果三等奖等。

赵卫星 1997 年、2000 年和 2007 年先后毕业于沈阳农业大学、中国社会科学院研究生院，分别获得经济学学士、经济学硕士和管理学博士学位。现为中国社会科学院研究生院综合协调办主任兼 MBA 教育中心执行副主任，中国企业管理研究会副理事长。研究领域为工业经济、企业管理、MBA 教育。主持"科技创新与大国关系""中国高级专业学位考察报告"等中国社会科学院课题，参与社会科学重大课题"中国工业现代化"和国家社会科学基金课题"转型期中国企业人力资源管理变革研究"等。

钟宏武 毕业于中国社会科学院研究生院工业经济系，管理学博士，副研究员。研究领域为企业社会责任。主持国资委课题"中央企业海外社会责任研究"、国家食品药品监督管理总局课题"中国食品药品行业社会责任信息披露机制研究"、中国保监会课题"中国保险业白皮书"、国资委课题"企业社会责任推进机制研究"、深交所课题"上市公司社会责任信息披露";先后访问日本、南非、英国、瑞典、中国台湾、缅甸、苏丹、美国、韩国、荷兰研究企业社会责任。出版《中国企业社会责任报告编写指南》《企业社会责任基础教材》《中国企业社会责任研究报告》《企业社会责任报告白皮书》《慈善捐赠与企业绩效》等26部著作。在《经济研究》《中国工业经济》《人民日报》等刊物上发表论文50余篇。

摘　要

自 20 世纪 90 年代以来，创业在经济运行与发展中的作用越来越重要，不断成为经济增长的主要推动力。在 2014 年夏季达沃斯论坛上，李克强总理首次提出"大众创业、万众创新"的概念，创新创业成为我国社会各界关注的焦点。创新创业活动涵盖非常多的社会主体和内容，除了国家层面的规划、政策引导，市场在资源配置中的基础性作用是决定因素。因此，整个社会要让千千万万创业者和社会各种力量活跃起来，汇聚成经济发展的巨大动能，形成良好的创新创业氛围。本研究围绕创业发展，分别从宏观、中观和微观三个层次以及创业企业和金融机构两个层面对国家创业指数、城市创业指数、创业企业社会价值、负责任投资指数进行了研究，主要得出以下几方面的结论。

在国家创业指数研究方面，课题组通过对 29 个国家的创业水平进行研究发现：国家创业指数得分处于 20 分以下的国家超过四成；瑞士、丹麦、美国、英国、德国位居前五；创业绩效指数得分相对最高，创业文化指数得分相对最低，但不同维度创业指数得分差异不大；北美区域国家的国家创业指数相对最高，拉美区域国家的国家创业指数相对最低；发达国家的国家创业水平相对较高。

在城市创业指数研究方面，课题组通过对 100 座中国城市的创业水平进行研究发现：中国城市创业指数平均水平得分较低，位于 5 分以下的城市相对最多；创业机会平均水平得分相对最高，创业资源平均水平得分相对最低；东部地区城市创业指数平均水平得分相对最高，中部地区城市创业指数平均水平得分相对最低。

在创业企业社会价值研究方面，课题组通过对 200 家创业企业的社会价

值进行评估发现：逾半数的创业企业的社会价值高于经济价值；成立时间为5~10年的创业企业中，社会价值高于经济价值的创业企业相对最多；社会价值高于经济价值在成立时间为15年以上的创业企业中最为普遍；电子商务行业中社会价值高于经济价值的创业企业相对最多，社会价值高于经济价值的创业企业在社交网络行业分布最为普遍；5亿美元以下组别社会价值高于经济价值的创业投资企业最多，且分布最为普遍。

在投资机构负责任投资指数研究方面，课题组通过对30家风险投资（VC）投资机构和30家私募股权（PE）投资机构的负责任投资指数进行研究发现：VC投资机构负责任投资水平整体偏低，不仅在树立负责任投资理念方面，我国VC投资机构需要进一步有所作为，而且在开展负面筛选、进行积极筛选以及推进股东行动方面，我国VC投资机构开展负责任投资也存在极大的提升空间；VC投资机构开展积极筛选投资整体水平较好，但是，除此之外，无论是树立负责任的投资理念，还是开展负面筛选或股东行动，整体水平均较差。分维度视角来看，八成VC投资机构不具有负责任投资理念；多数VC投资机构开展负责任投资采用负面筛选策略；采取积极筛选策略开展负责任投资VC投资机构居多；多数VC投资机构尚未通过股东行动进行负责任投资。

我国PE投资机构负责任投资平均得分为3.03分，整体不高，反映了我国PE投资机构不仅需要进一步树立负责任的投资理念，而且需要在投资过程中继续推进负面筛选、积极筛选以及股东行动等负责任投资策略的使用；积极筛选的负责任投资策略是PE投资机构开展负责任投资优先采取的投资策略。从分维度视角来看，逾半数PE投资机构不具有负责任投资理念；逾八成PE投资机构采用负面筛选策略开展负责任投资；采用积极筛选的负责任投资策略已经成为PE投资机构的常态；相对多数PE投资机构并未通过股东行动进行负责任投资。

Abstract

From the perspective of history of global economy development, since the 1990s, the role of entrepreneurship in the economic operation and development became more and more important, and entrepreneuship has became the main driving force of economic growth gradually. On the 2014 Summer Davos Forum, the concept of "Mass Entrepreneurship and Innovation" is put forward by Premier Li Keqiang initially, entrepreneuship also becomes the focus paid attention by all walks of life in China. A lot of social subjects and contents are covered by innovation and entrepreneurship activities, in addition to the planning and policy guidance of the national level, the foundation of market in the allocation of resources is the decisive factors. Therefore, the whole society should promote hundreds of thousands of entrepreneurs and all kinds of social forces actively into a huge economic development momentum, and good atmosphere of innovation and entrepreneurship. So, surrounded the business development, based on the three levels: macro, micro and medium, and two aspects: enterprises and financial institutions, the research on the National Entrepreneurship Index, City Entrepreneurship Index, the Social Value of Entrepreneurial Enterprise, and Responsible Investment Index are conducted. And, several aspects of conclusions are reached as follows.

In the aspect of National Entrepreneuship Index, based on the study of the entrepreneuship level of 29 different countries, the research group found that the score of national entrepreneuship index of more than forty percent of the sample is below 20, Switzerland, Denmark, America, Britain, Germany is top five, although the score of entrepreneurial performance index is relatively high on average, and the score of the entrepreneurial Culture index is relatively low, the difference of score between different dimension of entrepreneurial index is not big, the score of national entrepreneuship index of countries in the Northern America is

relatively high, but the score of national entrepreneuship index of countries in the Latin America is relatively weak, compared with developing countries, the national entrepreneuship index of developed countried is relatively higher.

In the aspect of City Entrepreneurship Index, based on the study of entrepreneuship level of 100 cities, the research group found that the average score of City Entrepreneuship Endex is low, the numbers of the city whose score of City Entrepreneurship Index that is lower than 5 is relatively high, the average score of entrepreneuship opportunity is relatively high, the average score of entrepreneuship resource is relatively low, the average score of entrepreneuship of the cities in east China is relatively high, the average score of entrepreneuship of the cities in central region of China is relatively low,

In the aspect of Social Value of Entrepreneurial Enterprise, based on the evaluation of 200 entrepreneurial enterprises, the research group found that the social value of more than half of the entrepreneurial enterprises is higher than economic value, the social value of entrepreneurial enterprises whose established time are between 5 years and 10 years in higher than economic value, the situation of social value above economic value is the most common in the entrepreneurial enterprises whose established time are more than 15 years, the number of enterprises in the e-commerce industry whose social value are higher than economic value is the most, the situation of social value above economic value is the most common in the entrepreneurial enterprises from the social-network industry, the namuber of enterprises whose valuation is bellow 500 million and whose social value are higher than economic is the most, and the situation of social value above economic value is the moste common in the entrepreneurial enterprises whose valuation is bellow 500 million.

In the aspect of Responsible Investment Index of Institutional Investor, based on the study on the responsible investment index of 30 VC investment institutions and 30 PE investment institutions, the research group found that the responsible investment level of the 30 VC investment institutions is low on the whole, VC investment institutions in China should not only establish the notion of social responsibility, but also improve their level on the negative screening, positive screening and shareholder activism, comparatively, the level of positive screening of VC investment institutions is relatively better on the whole, but, beyond that, the level of establishing the notion of social responsibility, the level of carrying out negative screening and the level of shareholder activism all need improve. From the perspective of different dimensions, 80% of VC investment institutions have not responsible investment notion, the numbers of the VC investment institutions that adopt negative screening strategy is more than the numbers of the VC investment institutions that do not adopt negative screening strategy, the numbers of the VC investment institutions that adopt positive screening strategy is relatively more, the numbers of the VC investment institutions that have not adopted shareholder activism is more.

The average responsible investment score of PE investment institutions in China is 3. 03 that is not high, which reflects that the PE investment institutions in China not only need to further set up responsible investment notion, but also need keep carrying forward negative screening, positive screening, and shareholder activism, and so on, the strategy of positive screening is the preference strategy which is adopted by the PE investment institutions in China. From the perspective of different dimensions, more than half PE investment institutions have not the notion of responsible investment, more than 80% of PE investment institutions adapot the strategy of negative screening to conduct responsible investment, the situation of adopting the strategy of positive screening has became the normal of PE investment institutions, the number of the PE investment institutions that have not carried out responsible investment through the strategy of shareholder activism is relatively more.

目　录

Ⅰ　总报告

Ⅱ　创业企业报告

Ⅲ 创业投资报告

Ⅳ 附录

皮书数据库阅读 **使用指南**

CONTENTS

I   General Reports

II   Entrepreneurship Enterpries Reports

创业蓝皮书

Ⅲ Entrepreneurship Investment Reports

Ⅳ Appendices

总 报 告

General Reports

　　本篇聚焦于国家和城市，分别构建了反映国家创业水平的国家创业指数和反映城市创业水平的城市创业指数，并对 29 个国家的创业水平和中国 GDP 排名前 100 的城市的创业水平进行了评估。一方面，找到我国当前创业环境或氛围在国际上的位置，从而通过比较，最大限度地吸收他国之所长，推进我国创业水平进一步提高，进而推进我国经济社会更好更快地发展。另一方面，对我国 100 座城市的创业水平进行详细的研究和分析，从而通过评估提高我国地方政府对当地创业环境或氛围的重视程度，进而推进相关城市经济社会更好更快地发展。

B.1
国家创业指数（2015）

从某种程度上来说，一个国家的经济发展水平是由该国的创业氛围决定的。当一个国家的创业氛围比较宽松时，该国家的创业活动必然活跃，从而经济活动的数量和质量均较好，国家的经济发展水平必然较高；当一个国家的创业氛围比较压抑时，该国家的创业活动必然不同程度地受到抑制，从而经济活动的数量和质量均较差，国家的经济发展水平必然较低。所以，开展国家创业氛围的研究、比较不同国家创业氛围的优势和劣势具有重要意义。在本研究中，课题组以29个国家为样本，对反映不同国家创业氛围的国家创业指数进行了研究，以便更好地服务于我国"大众创业、万众创新"的战略。

一 研究方法和技术路线

国家创业指数研究的技术路线包括四个组成部分，分别为理论基础、对标分析、规则确定和信息来源。

第一，理论基础。课题组在对国外创业行为过程理论研究、国内创业行为过程理论研究进行分析、归纳、总结的基础上，提出包括创业文化、创业机会、创业资源和创业绩效四个维度的国家创业指数理论模型。

第二，对标分析。依托国家创业指数理论模型，根据国内创业文化、创业机会、创业资源、创业绩效研究文献和国外创业文化、创业机会、创业资源、创业绩效研究文献，课题组首先构建了创业文化、创业机会、创业资源、创业绩效四个一级指标，之后，基于四个一级指标，课题组又分别构建了创业文化类、创业机会类、创业资源类、创业绩效类二级指标，对国家创业文化、创业机会、创业资源、创业绩效维度进行了进一步的细分。细分后的创业文化维度二级指标、创业机会维度二级指标、创业资源维度二级指标以及创业绩效维度二级指标同创业文化、创业机会、创业资源以及创业绩效共同构成了包括两个层级的国家创业指数指标体系。

第三，规则确定。分别确定国家创业指数指标体系二级指标的得分原则以及二级指标和一级指标的权重，从而在得知二级指标得分的基础上，得到一级指标得分和国家创业指数的得分。国家创业指数指标体系在确定二级指标赋分原则以及一级指标和二级指标权重的基础上，就形成国家创业指数。

第四，信息来源。根据国内、国外研究机构或研究人员的研究报告以及政府部门官方网站等权威网站，课题组对样本国家的创业指数进行了研究，从而得到样本国家的创业指数最终得分。

（一）理论模型

中文中"创业"的原意为"创立基业"或"开创建立基业或者事业"，强调"开创"和"首创"，甚至突破资源约束白手起家。在西方文献中，创业"entrepreneurship"是从词根"entrepreneur"演化而来的，在英文里的解释是"新建企业的过程中承担风险，进行运作和组织的活动"。在以往的研究中，创业指数的评价模型主要有GEM模型、创业要素模型、社会经济系统技术系统模型等。基于创业的内涵，课题组认为构建基于过程的创业理论更能反映创业的动态内涵，因此，本研究所构建的创业模型是基于创业行为过程的模型，简称"创业过程模型"。

从创业的行为过程来看，首先要有创业文化和创业机会作为基础条件，然后在整合创业资源之后进行创业行为的启动并付出持续的努力，最后获得一定的创业绩效。由于创业行为的启动和持续努力本身是复杂的，属于创业管理的范畴，因此，课题组选择了创业文化、创业机会、创业资源和创业绩效四个部分作为创业指数的核心要素。

创业过程具有四个方面的特点。首先，创业文化是潜在的驱动因素。创

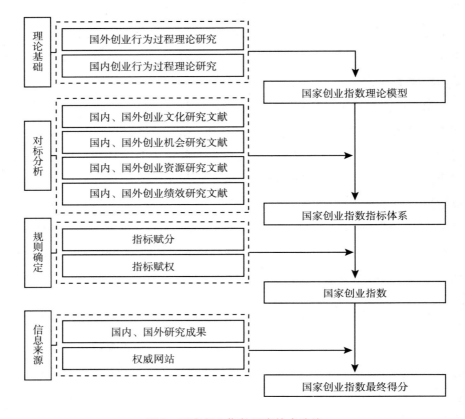

图 1　国家创业指数研究技术路线

业文化决定了创业者是否敢于承担风险和承受不确定性，这就是有的地区创业人数多而有的地区创业人数非常少的根本原因。其次，当创业者识别或者觉察到创业机会时，创业的意愿会更加强烈。在创业文化和创业机会的共同驱动下去寻找创业资源。再次，创业资源的整合对于创业而言是一个关键环节。一般而言，创业企业在资源整合过程中面临的主要挑战归纳为资源识别、资源获取、资源配置、资源利用四个部分。最后，创业企业得以创立并发展，经过一段时间的经营管理，会获得一定的绩效，这就是课题组所定义的创业绩效。因此，创业过程的四个方面的核心要素就形成了完整的创业过程模型（见图2）。

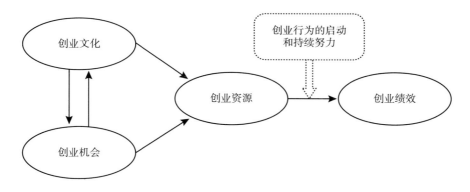

图2　创业过程模型

（二）对标分析

1. 对标分析过程

为了得出国家创业指标体系，课题组对国内和国外的创业文化研究文献、创业机会研究文献、创业资源研究文献以及创业绩效研究文献进行了对标分析。

（1）创业文化研究文献对标分析

创业文化是创业行为的起点，决定着一个国家或者地区的潜在创业需求。创业文化直接促使创业者利用自身现有竞争优势不断地搜寻创业机会。

例如，美国就是一个创业文化浓厚的国家，中国的江浙地区也是一个创业文化浓厚的地区。美国的创业文化是以个人主义为基础，鼓励个人创新、支持创业、宽容失败的创业文化。中国江浙地区的创业文化是敢于冒险、具有致富欲望和吃苦精神的创业文化。

从微观层面来看，创业文化是由个人价值观念、管理技能、经验和行为组成的一个组合体，并且根据这些要素可以将其划分为以下特质：首创精神、风险倾向、创新意识、创业者个人品质（例如，吃苦耐劳等品质）等。

从宏观层面来看，一个国家或者地区的创业文化表现为支持或阻碍创业者（个体）进行创业的条件、特征以及社会环境的总和。创业文化是支持

创业的一种社会意识，包括社会对待创业的认知态度和鼓励创业的氛围。

因此，课题组认为，创业文化是指在创业过程中，创业者普遍表现出来的首创精神、风险倾向、创新意识等创业者个人特质以及支持企业创新与创业活动的社会意识总和。

（2）创业机会研究文献对标分析

"经营之神"松下幸之助先生曾发出这样的慨叹："在激烈的市场竞争中，一个企业如果先于竞争对手抓住了一个有价值的商业机会，就无异于在战争中抢占了战场上的制高点。"机会具有潜在价值，能够创造价值，产生可持续利润，具有经济性特征。

从静态角度来看，创业机会是未明确的市场需求或未得到充分利用的资源或能力，是一组有利于创造新产品、新服务或新需求的环境因素，是一种亟待满足且有利可图的市场需求，或者是一些关于创造目前市场上所缺乏的物品或服务的创意、信念和行动。

从动态角度来看，创业机会是指在新的市场、新的产出或者两者关系的形成过程中，通过创造性地整合资源来满足市场需求并传递价值的可能性，是一个不断被发现或创造的动态发展过程。因此，创业机会不但需要创业者去发现，而且要求创业者去实施、参与、改进和创造。

从机会的来源来看，创业机会是由市场维度（市场需求、市场进入）、资源维度（资金、新技术等）以及相关支持系统维度（政策、法规等）等构成的。由于后文会专门研究创业资源，而且由于互联网技术的发展，为本轮创业提供了技术背景机会，因为课题组认为市场机会、背景机会和政策机会是构成创业的三大来源。

（3）创业资源研究文献对标分析

在创业的过程中，创业企业开展创业活动必须连接其现有的资源，以及从外部获取一些新资源，这样才能更好地发挥创业资源对创业绩效的促进作用。创业资源是创业企业续存与发展过程中的关键性要素，对提升创业企业绩效有直接影响。创业资源在创业活动开展过程中是不可或缺的，它已成为提升创业绩效和创业企业谋求续存与发展的关键性要素。

从静态的角度来看，创业资源是创业型企业所拥有或者所能够支配的可实现其生存与发展战略目标的各种要素及要素的组合。在创业过程中，企业所需要的资源是多方面的，按照资源要素在创业战略规划过程中的参与程度将创业资源分为直接资源（资金资源、人才资源、管理资源等为直接参与创业战略的制定与执行的资源要素）与间接资源（信息资源、科技资源、政策资源等为创业成长间接提供便利和支持的资源要素）两类。对创业活动产生积极影响作用的创业资源通常包括财务、信息、技术、人力、社会及组织管理等有形与无形的资产，创业者对这些资源的需求程度往往随着创业阶段的变化而发生改变。

从动态的角度来看，创业资源即资源整合能力，就是把潜在资源转化为企业活动和行为，即企业能力的体现。资源整合能力包括四个部分：资源识别能力（resource identification capability，RIC）、资源获取能力（resource acquisition capability，RAC1）、资源配置能力（resource allocation capability，RAC2）、资源运用能力（resource utilization capability，RUC）。

资源识别能力用企业很清楚自身所拥有的知识技能、企业很清楚自身所能够使用的各种知识技能、企业很清楚自身所拥有的关键创业资源、企业很清楚创业社会网络的价值来测量；资源获取能力用企业从供应商处获取创业所需的各种资源、企业从客户那里获取需求信息等无形资源、企业从对手那里获取信息资源、企业利用社会网络获取创业所需资源、在企业内部促进学习并开发无形资产来测量；资源配置能力用企业剥离了对创业无用的资源、企业实现了资源的转移和结合、企业实现了企业内部资源的共享性配置来测量；资源运用能力用创业者利用个人资源禀赋获取外部资源、团队利用个人资源禀赋获取外部资源、创业者利用已整合的资源获取外部资源、团队利用已整合的资源获取外部资源来测量。

课题组倾向于从静态的角度来看创业资源，认为人才资源、资金资源、技术资源构成了主要的创业资源。

（4）创业绩效研究文献对标分析

创业绩效是检验创业者创业活动成功与否以及创业理论的有效性的唯一

标准。课题组将创业绩效分为生存绩效、成长绩效和创新绩效三个维度。

生存绩效采用企业的生存年限来衡量，以企业目前的生存年限和未来至少持续经营 42 个月的可能性两个方面来考察。

成长绩效包括财务指标的增长和潜在获利能力的增长。财务指标的增长用销售收入增长率和净利润增长率来体现；潜在获利能力的增长用市场份额的增长、员工人数的增长及整体竞争力的增长来体现。

创新绩效可以通过分析企业的新业务开发数量、新业务数量占总业务数量的比重以及新业务销售收入占总销售收入的比重这三方面来体现。为了比较各个国家或者地区的创业创新绩效，也可以采用地区性的创新指标。

2. 国家创业指标体系

根据对国内和国外创业文化、创业机会、创业资源和创业绩效研究文献的分析，课题组构建了国家创业指标体系。一级指标包括创业文化指数、创业机会指数、创业资源指数和创业绩效指数四个方面，体现了国家创业理论模型的四个基本组成部分或核心要素。在创业文化指数、创业机会指数、创业资源指数和创业绩效指数四个一级指标下，分别有若干个二级指标。其中，创业文化指数一级指标包括个人特质、社会意识两个二级指标；创业机会指数包括市场机会、背景机会和政策机会三个二级指标；创业资源指数包括人才资源、资金资源和技术资源三个二级指标；创业绩效指数包括生存绩效、成长绩效和创新绩效二个二级指标（见图 3）。

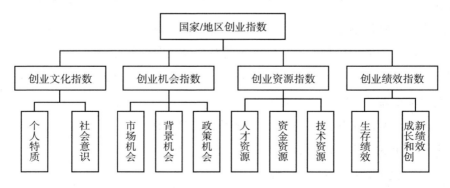

图 3　国家/地区创业指数指标体系

（三）规则确定

在得到国家创业指数指标体系的基础上，课题组对国家创业指数指标体系二级指标的赋分规则进行了明确，从而得到初步的国家创业指数。在对二级指标的赋分规则进行明确的基础上，使用专家法对初步的国家创业指数的一级指标和二级指标的权重进行了确定，从而得到国家创业指数。

1. 赋分规则

分别从创业文化指数、创业机会指数、创业资源指数和创业绩效指数四个方面对相关指数下的二级指标的赋分规则进行分析。

（1）创业文化指数类二级指标赋分规则

在跨区域创业研究中，Shane（1992）曾以 Hofstede 文化维度中个人主义和权力距离两个维度（以 33 个国家为样本）研究其与创业行为间的关系。结果表明，创业数量和创业文化之间存在相关关系。因为文化中的个人主义维度对创业起着促进作用，所以，文化中的个人主义与创业是正相关关系，即个人主义倾向高的区域创业量也高；而权力距离则与一定区域创业量呈现负相关关系。

Shane（1993）研究了 1975～1980 年文化维度与创业行为的关系，结果发现，各文化维度与创业行为之间的相关关系并不一直保持着稳定。不确定规避与创新创业在此期间没有大的相关关系，但是，1975 年，个人主义与创新创业有很强的相关关系；同样的，早期权力距离对创新创业的影响没有后期强烈，这些都说明随着创业文化等环境因素发生变化，二者之间的相关关系也发生了转变。进而可见，在文化的四个维度中，"个人/集体主义"、"不确定规避"和"权力距离"三个维度对国际创业行为的影响程度比较显著。

Mueller S. L.（2000）在研究中已经确定了一些企业家的个人特质（如成就需求、创业精神、执着自信等）是有助于激励创业行为的，个性化文化更有利于企业家精神的发挥，创业行为在个人主义、不确定规避低的文化

中比在集体主义、不确定规避高的文化中更易发生。

在战略倾向和战略执行方面，Steenama et al.（2000）在考察文化价值与战略倾向间的关系时发现，高个人主义和低不确定规避的刚性作风的国家，有利于管理者做出战略倾向，进入新市场包括创新技术都是企业创业的重要战略选择。

因此，根据以上的研究成果，课题组发现，"个人/集体主义""不确定规避"这两个维度对于创业行为的影响程度比较显著。因此，课题组选择了 Hofstede 文化维度中"个人主义"和"不确定规避"作为衡量创业文化的两个重要指标。

表1　创业文化类二级指标赋分规则

一级指标	二级指标	赋分规则
创业文化	创业者个人特质	Hofstede 的"个人主义"
		Hofstede 的"不确定规避"
	社会意识	Hofstede 的文化维度同样适用于社会意识的内容，因此采用同样的指标

（2）创业机会指数类二级指标赋分规则

课题组认为创业机会包括市场机会、背景机会和政策机会三个方面。

市场机会是指创业企业的产品或者服务向谁提供、要满足的市场需求有多大。对于大部分的创业企业而言，其产品和服务大多是基于本国市场的，是为了满足本国市场的需求。各国的 GDP 可以代表一个国家的需求潜力。因此，选择"各国 GDP"来代表市场潜力。至于不采用"人均 GDP"的原因在于市场机会是存在的总需求而非个体需求，因此，用 GDP 能更好地衡量各国的市场机会（但不排除个别国家的创业是面向全球市场需求的）。

2014年7月，麦肯锡全球研究院发布的《中国的数字化转型：互联网对生产力与增长的影响》预计，2013~2025年，互联网将帮助中国提升国内生产总值增长率0.3~1.0个百分点。这就意味着，在这十几年中，互联网将有可能在中国国内生产总值增长中贡献7%~22%，"互联网+"将成为促进创业的大背景。因此，课题组同时选择用"互联网覆盖率"来间接体现互联网技术可能对创业市场机会产生的影响。

政策机会是指各国对创业的支持态度和政策的扶持力度，以及这个国家的经济发展态势给这个国家带来的创业机遇。在这里，课题组选取了全球创业观察（GEM）报告中的"政府支持和政策"来代替政策机会。

表2　创业机会类二级指标赋分规则

一级指标	二级指标	赋分规则
创业机会	市场机会	各国 GDP
	背景机会	各国互联网覆盖率
	政策机会	GEM 各国政府支持和政策

（3）创业资源指数类二级指标赋分规则

在创业中，人才资源尤其是创业团队一直是创业成功与否的一个关键因素。同时，人才资源是活的资源，可以集管理资源、信息资源和科技资源于一身。因此，人才资源是创业中最重要的资源。课题组采用"各国人才质量"来体现人才资源。

在创业中，资金资源也是关键资源。新创企业需要天使资金和风险投资资金支持，也需要风险投资随后带来的管理提升。因此，如果一个国家的风险投资和并购事件发生的数量增多，那说明这个国家处于一个创业的活跃期。因此，课题组用"各国风险投资和并购事件发生数量"来代替资金资源。

技术资源是创业的根本动力和支撑，课题组选用"各国创新指数"来代表一个国家的技术资源的供给情况。

表3　创业资源类二级指标赋分规则

一级指标	二级指标	赋分规则
创业资源	人才资源	各国人才质量
	资金资源	各国风险投资和并购事件发生数量
	技术资源	各国创新指数

（4）创业绩效类二级指标赋分规则

课题组将创业绩效分为生存绩效、成长和创新绩效两个维度。

生存绩效采用企业的生存年限来衡量，通过持续经营 42 个月以上的可能性来考察。课题组用全球创业观察（GEM）的全球总创业活动（Total early－stage Entrepreneurial Activity，TEA）指数来代替。

课题组将成长和创新绩效合并在一起。由于各国可供横向比较的创业企业成长的可比数据较少，课题组采用全球 102 家估值过 10 亿美元的初创企业上榜企业数量来代替。关于创新绩效的测量，课题组采用 2014 年福布斯全球最具创新力企业的数量来代替各国的创业企业的创新绩效。

表4　创业绩效类二级指标赋分规则

一级指标	二级指标	赋分规则
创业绩效	生存绩效	GEM 的 TEA 指数
	成长和创新绩效	全球 102 家估值过 10 亿美元的初创企业上榜企业数量和 2014 年福布斯全球最具创新力企业的数量

2. 初步的国家创业指数

根据赋分规则，课题组对国家创业指数指标体系进行了进一步的完善，从而形成初步的国家创业指数。

表5　初步的国家创业指数体系

一级指标	二级指标	赋分标准
创业文化	个人主义	使用 Hofstede 的个人主义指标来表示,指标取值越大表示个人主义越强烈,创业文化越好
	不确定规避	使用 Hofstede 的不确定规避指标来表示,指标取值越高表示不确定规避倾向越高,创业文化越弱
创业机会	市场机会	使用各个国家的国内生产总值来表示,GDP 越高表示经济规模越大,市场机会就越多
	背景机会	使用各个国家的互联网覆盖率来表示,互联网覆盖率越高表示相关国家的背景机会就越大,创业机会就越多
	政策机会	使用 GEM 研究报告的各国政府支持和政策指标来表示,政府支持和政策指标的取值越高,表明政策机会就越多,越有利于创业机会的形成

一级指标	二级指标	赋分标准
创业资源	人力资源	使用各国人才质量指标来表示,人才质量指标的取值越高,表明人力资源水平越高,创业资源越丰富
	资金资源	使用各国风险投资和并购事件发生的数量来表示,风险投资和并购事件越多,表明资金资源就越多,创业资源越丰富
	技术资源	使用各国创新指数指标来表示,创新指数越高,表明技术资源越好,创新资源越丰富
创业绩效	生存绩效	使用 GEM 的 TEA 指数来表示,TEA 指数越高,表明生存绩效越好,创业绩效越优
	成长和创新绩效	使用全球 102 家估值过 10 亿美元的初创企业上榜企业数量和 2014 年福布斯全球最具创新力企业数量来表示,数量越多,表明成长和创新绩效越好,创业绩效越优

3. 赋权规则

在确定了二级指标赋分规则的基础上,课题组采用专家法对二级指标权重进行了赋权,分别得出二级指标对于国家创业指数的权重以及二级指标对于一级指标的权重。其中,二级指标对于一级指标的权重是根据二级指标对于国家创业指数的权重的比例关系计算得出的。根据二级指标对国家创业指数的权重,课题组得到了样本国家的创业指数数值;根据二级指标对于一级指标权重,课题组得到了样本国家的一级指标指数数值。

具体来看,分别根据个人主义、不确定规避、市场机会、背景机会、政策机会、人力资源、资金资源、技术资源、生存绩效、成长和创新绩效 10 个二级指标对于国家创业指数的权重,课题组可以得到国家创业指数的最终数值。根据个人主义和不确定规避对于创业文化的权重,课题组可以得到一级指标创业文化指数的得分;根据市场机会、背景机会和政策机会对于创业机会的权重,课题组可以得到一级指标创业机会指数的得分;根据人力资源、资金资源和技术资源对于创业资源的权重,课题组可以得到一级指标创业资源指数的最终得分;根据生存绩效以及成长和创新绩效对于创业绩效的得分,课题组可以得到一级指标创业绩效指数的最终得分。

表6 国家创业指数体系赋权结果

一级指标	二级指标对一级指标权重(%)	二级指标	二级指标对国家创业指数权重(%)
创业文化	75.00	个人主义	7.50
	25.00	不确定规避	2.50
创业机会	8.57	市场机会	3.00
	57.15	背景机会	20.00
	34.28	政策机会	12.00
创业资源	44.45	人力资源	20.00
	22.22	资金资源	10.00
	33.33	技术资源	15.00
创业绩效	50.00	生存绩效	5.00
	50.00	成长和创新绩效	5.00

注：二级指标对一级指标权重是课题组根据二级指标对于国家创业指数的权重的比例关系计算得出。

（四）信息来源

从信息来源渠道来看，为了得出国家创业指数最终得分以及创业文化指数、创业机会指数、创业资源指数和创业绩效指数的得分，本研究从国际国内相关研究成果、各类的行业研究报告以及相关国家的统计部门官方网站等来源获得了反映个人主义、不确定规避、市场机会、背景机会、政策机会、人力资源、资金资源、技术资源、生存绩效、成长和创新绩效10个二级指标水平的基础数据，为计算样本国家的国家创业指数以及创业文化指数、创业机会指数、创业资源指数以及创业绩效指数打下了坚实的基础。

从信息来源的时间范围来看，本研究所依托的大部分数据为2014年的数据，个别数据沿用了2013年和2015年的数据。

（五）计算得分

1. 国家创业指数得分

国家创业指数得分是二级指标个人主义、不确定规避、市场机会、背景机会、政策机会、人力资源、资金资源、技术资源、生存绩效、成长和创新绩效 10 个指标依托相应二级指标对国家创业指数权重计算的结果。为了避免不同二级指标单位的差异对国家创业指数得分计算造成的逻辑混乱，课题组选择相关二级指标的排名作为计量单位。这样，个人主义排名、不确定规避排名、市场机会排名、背景机会排名、政策机会排名、人力资源排名、资金资源排名、技术资源排名、生存绩效排名、成长和创新绩效排名以及相关二级指标对于国家创业指数权重就成为计算国家创业指数得分的基本依托数据。

用 IR_i（Individualism Ranking）表示第 i 个国家的个人主义排名，用 UAR_i（Uncertainty Avoidance Ranking）表示第 i 个国家的不确定规避排名，用 MOR_i（Market Opportunity Ranking）表示第 i 个国家的市场机会排名，用 BOR_i（Background Opportunity Ranking）表示第 i 个国家的背景机会排名，用 POR_i（Policy Opportunity Ranking）表示第 i 个国家的政策机会排名，用 HRR_i（Human Resource Ranking）表示第 i 个国家的人力资源排名，用 CRR_i（Capital Resource Ranking）表示第 i 个国家的资金资源排名，用 TRR_i（Technology Resource Ranking）表示第 i 个国家的技术资源排名，用 SPR_i（Survival Performance Ranking）表示第 i 个国家的生存绩效排名，用 $GIPR_i$（Growth and Innovation Performance Ranking）表示第 i 个国家的成长和创新绩效排名，那么第 i 个国家的国家创业指数 NEI_i（National Entrepreneurship Index）得分就可以表示为：

$$NEI_i = 100 \times \{[(\alpha_1 \times IR_i + \alpha_2 \times UAR_i + \alpha_3 \times MOR_i + \alpha_4 \times BOR_i + \alpha_5 \times POR_i + \alpha_6 \times HRR_i + \alpha_7 \times CRR_i + \alpha_8 \times TRR_i + \alpha_9 \times SPR_i + \alpha_{10} \times GIPR_i)^{-1} - \min(\alpha_1 \times IR + \alpha_2 \times UAR + \alpha_3 \times MOR + \alpha_4 \times BOR + \alpha_5 \times POR + \alpha_6 \times HRR + \alpha_7 \times CRR + \alpha_8 \times TRR + \alpha_9 \times SPR + \alpha_{10} \times GIPR)^{-1}]/[\max(\alpha_1 \times IR + \alpha_2 \times UAR + \alpha_3 \times MOR + \alpha_4 \times BOR + \alpha_5 \times POR + \alpha_6 \times HRR + \alpha_7 \times CRR + \alpha_8 \times TRR + \alpha_9 \times SPR + \alpha_{10} \times GIPR)^{-1} - \min(\alpha_1 \times IR + \alpha_2 \times UAR + \alpha_3 \times MOR + \alpha_4 \times BOR + \alpha_5 \times POR + \alpha_6 \times HRR + \alpha_7 \times CRR + \alpha_8 \times TRR + \alpha_9 \times SPR + \alpha_{10} \times GIPR)^{-1}]\}$$

其中，α_1、α_2、α_3、α_4、α_5、α_6、α_7、α_8、α_9、α_{10} 分别表示相应二级指标排名对于国家创业指数的权重，NEI 的取值范围为 [0，100]。

2. 一级指标得分

一级指标创业文化指数、创业机会指数、创业资源指数和创业绩效指数

分别为其下属二级指标同相应的二级指标对于一级指标权重计算的结果。为了避免不同二级指标单位的差异对创业文化指数、创业机会指数、创业资源指数和创业绩效指数得分计算造成的逻辑混乱，课题组选择相关二级指标的排名作为计量单位。这样，个人主义排名和不确定规避排名以及它们对于创业文化的权重就成为计算创业文化指数得分的基本依托数据；市场机会排名、背景机会排名和政策机会排名以及它们对于创业机会的权重就成为计算创业机会指数得分的基本依托数据；人力资源排名、资金资源排名和技术资源排名以及它们对于创业资源的权重就成为计算创业资源指数得分的基本依托数据；生存绩效、成长和创新绩效以及它们对于创业绩效的权重就成为计算创业绩效指数得分的基本依托数据。

分别用 IR_i（Individualism Ranking）表示第 i 个国家的个人主义排名，用 UAR_i（Uncertainty Avoidance Ranking）表示第 i 个国家的不确定规避排名，用 MOR_i（Market Opportunity Ranking）表示第 i 个国家的市场机会排名，用 BOR_i（Background Opportunity Ranking）表示第 i 个国家的背景机会排名，用 POR_i（Policy Opportunity Ranking）表示第 i 个国家的政策机会排名，用 HRR_i（Human Resource Ranking）表示第 i 个国家的人力资源排名，用 CRR_i（Capital Resource Ranking）表示第 i 个国家的资金资源排名，用 TRR_i（Technology Resource Ranking）表示第 i 个国家的技术资源排名，用 SPR_i（Survival Performance Ranking）表示第 i 个国家的生存绩效排名，用 $GIPR_i$（Growth and Innovation Performance Ranking）表示第 i 个国家的成长和创新绩效排名，那么第 i 个国家的创业文化指数 ECI_i（Entrepreneurial Culture Index）、创业机会指数 EOI_i（Entrepreneurial Opportunity Index）、创业资源指数 ERI_i（Entrepreneurial Resource Index）和创业绩效指数 EPI_i（Entrepreneurial Performance Index）就分别可以表示为：

$$ECI_i = 100 \times \{ [(\beta_1 \times IR_i + \beta_2 \times UAR_i)^{-1} - \min(\beta_1 \times IR + \beta_2 \times UAR)^{-1}] /$$
$$[\max(\beta_1 \times IR + \beta_2 \times UAR)^{-1} - \min(\beta_1 \times IR + \beta_2 \times UAR)^{-1}] \}$$

$$EOI_i = 100 \times \{ [(\gamma_1 \times MOR_i + \gamma_2 \times BOR_i + \gamma_3 \times POR_i)^{-1} - \min(\gamma_1 \times MOR +$$
$$\gamma_2 \times BOR + \gamma_3 \times POR)^{-1}] / [\max(\gamma_1 \times MOR + \gamma_2 \times BOR + \gamma_3 \times POR)^{-1} -$$

$$\min(\gamma_1 \times MOR + \gamma_2 \times BOR + \gamma_3 \times POR)^{-1}]\}$$

$$ERI_i = 100 \times \{[(\delta_1 \times HRR_i + \delta_2 \times CRR_i + \delta_3 \times TRR_i)^{-1} - \min(\delta_1 \times HRR +$$
$$\delta_2 \times CRR + \delta_3 \times TRR)^{-1}]/[\max(\delta_1 \times HRR + \delta_2 \times CRR + \delta_3 \times TRR)^{-1} -$$
$$\min(\delta_1 \times HRR + \delta_2 \times CRR + \delta_3 \times TRR)^{-1}]\}$$

$$EPI_i = 100 \times \{[(\varepsilon_1 \times SPR_i + \varepsilon_2 \times GIPR_i)^{-1} - \min(\varepsilon_1 \times SPR + \varepsilon_2 \times GIPR)^{-1}]/$$
$$[\max(\varepsilon_1 \times SPR + \varepsilon_2 \times GIPR)^{-1} - \min(\varepsilon_1 \times SPR + \varepsilon_2 \times GIPR)^{-1}]\}$$

其中，β_1、β_2、γ_1、γ_2、γ_3、δ_1、δ_2、δ_3、ε_1、ε_2 分别表示相应二级指标排名对于一级指标的权重，ECI、EOI、ERI 和 EPI 的取值范围均为［0，100］。

二 样本选择和基本特征

（一）样本选择

由于世界上有 200 多个国家和地区，数据不足以支撑对每一个国家和地区进行对比研究。因此，课题组从创业绩效的角度，以 2015 年 CB insight 所发布报告中全球 102 家估值 10 亿美元以上的初创企业的国家分布和 2014 年福布斯全球最具创新力企业所覆盖的国家的合集，确定了 29 个国家为分析的样本（见表7）。

表7　国家创业指数研究样本选择结果

单位：家

序号	国家	全球 102 家估值 10 亿美元以上的初创企业数量	2014 年福布斯全球最具创新力企业数量	所在区域	发展状况
1	美国（United States）	64	27	北　美	发达国家
2	中国（China）	11	7	亚　洲	发展中国家
3	印度（India）	6	3	亚　洲	发展中国家
4	英国（United Kingdom）	5	4	欧　洲	发达国家
5	韩国（South Korea）	2	2	亚　洲	发达国家

序号	国家	全球 102 家估值 10 亿美元以上的初创企业数量	2014 年福布斯全球最具创新力企业数量	所在区域	发展状况
6	新加坡（Singapore）	2	0	亚　洲	发达国家
7	瑞典（Sweden）	2	1	欧　洲	发达国家
8	以色列（Israel）	2	0	亚　洲	发达国家
9	加拿大（Canada）	2	1	北　美	发达国家
10	泰国（Thailand）	1	1	亚　洲	发展中国家
11	德国（Germany）	1	0	欧　洲	发达国家
12	荷兰（Netherlands）	1	2	欧　洲	发达国家
13	捷克（Czech）	1	0	欧　洲	发展中国家
14	澳大利亚（Australia）	1	0	大洋洲	发达国家
15	俄罗斯（Russia）	1	1	欧　洲	发展中国家
16	日本（Japan）	0	7	亚　洲	发达国家
17	法国（France）	0	4	欧　洲	发达国家
18	瑞士（Switzerland）	0	4	欧　洲	发达国家
19	爱尔兰（Ireland）	0	3	欧　洲	发达国家
20	丹麦（Denmark）	0	2	欧　洲	发达国家
21	巴西（Brazil）	0	2	拉　美	发展中国家
22	西班牙（Spain）	0	2	欧　洲	发达国家
23	南非（South Africa）	0	1	非　洲	发达国家
24	印度尼西亚（Indonesia）	0	1	亚　洲	发展中国家
25	墨西哥（Mexico）	0	1	拉　美	发展中国家
26	意大利（Italy）	0	1	欧　洲	发达国家
27	智利（Chile）	0	1	拉　美	发展中国家
28	沙特阿拉伯（Saudi Arabia）	0	1	亚　洲	发达国家
29	芬兰（Finland）	0	1	欧　洲	发达国家

（二）基本特征

1. 欧洲国家相对最多，大洋洲和非洲国家相对较少

在作为研究对象的 29 个国家中，欧洲国家相对最多，有 13 个样本国家为欧洲国家，占所有样本国家的比例为 44.83%。其次，为位于亚洲的国家，有 9 个样本国家为亚洲国家，占所有样本国家的比例超过三成，为 31.03%。研究样本位于拉美和北美的国家数量依次减少，分别为 3 个国家和 2 个国家，

分别占所有样本国家的 10.34% 和 6.90%。另外，研究样本位于非洲和大洋洲的国家相对最少，都只有 1 个，占所有样本国家的比例均为 3.45%。

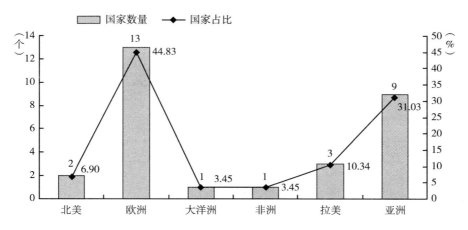

图 4   国家创业指数研究样本国家区域分布

2. 近七成样本国家为发达国家，发展中国家相对较少

在作为研究对象的 29 个样本国家中，发达国家有 20 个，相对最多，占所有样本国家的近七成，为 68.97%。与之相比，发展中国家相对较少，只有 9 个样本国家为发展中国家，占所有样本国家的比例为 31.03%。

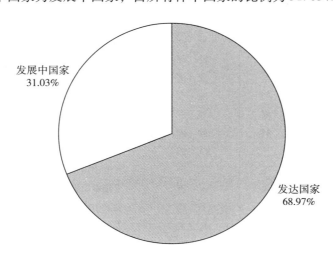

图 5   国家创业指数研究样本国家经济发展水平分布

三 评价结果

（一）国家创业指数总排名

国家创业指数（2015）的评价结果如表 8 所示。

表 8 国家创业指数（2015）评价结果

排名	国　　家	所在区域	发展状况	国家创业指数
1	瑞　士	欧　洲	发达国家	100.00
2	丹　麦	欧　洲	发达国家	78.90
3	美　国	北　美	发达国家	78.55
4	英　国	欧　洲	发达国家	73.38
5	德　国	欧　洲	发达国家	58.82
6	加 拿 大	北　美	发达国家	58.28
7	瑞　典	欧　洲	发达国家	56.09
8	芬　兰	欧　洲	发达国家	49.92
9	爱 尔 兰	欧　洲	发达国家	48.10
10	荷　兰	欧　洲	发达国家	47.63
11	新 加 坡	亚　洲	发达国家	39.09
12	澳 大 利 亚	大洋洲	发达国家	32.17
13	韩　国	亚　洲	发达国家	29.64
14	法　国	欧　洲	发达国家	28.81
15	日　本	亚　洲	发达国家	25.69
16	以 色 列	亚　洲	发达国家	20.94
17	中　国	亚　洲	发展中国家	20.00
18	意 大 利	欧　洲	发达国家	10.41
19	西 班 牙	欧　洲	发达国家	9.60
20	捷　克	欧　洲	发展中国家	7.03
21	印度尼西亚	亚　洲	发展中国家	6.81
22	印　度	亚　洲	发展中国家	6.74
23	智　利	拉　美	发展中国家	6.64
23	泰　国	亚　洲	发展中国家	6.64
25	南　非	非　洲	发达国家	4.94

排名	国　　家	所在区域	发展状况	国家创业指数
26	巴　　西	拉美	发展中国家	4.19
27	墨　西　哥	拉美	发展中国家	3.54
28	俄　罗　斯	欧洲	发展中国家	2.97
29	沙特阿拉伯	亚洲	发达国家	0.00

（二）一级指标指数排名

1. 国家创业文化指数排名

国家创业文化指数（2015）的评价结果如表9所示。

表9　国家创业文化指数（2015）评价结果

排名	国　　家	所在区域	发展状况	创业文化指数
1	美　　国	北美	发达国家	100.00
2	英　　国	欧洲	发达国家	67.90
3	澳大利亚	大洋洲	发达国家	57.87
4	丹　　麦	欧洲	发达国家	43.83
5	加　拿　大	北美	发达国家	43.83
6	荷　　兰	欧洲	发达国家	36.50
7	瑞　　典	欧洲	发达国家	34.47
8	爱　尔　兰	欧洲	发达国家	26.39
9	意　大　利	欧洲	发达国家	21.70
10	瑞　　士	欧洲	发达国家	16.46
11	南　　非	非洲	发达国家	14.40
12	法　　国	欧洲	发达国家	13.19
13	德　　国	欧洲	发达国家	12.62
14	芬　　兰	欧洲	发达国家	10.58
15	印　　度	亚洲	发展中国家	8.46
16	捷　　克	欧洲	发展中国家	7.72
17	以　色　列	亚洲	发达国家	5.77
18	新　加　坡	亚洲	发达国家	4.42
19	西　班　牙	欧洲	发达国家	4.18
20	中　　国	亚洲	发展中国家	3.70

续表

排名	国　　家	所在区域	发展状况	创业文化指数
21	沙特阿拉伯	亚　洲	发达国家	3.04
22	日　　本	亚　洲	发达国家	2.63
23	巴　　西	拉　美	发展中国家	2.44
24	俄　罗　斯	欧　洲	发展中国家	1.88
25	印度尼西亚	亚　洲	发展中国家	1.70
25	泰　　国	亚　洲	发展中国家	1.70
27	墨　西　哥	拉　美	发展中国家	1.52
28	智　　利	拉　美	发展中国家	0.72
29	韩　　国	亚　洲	发达国家	0.00

2. 国家创业机会指数排名

国家创业机会指数（2015）的评价结果如表 10 所示。

表 10　国家创业机会指数（2015）评价结果

排名	国　　家	所在区域	发展状况	创业机会
1	韩　　国	亚　洲	发达国家	100.00
2	丹　　麦	欧　洲	发达国家	81.88
3	瑞　　士	欧　洲	发达国家	61.73
4	日　　本	亚　洲	发达国家	47.02
5	德　　国	欧　洲	发达国家	37.94
6	英　　国	欧　洲	发达国家	36.41
7	瑞　　典	欧　洲	发达国家	30.86
8	加　拿　大	北　美	发达国家	30.69
9	芬　　兰	欧　洲	发达国家	29.85
10	新　加　坡	亚　洲	发达国家	28.87
11	美　　国	北　美	发达国家	25.47
12	法　　国	欧　洲	发达国家	25.06
13	爱　尔　兰	欧　洲	发达国家	24.80
14	荷　　兰	欧　洲	发达国家	14.95
15	中　　国	亚　洲	发展中国家	13.78
16	澳　大　利　亚	大洋洲	发达国家	13.34
17	西　班　牙	欧　洲	发达国家	8.69
18	南　　非	非　洲	发达国家	8.05

排名	国　　家	所在区域	发展状况	创业机会
19	以　色　列	亚　洲	发达国家	8.00
20	意　大　利	欧　洲	发达国家	7.95
21	俄　罗　斯	欧　洲	发展中国家	7.06
22	巴　　西	拉　美	发展中国家	6.18
23	印　　度	亚　洲	发展中国家	5.57
24	印度尼西亚	亚　洲	发展中国家	4.08
25	墨　西　哥	拉　美	发展中国家	3.46
25	智　　利	拉　美	发展中国家	3.46
27	沙特阿拉伯	亚　洲	发达国家	2.08
28	泰　　国	亚　洲	发展中国家	1.80
29	捷　　克	欧　洲	发展中国家	0.00

3. 国家创业资源指数排名

国家创业资源指数（2015）的评价结果如表 11 所示。

表 11　国家创业资源指数（2015）评价结果

排名	国　　家	所在区域	发展状况	创业资源
1	瑞　　士	欧　洲	发达国家	100.00
2	德　　国	欧　洲	发达国家	60.95
3	美　　国	北　美	发达国家	59.43
4	芬　　兰	欧　洲	发达国家	47.98
5	丹　　麦	欧　洲	发达国家	46.91
6	英　　国	欧　洲	发达国家	45.88
6	荷　　兰	欧　洲	发达国家	45.88
8	瑞　　典	欧　洲	发达国家	41.14
9	爱　尔　兰	欧　洲	发达国家	38.62
10	加　拿　大	北　美	发达国家	35.56
11	新　加　坡	亚　洲	发达国家	27.53
12	澳　大　利亚	大洋洲	发达国家	19.63
12	以　色　列	亚　洲	发达国家	19.63
14	法　　国	欧　洲	发达国家	16.91
15	日　　本	亚　洲	发达国家	12.71
16	韩　　国	亚　洲	发达国家	11.07

续表

排名	国　家	所在区域	发展状况	创业资源
17	中　国	亚　洲	发展中国家	10.85
18	捷　克	欧　洲	发展中国家	8.80
19	西班牙	欧　洲	发达国家	6.52
20	意大利	欧　洲	发达国家	5.89
20	泰　国	亚　洲	发展中国家	5.89
22	智　利	拉　美	发展中国家	4.86
22	印度尼西亚	亚　洲	发展中国家	4.86
24	印　度	亚　洲	发展中国家	3.15
25	墨西哥	拉　美	发展中国家	1.46
26	俄罗斯	欧　洲	发展中国家	1.25
27	沙特阿拉伯	亚　洲	发达国家	0.75
28	巴　西	拉　美	发展中国家	0.46
29	南　非	非　洲	发达国家	0.00

4. 国家创业绩效指数排名

国家创业绩效指数（2015）的评价结果如表 12 所示。

表 12　国家创业绩效指数（2015）评价结果

排名	国　家	所在区域	发展状况	创业绩效
1	中　国	亚　洲	发展中国家	100.00
2	美　国	北　美	发达国家	84.58
3	智　利	拉　美	发展中国家	72.59
3	泰　国	亚　洲	发展中国家	72.59
5	巴　西	拉　美	发展中国家	55.15
5	墨西哥	拉　美	发展中国家	55.15
7	英　国	欧　洲	发达国家	38.33
7	印　尼	亚　洲	发展中国家	38.33
9	加拿大	北　美	发达国家	34.22
10	澳大利亚	大洋洲	发达国家	30.63
11	新加坡	亚　洲	发达国家	27.45
12	荷　兰	欧　洲	发达国家	22.11
12	以色列	亚　洲	发达国家	22.11
14	瑞　士	欧　洲	发达国家	19.83

排名	国　　家	所在区域	发展状况	创业绩效
15	韩　　国	亚　洲	发达国家	15.91
15	捷　　克	欧　洲	发展中国家	15.91
15	印　　度	亚　洲	发展中国家	15.91
18	瑞　　典	欧　洲	发达国家	12.64
18	南　　非	非　洲	发达国家	12.64
20	爱　尔　兰	欧　洲	发达国家	9.87
21	丹　　麦	欧　洲	发达国家	6.44
21	芬　　兰	欧　洲	发达国家	6.44
21	法　　国	欧　洲	发达国家	6.44
24	西　班　牙	欧　洲	发达国家	5.44
25	日　　本	亚　洲	发达国家	3.65
26	德　　国	欧　洲	发达国家	2.83
26	俄　罗　斯	欧　洲	发展中国家	2.83
28	意　大　利	欧　洲	发达国家	1.33
29	沙特阿拉伯	亚　洲	发达国家	0.00

（三）二级指标得分排名

1. 个人主义得分排名

二级指标个人主义得分如表 13 所示。

表 13　二级指标个人主义评价结果

个人主义得分排名	国　　家	个人主义具体数值
1	美　　国	91
2	澳　大　利　亚	90
3	英　　国	89
4	加　拿　大	80
4	荷　　兰	80
6	意　大　利	76
7	丹　　麦	74
8	法　　国	71
8	瑞　　典	71

续表

个人主义得分排名	国　家	个人主义具体数值
10	爱　尔　兰	70
11	瑞　士	69
12	德　国	67
13	南　非	65
14	芬　兰	63
15	捷　克	58
16	以　色　列	54
17	西　班　牙	51
18	印　度	48
19	日　本	46
20	俄　罗　斯	39
21	巴　西	38
21	沙特阿拉伯	38
23	墨　西　哥	30
24	智　利	23
25	中　国	20
25	新　加　坡	20
25	泰　国	20
28	韩　国	18
29	印度尼西亚	14

注：此指标数值越高排名越靠前。

2. 不确定规避得分排名

二级指标不确定规避得分如表 14 所示。

表 14　二级指标不确定规避评价结果

不确定规避得分排名	国　家	不确定规避具体数值
1	新　加　坡	8
2	丹　麦	23
3	瑞　典	29
4	中　国	30
5	英　国	35

不确定规避得分排名	国　　家	不确定规避具体数值
5	爱　尔　兰	35
7	印　　度	40
8	美　　国	46
9	加　拿　大	48
9	印度尼西亚	48
11	南　　非	49
12	澳 大 利 亚	51
13	荷　　兰	53
14	瑞　　士	56
15	芬　　兰	59
16	泰　　国	64
17	德　　国	65
18	沙特阿拉伯	68
19	捷　　克	74
20	意　大　利	75
21	巴　　西	76
22	以　色　列	81
23	墨　西　哥	82
24	韩　　国	85
25	法　　国	86
25	西　班　牙	86
25	智　　利	86
28	日　　本	92
29	俄　罗　斯	95

注：此指标数值越低排名越靠前。沙特阿拉伯没有具体数据，用阿拉伯国家的数值代替；俄罗斯没有具体数据，但是其他研究显示俄罗斯属于高不确定性的地区，因此估值为95。

3. 市场机会得分排名

二级指标市场机会得分如表15所示。

表 15 二级指标市场机会评价结果

单位：百万美元

市场机会得分排名	国　家	各国 2014 年 GDP 具体数值
1	美　国	17418925
2	中　国	10380380
3	日　本	4616335
4	德　国	3859547
5	英　国	2945146
6	法　国	2846889
7	巴　西	2353025
8	意 大 利	2147952
9	印　度	2049501
10	俄 罗 斯	1857461
11	加 拿 大	1788717
12	澳 大 利 亚	1444189
13	韩　国	1416949
14	西 班 牙	1406855
15	墨 西 哥	1282725
16	印度尼西亚	888648
17	荷　兰	866354
18	沙特阿拉伯	752459
19	瑞　士	712050
20	瑞　典	570137
21	泰　国	373804
22	南　非	350082
23	丹　麦	340806
24	新 加 坡	308051
25	以 色 列	303771
26	芬　兰	271165
27	智　利	257968
28	爱 尔 兰	246438
29	捷　克	205658

4. 背景机会得分排名

二级指标背景机会得分如表 16 所示。

表 16 二级指标背景机会评价结果

单位：%

背景机会得分排名	国　　　家	互联网使用比例具体数值
1	加　拿　大	93
2	丹　　麦	92 *
2	瑞　　典	92 *
2	瑞　　士	92 *
5	韩　　国	90
6	英　　国	89
6	德　　国	89
6	澳　大　利　亚	89
9	美　　国	87
10	日　　本	86
11	芬　　兰	85 *
11	荷　　兰	85 *
11	以　色　列	85 *
14	法　　国	84
15	爱　尔　兰	83 *
16	新　加　坡	81
17	西　班　牙	77
18	俄　罗　斯	60
18	意　大　利	60
20	沙特阿拉伯	58
21	巴　　西	54
22	墨　西　哥	49
23	中　　国	47
24	南　　非	46
25	捷　　克	42 *
25	智　　利	42 *
27	泰　　国	37
28	印度尼西亚	28
29	印　　度	19

注：因为数据不全，标 * 的数据是根据以往资料进行调整后的估算数据，并非实际数据。

5.政策机会得分排名

二级指标政策机会得分如表 17 所示。

表 17 二级指标政策机会评价结果

政策机会得分排名	国家	政府支持和政策得分
1	新 加 坡	3.48
2	韩 国	3.44 *
3	丹 麦	3.33
4	爱 尔 兰	3.24
5	芬 兰	3.17
6	日 本	3.12
7	瑞 士	3.08
8	中 国	3.07
9	南 非	3.02
10	印度尼西亚	3.00
11	法 国	2.99
12	德 国	2.93
13	印 度 尼	2.91
14	英 国	2.90
15	智 利	2.77
16	瑞 典	2.74
17	美 国	2.69
18	荷 兰	2.59
19	泰 国	2.52
20	加 拿 大	2.50
20	西 班 牙	2.50
22	巴 西	2.40
22	意 大 利	2.40
24	俄 罗 斯	2.36
25	墨 西 哥	2.27
26	捷 克	2.04 *
27	以 色 列	2.00 *
28	澳 大 利 亚	1.83
29	沙特阿拉伯	—

注: 标 * 的数据使用的是 GEM 2013 年的数据,沙特阿拉伯缺数据。

6. 人才资源得分排名

二级指标人力资源得分如表 18 所示。

表 18　二级指标人力资源评价结果

人才资源得分排名	国　　家	人才质量具体数值
1	瑞　士	100.000
2	丹　麦	91.769
3	德　国	86.177
4	芬　兰	86.079
5	爱 尔 兰	83.767
6	荷　兰	81.756
7	加 拿 大	80.566
8	瑞　典	79.942
9	美　国	74.674
10	新 加 坡	69.556
11	以 色 列	66.263
12	澳 大 利 亚	64.220
13	英　国	62.910
14	法　国	53.169
15	印度尼西亚	53.130
16	日　本	50.407
17	泰　国	43.798
18	捷　克	40.850
19	韩　国	36.356
20	中　国	35.372
21	智　利	34.921
22	西 班 牙	34.557
23	意 大 利	32.688
24	印　度	31.631
25	墨 西 哥	31.102
26	巴　西	25.309
27	俄 罗 斯	24.376
28	南　非	23.273
29	沙特阿拉伯	23.000

资料来源：《全球竞争力报告》。

7. 资金资源得分排名

二级指标资金资源得分如表 19 所示。

表 19　二级指标资金资源评价结果

单位：起

排名	国　　家	2014 年风险投资交易事件	2014 年并购事件	合计
1	美　　国	3893	1449	5342
2	中　　国	1245	2154	3399
3	英　　国	531	361	892
4	印　　度	489	304	793
5	德　　国	187	150	337
6	加　拿　大	165	116	281
7	法　　国	143	114	257
8	意　大　利	93	87	180
9	以　色　列	113	36*	149
10	澳　大　利　亚	34*	114	148
11	西　班　牙	34*	72	106
12	日　　本	67	36*	103
13	韩　　国	34	36	70
13	新　加　坡	34	36	70
13	瑞　　典	34	36	70
13	泰　　国	34	36	70
13	荷　　兰	34	36	70
13	捷　　克	34	36	70
13	俄　罗　斯	34	36	70
13	瑞　　士	34	36	70
13	爱　尔　兰	34	36	70
13	丹　　麦	34	36	70
13	巴　　西	34	36	70
13	南　　非	34	36	70
13	印度尼西亚	34	36	70
13	墨　西　哥	34	36	70
13	智　　利	34	36	70
13	沙特阿拉伯	34	36	70
13	芬　　兰	34	36	70

　　注：数据来源于资本实验室，标 * 的数据和日本一行以下的数据是按照第 10 名的数据折半估算的。

8. 技术资源得分排名

二级指标技术资源得分如表 20 所示。

表20 二级指标技术资源评价结果

技术资源排名	国　　　家	全球创新指数 2015
1	瑞　　士	68.3
2	英　　国	62.42
3	瑞　　典	62.4
4	荷　　兰	61.58
5	美　　国	60.1
6	芬　　兰	59.97
7	新　加　坡	59.36
8	爱　尔　兰	59.13
9	丹　　麦	57.7
10	德　　国	57.05
11	韩　　国	56.26
12	加　拿　大	55.73
13	澳 大 利 亚	55.22
14	日　　本	53.97
15	法　　国	53.59
15	以　色　列	53.59
17	捷　　克	51.32
18	西　班　牙	49.07
19	中　　国	47.47
20	意　大　利	46.4
21	智　　利	41.2
22	沙特阿拉伯	40.65
23	俄　罗　斯	39.32
24	泰　　国	38.1
25	墨　西　哥	38.03
26	南　　非	37.45
27	巴　　西	34.95
28	印　　度	31.74
29	印度尼西亚	29.79

资料来源：《开放的未来：2015 全球创新报告》。

9. 生存绩效得分排名

二级指标生存绩效得分如表 21 所示。

表 21 二级指标生存绩效评价结果

生存绩效得分排名	国　　家	2014 年 TEA 具体数值
1	智　利	26.83
2	泰　国	23.30
3	墨　西　哥	18.99
4	巴　西	17.23
5	中　国	15.53
6	印度尼西亚	14.20
7	美　国	13.81
8	澳　大　利　亚	13.14
9	加　拿　大	13.04
10	新　加　坡	10.96
11	英　国	10.66
12	以　色　列	10.04
13	荷　兰	9.46
14	捷　克	7.33
15	瑞　士	7.12
16	南　非	6.97
17	韩　国	6.85
18	瑞　典	6.71
19	印　度	6.60
20	爱　尔　兰	6.53
21	芬　兰	5.63
22	丹　麦	5.47
22	西　班　牙	5.47
24	法　国	5.34
25	德　国	5.27
26	俄　罗　斯	4.69
27	意　大　利	4.42
28	日　本	3.83
29	沙特阿拉伯	—

注：由于捷克 2014 年数据缺失，所以捷克用的是 2013 年的 TEA 数据。沙特阿拉伯缺少数据。

10. 成长和创新绩效得分排名

二级指标成长和创新绩效得分如表 22 所示。

表 22　二级指标成长和创新绩效评价结果

单位：家

成长和创新 绩效排名	国　　家	全球 102 家估值 10 亿美元以上的初创 企业上榜企业数量	2014 年福布斯全球 最具创新力企业 上榜企业数量	前两者合计 企业数量
1	美　　国	64	27	91
2	中　　国	11	7	18
3	印　　度	6	3	9
3	英　　国	5	4	9
5	日　　本	0	7	7
6	韩　　国	2	2	4
6	法　　国	0	4	4
6	瑞　　士	0	4	4
9	瑞　　典	2	1	3
9	加　拿　大	2	1	3
9	荷　　兰	1	2	3
9	爱　尔　兰	0	3	3
13	新　加　坡	2	0	2
13	以　色　列	2	0	2
13	泰　　国	1	1	2
13	俄　罗　斯	1	1	2
13	丹　　麦	0	2	2
13	巴　　西	0	2	2
13	西　班　牙	0	2	2
20	德　　国	1	0	1
20	捷　　克	1	0	1
20	澳　大　利　亚	1	0	1
20	南　　非	0	1	1
20	印度尼西亚	0	1	1
20	墨　西　哥	0	1	1
20	意　大　利	0	1	1
20	智　　利	0	1	1
20	沙特阿拉伯	0	1	1
20	芬　　兰	0	1	1

四 主要特征

（一）基本特征

1. 国家创业指数得分处于20分以下的国家超过四成，瑞士、丹麦、美国位居前三

以 20 分以下、20～40 分（包括 20 分）、40～60 分（包括 40 分）、60～80 分（包括 60 分）以及 80 分以上（包括 80 分）分组①，研究样本国家的国家创业指数得分分布特征。课题组发现，国家创业指数得分处于 20 分以下的样本国家相对最多，有 12 个，超过所有样本国家的四成。其次，为国家创业指数处于 20～40 分的国家数量，为 7 个，占所有样本国家的比例为 24.14%。另外，国家创业指数得分处于 40～60 分、60～80 分以及 80 分以上的样本国家数量依次减少，分别为 6 个、3 个和 1 个，分别占所有样本国家的 20.69%、10.34% 和 3.45%。

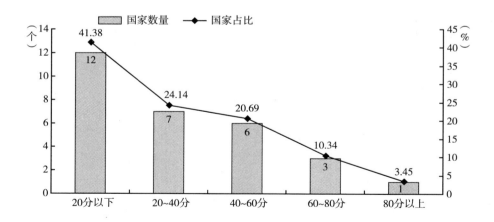

图6 国家创业指数得分分布

---

① 以下再表示分组类别时不再添加括号内文字，全书同。

从具体国家来看，瑞士、丹麦、美国的国家创业指数得分位居前三，分别为 100 分、78.90 分和 78.55 分。

2. 创业绩效指数得分相对最高，创业文化指数得分相对最低，但不同维度创业指数得分差异不大

在国家创业指数的四个维度中，创业绩效指数得分为 27.29 分，相对最高。与之相比，创业文化指数得分为 18.95 分，相对最低。创业资源指数、创业机会指数相差无几，得分分别为 23.61 分和 23.07 分。整体来看，国家创业指数不同维度得分差异不大。最高得分创业绩效指数得分仅高出最低得分创业文化指数得分 8.34 分。

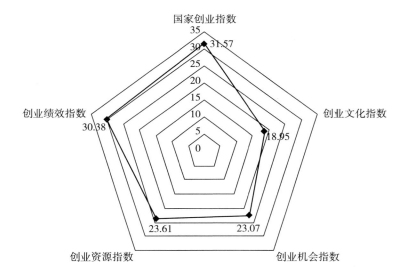

图 7 国家创业指数得分结构状况

注：国家创业指数平均水平高于任何一个维度的指数得分，主要是因为国家创业指数和各个维度的指数计算过程均是基于三级指标的排名得出，故而，国家创业指数得分均高于不同维度得分。

3. 北美区域国家的国家创业指数相对最好，拉美区域国家的国家创业指数相对最差

将研究样本国家区分为北美区域、欧洲区域、大洋洲区域、非洲区域、拉美区域和亚洲区域，分别考察不同区域国家的国家创业指数状况。研究发

现，北美区域国家的国家创业指数得分相对最高，为 68.42 分，反映了北美区域国家的创业水平较高。其次为欧洲区域国家的国家创业指数得分，为 43.97分，反映了欧洲区域国家具有一定的创业水平。大洋洲区域国家的国家创业指数得分为 32.17 分，居于北美区域和欧洲区域国家之后；亚洲区域国家的国家创业指数得分紧随大洋洲区域国家的国家创业指数得分之后，得分为 17.28 分。拉美区域国家和非洲区域国家的国家创业指数得分相对较低，分别为 4.79 分和4.94 分，反映了拉美区域国家和非洲区域国家的国家创业水平相对较低。

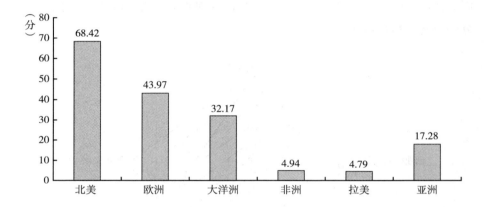

图 8　不同区域国家创业指数得分特征

4. 发达国家的国家创业水平相对较高

考察发达国家和发展中国家的整体创业水平差异，课题组发现，发达国家作为一个整体，国家创业指数平均得分为 42.55 分，相对较高。与之相比，发展中国家作为一个整体，国家创业指数平均得分不足 10 分，为 7.17分，反映了发展中国家的国家创业水平相对较低。究其原因，发达国家在互联网使用情况方面、人才质量方面具有绝对优势，而以中国为代表的发展中国家尽管在成长和创新绩效方面也取得了较好的成绩①，但是整体依然落后于发达国家。

---

① 中国在国内的巨大需求支持下以及人口优势的基础上，吸引了大量的资金支持创业，早期创业活动相对活跃，在成长和创新绩效方面取得了较好的成绩。

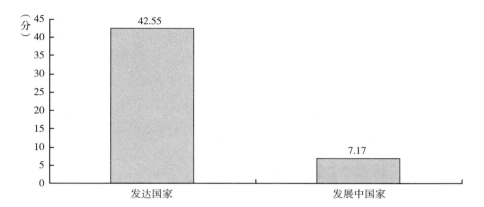

图9　不同发展程度国家的国家创业指数特征

（二）分维度特征

1. 创业文化指数维度

（1）近七成样本国家创业文化指数得分处于 20 分以下

以 20 分以下、20～40 分（包括 20 分）、40～60 分（包括 40 分）、60～80 分（包括 60 分）以及 80 分以上（包括 80 分）分组，对样本国家的创业文化指数得分的分布状况进行考察。课题组发现，样本国家创业文化指数得分处于 20 分以下的数量相对最多，为 20 个，占所有样本国家的比例将近 70%，达到 68.97%。创业文化指数得分处于 20～40 分、40～60 分、60～80 分以及 80 分以上的样本国家数量依次减少，分别为 4 个、3 个、1 个和 1 个，占所有样本国家的比例分别为 13.79%、10.34%、3.45% 和 3.45%。

从具体国家来看，美国、英国、澳大利亚、丹麦、加拿大等发达国家的创业文化指数处于较高的水平，中国的创业文化指数处于中等偏下水平。

（2）北美区域创业文化指数得分相对最高，拉美区域创业文化指数得分相对最低

从地理区域角度来看，北美区域国家的创业文化指数平均得分相对最高，为 71.91 分。其次为位于大洋洲区域的国家的创业文化指数平均得分，

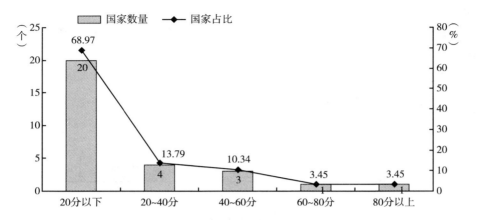

图 10 国家创业文化指数得分分布

为 57.87 分。地理区域位于欧洲、非洲、亚洲、拉美的国家的创业文化指数平均得分依次降低，分别为 22.88 分、14.40 分、3.49 分和 1.56 分。

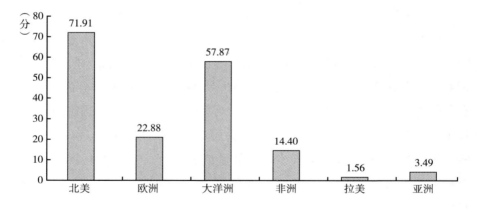

图 11 不同区域国家创业文化指数得分特征

（3）发达国家创业文化指数平均得分较高，发展中国家相对较低

从国家发展程度来看，发达国家作为一个整体的国家创业指数平均得分为 25.99 分，相对较高；发展中国家作为一个整体的国家创业指数平均得分为 3.31 分，相对较低。显而易见，发达国家创业文化较为浓厚，发展中国家相对较弱。

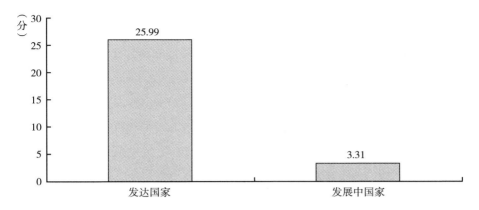

图12　不同发展程度国家的国家创业文化指数特征

2. 创业机会指数维度

（1）国家创业机会指数得分处于20分以下的国家五成五

从创业机会指数来看，得分为20分以下、20~40分、40~60分三个组别的国家数量依次减少，分别为16个、9个、1个，分别占所有样本国家的55.17%、31.03%、3.45%。显而易见，逾五成国家的创业机会指数得分处于20分以下。另外，分别有1个和2个国家的创业机会指数得分处于60~80分和80分以上，占所有样本国家的比例分别为3.45%和6.90%。

从总体上看，韩国、丹麦、瑞典、瑞士和日本的创业机会指数得分尤为突出；从互联网使用比率来看，加拿大、丹麦、瑞士和韩国具有很好的基础；在政府扶持政策带来的政策机会上，新加坡、韩国和丹麦政府给予了更多的创业扶持。

（2）欧洲和北美区域国家创业机会指数平均得分相对最高

欧洲和北美区域国家整体的创业机会指数平均得分分别为28.24分、28.08分，相差无几，在六大区域中相对最高，反映了欧洲和北美区域创业机会较多。与之相比，拉美区域国家整体的创业机会指数平均得分仅为4.37分，相对最低，反映了拉美区域创业机会较少。亚洲、大洋洲和非洲区域国家的创业机会指数平均得分依次降低，分别为23.47分、13.34分和8.05分。

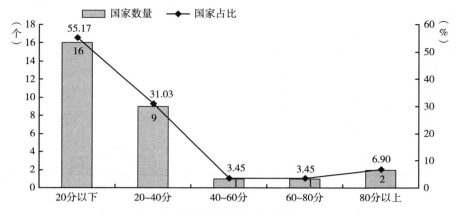

图 13　国家创业机会指数得分分布

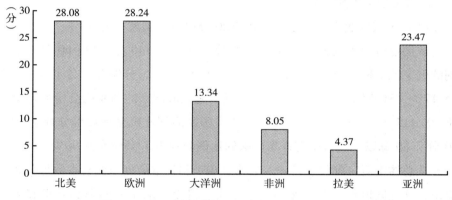

图 14　不同区域国家创业机会指数平均得分特征

（3）发达国家创业机会指数平均得分相对较高

发达国家创业机会指数平均得分为 31.18 分，相对较高，反映了发达国家的创业机会较多。发展中国家创业机会指数平均得分为 5.04 分，相对较低，反映了发展中国家的创业机会较少。

3. 创业资源指数维度

（1）逾六成国家的创业资源指数得分低于 20 分

创业资源指数得分位于 20 分以下的国家有 18 个，占所有样本国家的比例为 62.07%，反映了逾六成国家的创业资源指数得分处于较低水平。其次

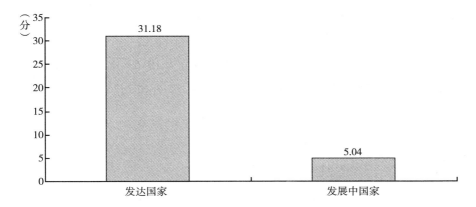

图15 不同发展程度国家的国家创业机会指数平均得分特征

为得分处于 40~60 分的样本国家数量，为 6 个，占所有样本国家的比例为 20.69%。另外，3 个国家的创业资源指数得分处于 20~40 分，占所有样本国家的比例为 10.34%。与此同时，创业资源指数得分处于 60~80 分以及 80 分及以上的样本国家均有 1 个。

从具体国家创业资源来看，瑞士、德国、美国、芬兰、丹麦位居前五。

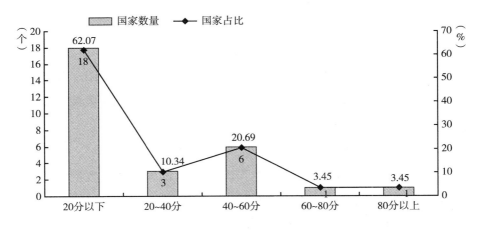

图16 国家创业资源指数得分分布

（2）北美区域国家创业资源相对最好

北美区域国家创业资源指数平均得分为 47.50 分，相对最高，反映了北

美区域国家创业资源相对最好。其次为欧洲区域国家的创业资源状况，创业资源指数平均得分为 35.90 分，仅次于北美区域国家创业资源水平。大洋洲区域国家紧随其后，国家创业资源指数平均得分为 19.63 分。亚洲区域和拉美区域国家的创业资源指数平均得分分别为 10.72 分和 2.26 分。

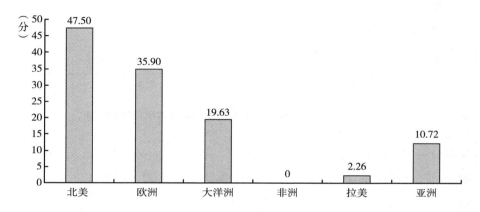

图 17　不同区域国家创业资源指数平均得分特征

（3）发达国家创业资源相对最好，发展中国家的国家创业资源指数平均得分不足 5 分

从经济发展状况角度来看，发达国家的创业资源指数平均得分为 32.15 分，相对最高，反映了发达国家的创业资源相对较好。与之相比，发展中国家的创业资源指数平均得分不足 5 分，仅为 4.62 分，反映了发展中国家的创业资源相对较差。

4. 创业绩效指数维度

（1）国家创业绩效指数得分处于 20 分以下的样本国家数量超过五成五，中国、美国、智利、泰国排名较好

以 20 分以下、20～40 分（包括 20 分）、40～60 分（包括 40 分）、60～80 分（包括 60 分）以及 80 分以上（包括 80 分）分组，对国家创业绩效指数的分布状况进行考察。课题组发现，国家创业绩效指数得分处于 20 分以下的样本国家相对最多，有 16 个，占所有样本国家的比例超过 55%，为 55.17%，

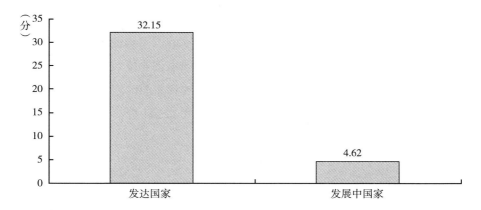

图18 不同发展程度国家的国家创业资源指数平均得分特征

反映了超过五成五的样本国家的国家创业绩效指数得分处于20分以下。其次为得分处于20~40分组的国家数量，为7个，占所有样本国家的比例超过二成，为24.14%。国家创业绩效指数得分处于40~60分、60~80分以及80分以上的国家均有2个，占所有样本国家的比例均为6.90%。

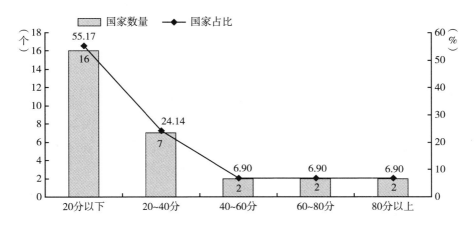

图19 国家创业绩效指数得分分布

（2）拉美区域国家的国家创业绩效指数平均得分相对最高，欧洲和非洲相对较低

拉美区域国家的国家创业绩效指数平均得分相对最高，为60.97分，反

映了拉美区域国家的国家创业绩效相对较好。其次为北美区域国家的国家创业绩效指数得分，整体而言，北美区域样本国家的国家创业绩效指数平均得分为59.40分。大洋洲区域和亚洲区域国家的国家创业绩效指数平均得分相差无几，分别为30.63分和32.88分。欧洲区域和非洲区域国家的国家创业绩效指数平均得分相对较低，分别为11.57分和12.64分。

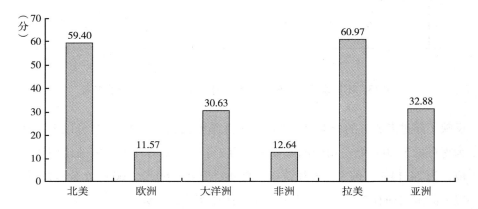

图20 不同区域国家的国家创业绩效指数平均得分特征

（3）发展中国家的国家创业绩效指数得分相对较高

整体来看，发展中国家的国家创业绩效指数得分相对较高，发达国家的国家创业绩效指数得分相对较低。具体来看，发展中国家作为一个整体的国家创业绩效指数平均得分为47.61分，与之相比，发达国家作为一个整体的国家创业绩效指数平均得分只有18.14分。显而易见，相对于发达国家，发展中国家作为一个整体在创业绩效方面具有较好的水平。

（三）优秀创业国家的特征分析

按照创业文化、创业机会、创业资源和创业绩效四个层面分析排名前十的国家的具体创业特征，并同中国进行两两对比。

1. 国家创业指数第1名：瑞士

从创业文化来看，瑞士的个人主义指数是69，在29个样本国家中位居

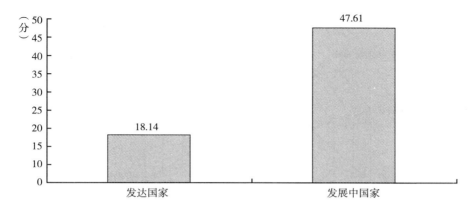

图21 不同发展程度国家的国家创业绩效指数平均得分特征

第9，瑞士的不确定规避指数为56，在29个样本国家中位居第12。

从创业机会来看，瑞士2014年GDP为712050百万美元，在29个样本国家中处于第19的位置；瑞士的互联网基础设施建设良好，为互联网创业提供了良好的机会。瑞士政府支持与政策方面2014年的全球创业观察（GEM）的数据为3.08，在29个样本国家中排在第7的位置。

从创业资源来看，瑞士的人才质量指数是100分，全世界排名第1；在技术资源方面，瑞士的全球创新指数为68.3，也是全世界排名第1。这两个第1名，而且是全球第1名，说明了瑞士具备很好的创业资源。

从创业绩效来看，初创企业活动方面，瑞士排在29个样本国家第15位，2014年的TEA指数为7.12。在"2014年福布斯全球最具创新力企业上榜企业"有4家来自瑞士。这说明瑞士的创业活动不是很活跃，但是具有潜在的创新力。

瑞士同中国相比，瑞士的优势在于个人主义、互联网使用情况、人才资源和技术资源，中国的优势在于不确定规避、市场机会、资金资源和生存绩效。

2. 国家创业指数第2名：丹麦

从创业文化来看，丹麦的个人主义指数是74，在29个样本国家中排名第6；丹麦的不确定规避指数为23，在29个样本国家中处于第2位。总体

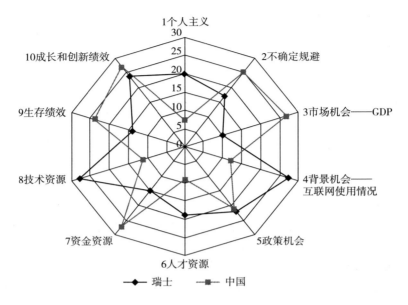

图22　中国和瑞士的国家创业指数二级指标比较

上看，丹麦的创业文化指数非常有利于创业活动。

从创业机会来看，丹麦2014年GDP为340806百万美元，在29个样本国家中处于第23位；丹麦2014年底的互联网覆盖率估算为92%，这为丹麦互联网创业提供了良好的机会。丹麦的政府支持与政策方面2014年的全球创业观察（GEM）的数据为3.33，在29个样本国家中排在第3的位置。总体上看，丹麦虽然国内需求不够大，但是如果丹麦的创业以国际需求为出发点的话，那么丹麦的创业机会也是非常好的。

从创业资源来看，丹麦的人才质量指数为91.769，在29个样本国家中排在第2的位置，丹麦拥有非常好的人才资源；在技术资源方面，丹麦的创新指数为57.70（此数值处于0~100之间），在29个样本国家中排名第9。

从创业绩效来看，初创企业活动方面，丹麦2014年的TEA指数为5.47，排在29个样本国家第22位，创业活动不是很活跃。"2014年福布斯全球最具创新力企业上榜企业"有2家来自丹麦。

丹麦与中国相比，丹麦的优势在于个人主义、互联网使用情况、政策机会和人才资源，中国的优势在于市场机会、资金资源、生存绩效。

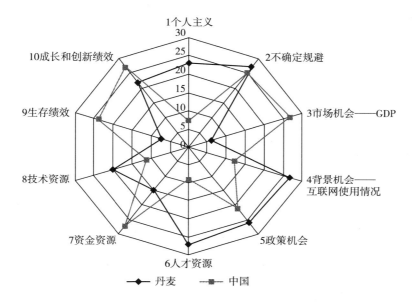

图23　中国和丹麦的国家创业指数二级指标比较

3. 国家创业指数第3名：美国

从创业文化来看，美国的个人主义指数是91，在29个样本国家中处于第1位，而其不确定规避指数为46（此指数越低越有利于创业），在29个样本国家中处于第7位。

从创业机会来看，美国2014年GDP为17418925百万美元，处于全世界第1的位置；美国2014年底的互联网覆盖率为87%，这为美国的创业创造了良好的机会。但是美国的政府支持与政策方面2014年的全球创业观察（GEM）的数据为2.69，在29个样本国家中仅仅排在第17的位置。

从创业资源来看，美国的人才质量指数为74.674；从资金资源上看，2014年的风险投资和并购事件的数量总数为5342件，稳稳坐在第1的位置上，而且根据德勤的调查数据，美国的风险投资信心指数为4.03，也是处于第1的位置；在技术资源方面，根据全球创新指数报告，美国的创新指数

为 60.10（此数值为 0 ~ 100），在全世界处于第 5 的位置。

从创业绩效来看，美国在创业绩效方面在全球是具有绝对优势的，"全球 102 家估值过 10 亿美元的初创企业上榜企业（2014）"中有 64 家来自美国，"2014 年福布斯全球最具创新力企业上榜企业"有 27 家来自美国，美国的"独角兽"公司数量独占鳌头。从初创企业活动方面来看，2014 年的 TEA 指数为 13.81，美国排在 29 个样本国家第 7 位。

美国与中国相比较，美国的优势在于个人主义、互联网使用情况、人才资源和技术资源，中国的优势在于政策机会。

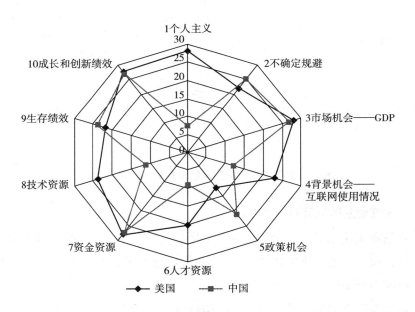

图 24　中国和美国的国家创业指数二级指标比较

4. 国家创业指数第 4 名：英国

从创业文化来看，英国的个人主义指数是 89，在 29 个样本国家中排在第 3 的位置，英国的不确定规避指数为 35，在 29 个样本国家中处于第 5 位。

从创业机会来看，英国 2014 年 GDP 为 2945146 百万美元，处于全世界第 5 的位置；英国 2014 年底的互联网覆盖率为 89%，在 29 个样本国家中处于第 4 的位置。英国的政府支持与政策方面 2014 年的全球创业观察

（GEM）的数据为 2.90，在 29 个样本国家中排在第 14 的位置。

从创业资源来看，英国的人才质量指数为 62.91，在 29 个样本国家中排在第 13 的位置；从资金资源上看，2014 年的风险投资和并购事件的数量总数为 892 件，紧随在美国和中国之后，排在第 3 的位置上，而且根据德勤的调查数据，英国的风险投资信心指数为 3.36，处于第 5 的位置；在技术资源方面，英国的创新指数为 62.42（此数值为 0 ~ 100 之间），在全世界排名第 2。

从创业绩效来看，英国紧随在美国和中国之后，"全球 102 家估值过 10 亿美元的初创企业上榜企业（2014）"中有 5 家来自英国，"2014 年福布斯全球最具创新力企业上榜企业"有 4 家来自英国。从初创企业活动方面来看，英国排在 29 个样本国家第 11 位，2014 年的 TEA 指数为 10.66。

英国和中国相比较，英国的优势在于个人主义、互联网使用情况、人才资源和技术资源，中国的优势在于政策机会和生存绩效。

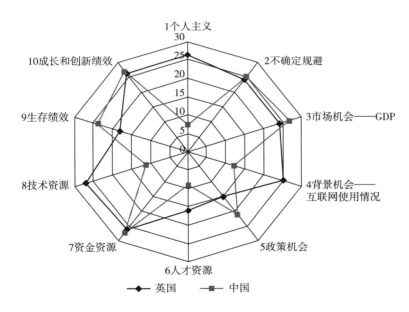

图 25　中国和英国的国家创业指数二级指标比较

5. 国家创业指数第5名：德国

从创业文化来看，德国的个人主义指数是 67，在 29 个样本国家中处于

第 10 的位置，德国的不确定规避指数为 65，在 29 个样本国家中处于第 15 位。

从创业机会来看，德国 2014 年 GDP 为 3859547 百万美元，在 29 个样本国家中处于第 4 位；德国 2014 年底的互联网覆盖率为 89%，在 29 个样本国家中处于第 5 位，这为德国在互联网的创业提供了良好的机会。但是德国的政府支持与政策方面 2014 年的全球创业观察（GEM）的数据为 2.93，在 29 个样本国家中排在第 12 的位置。

从创业资源来看，德国的人才质量指数为 86.177，在 29 个样本国家中处于第 3 位；从资金资源上看，2014 年的风险投资和并购事件的数量总数为 337 件，排在第 5 的位置上；在技术资源方面，德国的创新指数为 57.05，在 29 个样本国家中排在第 10 的位置，这说明德国的创业资源是非常好的。

从创业绩效来看，初创企业活动方面，德国 2014 年的 TEA 指数为 5.27，德国排在 29 个样本国家的第 25 位。在成长绩效方面，"全球 102 家估值过 10 亿美元的初创企业上榜企业（2014）"中有 1 家来自德国。

德国与中国相比较，德国的优势在于个人主义、互联网使用情况、人才资源和技术资源，中国的优势在于不确定规避和生存绩效。

6. 国家创业指数第6名：加拿大

从创业文化来看，加拿大的个人主义指数是 80，在 29 个样本国家中处于第 4 位，加拿大的不确定规避指数为 48，在 29 个样本国家中处于第 8 位，这说明加拿大的创业文化总体上是比较有利于创业的。

从创业机会来看，加拿大 2014 年 GDP 为 1788717 百万美元，在 29 个样本国家中处于第 11 位；加拿大 2014 年底的互联网覆盖率为 93%，在 29 个样本国家中处于第 1 位。但是加拿大的政府支持与政策方面 2014 年的全球创业观察（GEM）的数据为 2.5，在 29 个样本国家中排在第 20 的位置，相对而言，这似乎说明加拿大政府在促进创业方面并不积极。

从创业资源来看，加拿大的人才质量指数为 80.566，在 29 个样本国家中排在第 7 的位置；从资金资源上看，2014 年的风险投资和并购事件的数量总数为 281 件，在 29 个样本国家中排在第 6 的位置；在技术资源方面，

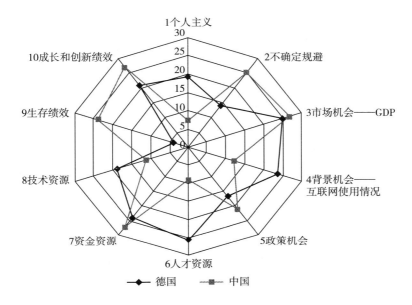

图 26 中国和德国的国家创业指数二级指标比较

加拿大的创新指数为 55.73，在全球排名第 16，在 29 个样本国家中排名第 12，这说明加拿大的创业资源也是非常好的。

从创业绩效来看，生存绩效，2014 年的 TEA 指数为 13.04，加拿大排在 29 个样本国家第 9 位，这说明早期创业活动一般。成长绩效，"全球 102 家估值过 10 亿美元的初创企业上榜企业（2014）"中有 2 家来自加拿大，"2014 年福布斯全球最具创新力企业上榜企业"有 1 家来自加拿大。

加拿大与中国相比，加拿大的优势在于个人主义、互联网使用情况和人才资源，中国的优势在于 GDP 带来的市场机会和政策机会。

7. 国家创业指数第7名：瑞典

从创业文化来看，瑞典的个人主义指数是 71，在 29 个样本国家中处于第 7 位，瑞典的不确定规避指数为 29，在 29 个样本国家中处于第 3 位，这说明瑞典的创业文化总体上是非常有利于创业的。

从创业机会来看，瑞典 2014 年 GDP 为 570137 百万美元，在 29 个样本

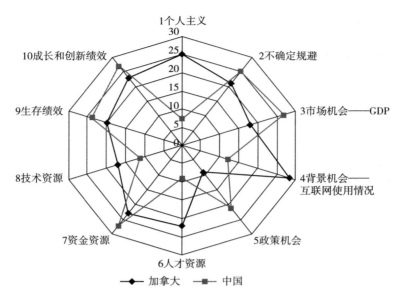

图27 中国和加拿大的国家创业指数二级指标比较

国家中处于第20位；瑞典2014年底的互联网覆盖率估算为92%，在29个样本国家中处于第2位。但是瑞典的政府支持与政策方面2014年的全球创业观察（GEM）的数据为2.74，在29个样本国家中排在第16的位置。这似乎说明瑞典政府在促进创业方面仍然需要提高。

从创业资源来看，瑞典的人才质量指数为79.942，在29个样本国家中排在第8的位置；在技术资源方面，瑞典的创新指数为62.40，在29个样本国家中排名第3，这说明瑞典的创业资源也是非常好的。

从创业绩效来看，生存绩效，2014年的TEA指数为6.71，瑞典排在29个样本国家第18位，这说明早期创业活动不活跃。成长绩效，"全球102家估值过10亿美元的初创企业上榜企业（2014）"中有2家来自瑞典，"2014年福布斯全球最具创新力企业上榜企业"有1家来自瑞典。

瑞典与中国相比，瑞典的优势在于个人主义、互联网使用情况、人才资源和技术资源，中国的优势在于GDP带来的国内市场需求、政策机会、资金资源和生存绩效。

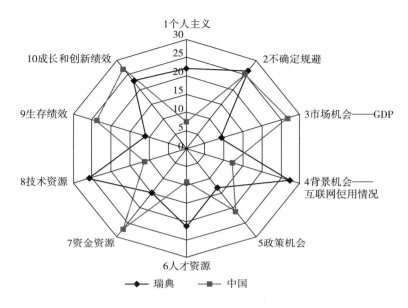

图28 中国和瑞典的国家创业指数二级指标比较

8. 国家创业指数第8名：芬兰

从创业文化来看，芬兰的个人主义指数是63，在29个样本国家中处于第12位，芬兰的不确定规避指数为59，在29个样本国家中处于第13位，这说明芬兰的创业文化总体上是处于中等有利状态。

从创业机会来看，芬兰2014年GDP为271165百万美元，在29个样本国家中处于第26位；芬兰2014年底的互联网覆盖率为85%，在29个样本国家中处于第8位。但是芬兰的政府支持与政策方面2014年的全球创业观察（GEM）的数据为3.17，在29个样本国家中排在第5的位置，这说明芬兰政府在积极促进创业。

从创业资源来看，芬兰的人才质量指数为86.079，在29个样本国家中排在第4的位置；在技术资源方面，芬兰的创新指数为59.97，在全球排名第6，这说明芬兰的创业资源也是非常好的。

从创业绩效来看，生存绩效，2014年的TEA指数为5.63，芬兰排在29个样本国家第21位，这说明早期创业活动不活跃。从成长绩效来看，"全

球 102 家估值过 10 亿美元的初创企业上榜企业（2014）"中没有来自芬兰的，"2014 年福布斯全球最具创新力企业上榜企业"有 1 家来自芬兰。

芬兰与中国相比，芬兰的优势在于个人主义、互联网使用情况、人才资源和技术资源，中国的优势在于不确定规避、市场机会、资金资源和生存绩效。

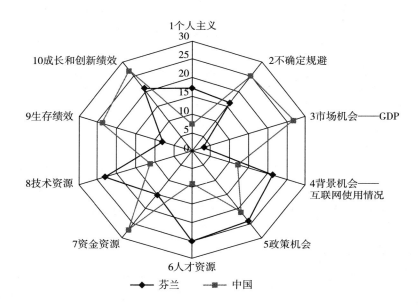

图 29　中国和芬兰的国家创业指数二级指标比较

9. 国家创业指数第9名：爱尔兰

从创业文化来看，爱尔兰的个人主义指数是 70，在 29 个样本国家中处于第 6 位，爱尔兰的不确定规避指数为 35，在 29 个样本国家中处于第 5 位，这说明爱尔兰的创业文化总体上是非常有利于创业的。

从创业机会来看，爱尔兰 2014 年 GDP 为 246438 百万美元，在 29 个样本国家中处于第 28 位；爱尔兰 2014 年底的互联网覆盖率为 83%，在 29 个样本国家中处于第 10 位。但是爱尔兰的政府支持与政策方面 2014 年的全球创业观察（GEM）的数据为 3.24，在 29 个样本国家中排在第 4 的位置，这说明爱尔兰政府在积极地促进创业。

从创业资源来看，爱尔兰的人才质量指数为 83.767，在 29 个样本国家中排在了第5位的位置；在技术资源方面，爱尔兰的创新指数为59.13，在29个样本国家中排名第8，这说明爱尔兰的创业资源是非常好的。

从创业绩效来看，生存绩效，2014年的TEA指数为6.53，爱尔兰排在29个样本国家第20位，这说明早期创业活动并不活跃。成长绩效，"2014年福布斯全球最具创新力企业上榜企业"有3家来自爱尔兰。

爱尔兰与中国相比，爱尔兰的优势在于个人主义、互联网使用情况、人才资源和技术资源，中国的优势在于市场机会、资金资源和生存绩效。

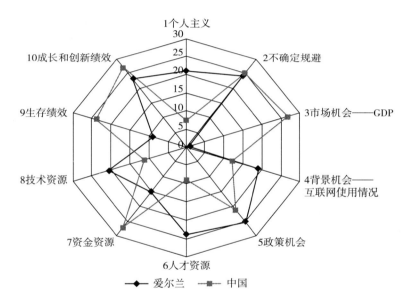

图30 中国和爱尔兰的国家创业指数二级指标比较

10. 国家创业指数第10名：荷兰

从创业文化来看，荷兰的个人主义指数是80，在29个样本国家中处于第4位，荷兰的不确定规避指数为53，在29个样本国家中处于第11位，这说明荷兰的创业文化总体上是比较有利于创业的。

从创业机会来看，荷兰2014年GDP为866354百万美元，在29个样本国家中处于第17位；荷兰2014年底的互联网覆盖率为85%，在29个样本国家中处于第8位。但是荷兰的政府支持与政策方面2014年的全球创业观

察（GEM）的数据为2.59，在29个样本国家中排在第18的位置。这似乎说明荷兰政府在促进创业方面并不积极。

从创业资源来看，荷兰的人才质量指数为81.756，在29个样本国家中排在第6的位置；在技术资源方面，荷兰的创新指数为61.58，在全球排名第4，这说明荷兰的创业资源也是非常好的。

从创业绩效来看，生存绩效，2014年的TEA指数为9.46，荷兰排在29个样本国家第13位，这说明早期创业活动并不太活跃。成长绩效，"全球102家估值过10亿美元的初创企业上榜企业（2014）"中有1家来自荷兰，"2014年福布斯全球最具创新力企业上榜企业"有2家来自荷兰。

荷兰与中国相比，荷兰的优势在于个人主义、互联网使用情况、人才资源和技术资源，中国的优势在于不确定规避、市场机会、政策机会和资金资源。

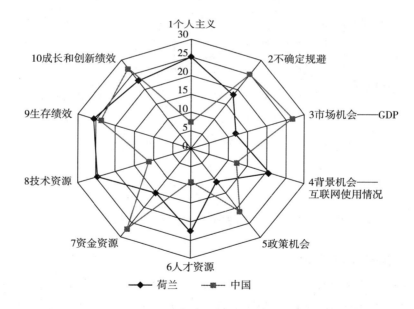

图31　中国和荷兰的国家创业指数二级指标比较

B.2
中国城市创业指数（2015）

一个城市的创业活动在一定程度上代表着其所在区域的经济繁荣程度和发展空间，创新创业能力已经成为衡量一个地区科学发展水平的重要标志。建设创新创业城市，就是要让创业城市成为一个区域创新体系完善、创新要素高度集聚、科技创新支撑发展、创新创业氛围浓厚的城市。中国城市创业指数是中国城市创新创业能力科学化、数字化的体现，开展中国城市创业指数研究既是科学发展的重要任务，又是加快经济发展方式转变的重要内容和必然要求，对于全面建成高水平小康社会、实现城市科学发展具有十分重要的意义。

一 研究方法和技术路线

中国城市创业指数研究技术路线包括四个基本组成部分。

首先，确定理论基础。根据国外创业行为过程理论研究和国内创业行为过程理论研究，课题组构建了包括四个组成部分的创业行为过程模型，为中国城市创业指数研究打下了理论基础，创业行为过程模型即中国城市创业框架模型。

其次，开展对标分析。课题组根据以往的文献研究成果，通过专家讨论，在中国城市创业框架模型的基础上，进行了进一步的细化，从而开发出中国城市创业指标体系的一级指标、二级指标和三级指标。具体来看，中国城市创业框架模型的四个维度构成了中国城市创业指标体系的一级指标，每一项一级指标下包括若干项二级指标，每一项二级指标下又包括若干项三级指标。一级指标、二级指标和三级指标共同构成三个层次的中国城市创业指标体系。

再次，确定指标赋权和赋分规则。利用中国城市创业指标体系对中国城市创业水平进行评估需要明确中国城市创业指标体系三级指标的赋分原则以及一级指标、二级指标和三级指标的权重设置。在明确三级指标赋分原则和三级指标权重的基础上，可以得到二级指标的得分；在明确二级指标得分和二级指标权重的基础上，可以得到一级指标的得分；明确一级指标得分和一级指标权重就可以得到中国城市创业指数。中国城市创业指标体系以及三级指标赋分原则和一级指标、二级指标、三级指标权重共同构成了中国城市创业指数。

最后，开展信息收集。通过对样本城市的环境进行分析，从官方渠道获得统计资料以及各类专题研究资料，课题组使用中国城市创业指数对样本城市的创业指数进行了评估，从而得到样本城市的中国城市创业指数得分。

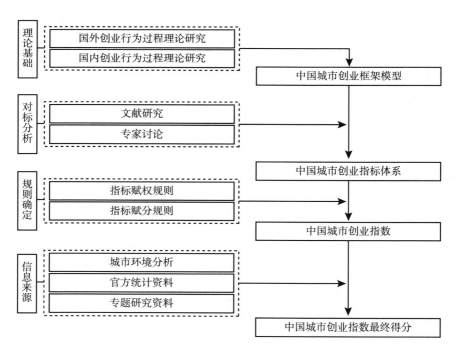

图1 中国城市创业指数研究技术路线

（一）理论模型

同国家创业指数相似，城市创业指数是对一个地域的创业水平的反映。同国家创业指数相比，城市创业指数所反映的地域范围相对较为狭窄，并且城市不像国家具有主权概念。由于中国城市创业指数研究的核心是不同地域之间的创业水平，因此，本研究采用评估国家创业指数的框架模型来构建城市创业模型。

具体来看，借鉴以往对于创业环境评价研究所构建的 GEM 模型、创业要素模型、社会经济系统技术系统模型等，课题组构建了城市创业过程模型。该城市创业过程模型包括四个方面，分别为创业文化、创业机会、创业资源和创业绩效。其中，城市创业文化是能够开拓创新出经济社会发展的新事业和新产业的时代精神和文化氛围，创业文化的高低决定了一个城市的创业者是否敢于承担风险和不确定性，是否具有强烈的创业意愿。发现城市创业机会是个体获取、处理并解读信息价值的过程；社会网络是获取创业机会信息的重要渠道，利用社会关系网络是创业者识别机会的重要途径。显而易见，只有当创业者识别或者觉察到创业机会时，创业的意愿才会更加强烈。城市创业资源的获取和整合贯穿整个创业过程，创业者应有效识别各种创业资源，并且积极借助企业内外部的力量对创业资源进行组织和整合，实现企业的核心竞争力，促进创业成长。一般而言，创业企业在资源整合过程中面临的主要挑战归纳为资源识别、资源获取、资源配置、资源利用四个部分。城市创业绩效是城市创业的最终成果，城市创业绩效越高，表明城市创业结果越好。

图 2　中国城市创业指数研究过程框架模型

（二）对标分析

中国城市创业过程框架模型构成了中国城市创业指标体系的一级指标。依托中国城市创业过程框架模型，课题组在对创业领域相关文献进行研究的基础上，经过创业专家的讨论，进一步确定了中国城市创业指标体系的二级指标和三级指标。其中，创业文化一级指标包括城市主观幸福感1个二级指标以及城市主观幸福感1个三级指标；创业机会包括城市市场容量和创业孵化器支持两个二级指标，城市市场容量又包括城市GDP和城市人口总量两个三级指标，创业孵化器支持包括国家孵化器数量1个三级指标；创业资源一级指标包括创业人才支持和金融支持两个二级指标，创业人才支持包括创业教育1个三级指标，金融支持包括亿万富翁数量1个三级指标；创业绩效包括新三板企业数量1个二级指标，新三板企业数量包括新三板企业数量1个三级指标。4个一级指标、6个二级指标和7个三级指标共同构成了三个层次的中国城市创业指标体系。

表1　中国城市创业指标体系

一级指标	二级指标	三级指标
创业文化	城市主观幸福感	城市主观幸福感
创业机会	城市市场容量	城市GDP
		城市人口总量
	创业孵化器支持	国家孵化器数量
创业资源	创业人才支持	创业教育
	金融支持	亿万富翁数量
创业绩效	新三板企业数量	新三板企业数量

（三）规则确定

1. 赋分规则

（1）三级指标赋分原则

中国城市创业指标体系包括7个三级指标，每一个三级指标的具体赋分原则不尽相同。中国创业指标体系三级指标需要在初始得分的基础上，对相关的数据进行无量纲化处理，并得到百分制得分，从而使每一个三级指标的得分范围均为［0，100］。7个三级指标的详细赋分原则如表2所示。

表2　中国城市创业指标体系三级指标赋分原则

三级指标	三级指标赋分原则和步骤
城市主观幸福感	①以2014年央视财经频道《经济生活大调查》中的"中国幸福城市排行榜"最具幸福感城市得分为基础数据；②使用GN中国幸福感城市评价指标体系对未包括在"中国幸福城市排行榜"中的城市的幸福感得分进行评估；③得到所有作为研究对象的城市的幸福感得分
城市GDP	①根据各级政府统计部门披露的数据进行整理,得到样本城市的GDP数值；②对GDP数值进行无量纲化处理,得到无量纲化GDP对应数值；③将无量纲化GDP对应数值乘以100,得到城市GDP的百分制数值,即三级指标城市GDP得分
城市人口总量	①根据各级政府统计部门披露的数据进行整理,得到样本城市的人口数值；②对人口数值进行无量纲化处理,得到无量纲化的人口对应数值；③将无量纲化人口对应数值乘以100,得到城市人口总量的百分制数值,即三级指标城市人口总量得分
国家孵化器数量	①依托国家科技部火炬中心的国家级孵化器名单以及微信公众号查找的其他类型的孵化器名单,计算出样本城市的所有孵化器数量；②对孵化器数值进行无量纲化处理,得到无量纲化的孵化器数量对应数值；③将无量纲化孵化器数量对应数值乘以100,得到城市孵化器总量的百分制数值,即三级指标国家孵化器数量得分
创业教育	①分别列出以样本城市为总部的国家985高校和211高校；②查找并计算所有985高校和211高校毕业的创业人员数量；③计算出样本城市创业人员数量；④对创业人员数值进行无量纲化处理,得到无量纲化的创业人员数量对应数值；⑤将无量纲化创业人员数值对应数值乘以100,得到城市创业教育的百分制数值,即三级指标创业教育得分
亿万富翁数量	①对2015年胡润百富榜的人员所在地进行分析,分别基于样本城市进行归类；②汇总样本城市拥有富豪的数量；③对富豪数量进行无量纲化处理,得到无量纲化的富豪数量对应数值；④将无量纲化富豪数量对应数值乘以100,得到城市亿万富翁数量的百分制数值,即三级指标亿万富翁数量得分
新三板企业数量	①根据样本城市的不同,分别统计相关城市的新三板企业数量；②对新三板企业数量进行无量纲化处理,得到无量纲化的新三板企业数量对应数值；③将无量纲化的新三板企业数量对应数值乘以100,得到新三板企业数量的百分制数值,即三级指标新三板企业数量得分

（2） 二级指标和一级指标赋分原则

同三级指标不同，二级指标和一级指标得分均是根据三级指标计算得出，而不是根据外界变量计算得出的。

具体来看，根据三级指标城市主观幸福感，可以计算出二级指标城市主观幸福感得分，以及一级指标创业文化得分。根据三级指标城市 GDP 和城市人口总量得分，可以计算出二级指标城市市场容量得分；根据三级指标国家孵化器数量得分，可以计算出二级指标创业孵化器支持得分；根据二级指标城市市场容量和创业孵化器支持得分，可以计算出一级指标创业机会得分。根据三级指标创业教育得分，可以计算出二级指标创业人才支持得分；根据三级指标亿万富翁数量得分，可以计算出二级指标金融支持得分；根据二级指标创业人才支持和金融支持得分，可以计算出一级指标创业资源得分。根据三级指标新三板企业数量得分，可以计算出二级指标新三板企业数量得分以及一级指标创业绩效得分。

2. 赋权规则

分别采用专家法对 4 个一级指标、6 个二级指标和 7 个三级指标进行赋权。由于 α_1、α_2、α_3、α_4、β_1、β_2、β_3、β_4、β_5、β_6、γ_1、γ_2、γ_3、γ_4、γ_5、γ_6、γ_7 的取值反映了相关指标对于上级指标的相对重要性，所以，这些权重因子需要符合以下条件。

$\alpha_1 + \alpha_2 + \alpha_3 + \alpha_4 = 100\%$，$\alpha_1$、$\alpha_2$、$\alpha_3$、$\alpha_4$ 的取值范围均为 ［0，100%］；

$\beta_1 = 100\%$；

$\beta_2 + \beta_3 = 100\%$，$\beta_2$ 和 β_3 的取值范围均为 ［0，100%］；

$\beta_4 + \beta_5 = 100\%$，$\beta_4$ 和 β_5 的取值范围均为 ［0，100%］；

$\beta_6 = 100\%$；

$\gamma_1 = 100\%$；

$\gamma_2 + \gamma_3 = 100\%$，$\gamma_2$ 和 γ_3 的取值范围均为 ［0，100%］；

$\gamma_4 = 100\%$；

$\gamma_5 = 100\%$；

$\gamma_6 = 100\%$;

$\gamma_7 = 100\%$ 。

表3 中国城市创业指标体系权重设置

一级指标	一级指标权重	二级指标	二级指标权重	三级指标	三级指标权重
创业文化	α_1	城市主观幸福感	β_1	城市主观幸福感	γ_1
创业机会	α_2	城市市场容量	β_2	城市 GDP	γ_2
				城市人口总量	γ_3
		创业孵化器支持	β_3	国家孵化器数量	γ_4
创业资源	α_3	创业人才支持	β_4	创业教育	γ_5
		金融支持	β_5	亿万富翁数量	γ_6
创业绩效	α_4	新三板企业数量	β_6	新三板企业数量	γ_7

（四）信息来源

中国创业城市指数研究的信息来源包括三个方面，分别为城市环境分析、官方统计资料和专题研究资料。

在对城市主观幸福感指标进行评分的过程中，需要借助"GN 中国幸福感城市评价指标体系"分别对部分研究样本城市的幸福感进行评价打分，而打分的重要依据就是对相应城市的政治、经济、社会和技术等环境进行分析。

在使用官方统计资料方面，课题组分别从我国各级政府统计部门获得城市 GDP、城市人口总量指标数据，从科技部火炬中心获取国家孵化器数量指标数据，从证监会等部门获得新三板企业数量指标数据。

在使用专题研究资料方面，课题组分别从央视财经《经济生活大调查》获取部分中国幸福城市得分，从胡润富豪榜获取亿万富翁数量指标等。

（五）计算得分

1. 创业城市综合得分

创业城市总得分是创业文化得分、创业机会得分、创业资源得分、创业

绩效得分的加权平均数。分别用 $UEGFS_i$ （Urban Entrepreneurial General Factor Score）表示第 i 个城市的创业城市总得分（取值范围 $[0, 100]$），用 EC_i（Entrepreneurial Culture）表示第 i 个城市的创业文化得分（取值范围 $[0, 100]$），用 EO_i（Entrepreneurial Opportunity）表示第 i 个城市的创业机会得分（取值范围 $[0, 100]$），用 ER_i（Entrepreneurial Resources）表示第 i 个城市的创业资源得分（取值范围 $[0, 100]$），用 EP_i（Entrepreneurial Performance）表示第 i 个城市的创业绩效得分（取值范围 $[0, 100]$），那么第 i 个城市的创业城市总得分就可以表示为：

$$UEGFS_i = \alpha_1 \times EC_i + \alpha_2 \times EO_i + \alpha_3 \times ER_i + \alpha_4 \times EP_i$$

2. 一级指标得分

分别用 $UCSW_i$（Urban Citizens Subjective Well–being）表示第 i 个城市的城市主观幸福感得分（取值范围 $[0, 100]$），用 UMC_i（Urban Market Capacity）表示第 i 个城市的城市市场容量得分（取值范围 $[0, 100]$），用 EIS_i（Entrepreneurial Incubator Support）表示第 i 个城市的创业孵化器支持得分（取值范围 $[0, 100]$），用 ETS_i（Entrepreneurial Talents Support）表示第 i 个城市的创业人才支持得分（取值范围 $[0, 100]$），用 FS_i（Financial Support）表示第 i 个城市的金融支持得分（取值范围 $[0, 100]$），用 $QNTBC_i$（the Quantity of New Three Board Companies）表示第 i 个城市的新三板企业数量得分（取值范围 $[0, 100]$）。那么，第 i 个城市的创业文化得分、创业机会得分、创业资源得分和创业绩效得分分别可以表示为：

$$EC_i = \beta_1 \times 100 \times \left\{ \left[\frac{1}{UCSW_i + 1} - \min\left(\frac{1}{UCSW + 1}\right) \right] \Big/ \left[\max\left(\frac{1}{UCSW + 1}\right) - \min\left(\frac{1}{UCSW + 1}\right) \right] \right\}$$
$$EO_i = \beta_2 \times UMC_i + \beta_3 \times EIS_i$$
$$ER_i = \beta_4 \times ETS_i + \beta_5 \times FS_i$$
$$EP_i = \beta_6 \times QNTBC_i$$

其中，UCSW 表示所有样本城市主观幸福得分。

3. 二级指标得分

分别用 $UCSWI_i$（Urban Citizens Subjective Well–being Indicator）表示第

i 个城市的城市主观幸福感得分（取值范围 [0, 100]），用 UGDPI$_i$（Urban GDP Indicator）表示第 i 个城市的城市 GDP 得分（取值范围 [0, 100]），用 UPI$_i$（Urban Population Indicator）表示第 i 个城市的城市人口总量得分（取值范围 [0, 100]），用 NIS$_i$（National Incubator Indicator）表示第 i 个城市的国家创业孵化器数量得分（取值范围 [0, 100]），用 EEI$_i$（Entrepreneurial Education Indicator）表示第 i 个城市的创业教育得分（取值范围 [0, 100]），用 BI$_i$（Billionaire Indicator）表示第 i 个城市的亿万富翁数量得分（取值范围 [0, 100]），用 QNTBCI$_i$（the Quantity of New Three Board Companies Indicator）表示第 i 个城市的新三板企业数量得分（取值范围 [0, 100]），那么，第 i 个城市的城市主观幸福感、城市市场容量、创业孵化器支持、创业人才支持、金融支持和新三板企业数量支持的得分就可以表示为：

$$UCSW_i = \gamma_1 \times UCSWI_i$$
$$UMC_i = \gamma_2 \times UGDPI_i + \gamma_3 \times UPI_i$$
$$EIS_i = \gamma_4 \times NIS_i$$
$$ETS_i = \gamma_5 \times EEI_i$$
$$FS_i = \gamma_6 \times BI_i$$
$$QNTBC_i = \gamma_7 \times QNTBCI_i$$

二 样本选择和基本特征

中国城市创业指数研究聚焦对象为中国不同区域的城市，为了实现研究的目标，在权衡收集数据、计算得分等工作广度和深度的基础上，课题组将研究对象样本聚焦为中国 2015 年 GDP 排名前 100 的城市[①]。

---

① 由于本研究仅能得到部分作为样本城市的主观幸福感指标，为了保证研究结果的科学性和统一性，在本研究中，课题组仅在研究方法和技术路线部分涉及创业文化的理论论述，其余部分均以其他维度为重点。

（一）近六成样本城市处于东部地区，城市创新能力较强

东部地区、中部地区、西部地区和东北地区是我国四大经济区域[①]，其中，东部地区包括北京、天津、河北、上海、江苏、浙江、福建、山东、广东和海南10个省（自治区、直辖市），中部地区包括山西、安徽、江西、河南、湖北和湖南6省，西部地区包括内蒙古、广西、重庆、四川、贵州、云南、西藏、陕西、甘肃、青海、宁夏和新疆12个省（自治区、直辖市），东北地区包括辽宁、吉林和黑龙江3省。根据100座作为样本的城市所在省（自治区、直辖市）所在的经济区域归类研究样本所处的区域，结果显示，59座样本城市位于东部地区，占所有研究对象的比例近60%，为59%，相对最多。样本城市位于中部地区、西部地区和东北地区的数量依次减少，分别为20座、14座和7座。鉴于城市的GDP不仅是城市创业指数一级指标创业机会的重要构成要素，而且也对创业文化的形成、创业资源的供应、创业绩效的显现等具有重要的影响。所以，从样本城市的区域分布差异性特征，我们可以看到：东部地区和中部地区的城市创业文化、创业机会、创业资源和创业绩效均较好；与之相比，东北地区和西部地区的城市创业文化、创业机会、创业资源和创业绩效较弱。

（二）逾五成样本城市GDP处于2000亿～4000亿元

以2000亿元以下、2000亿～4000亿元（包括2000亿元）、4000亿～6000亿元（包括4000亿元）、6000亿～8000亿元（包括6000亿元）、8000亿～10000亿元（包括8000亿元）以及10000亿元以上（包括10000亿元）进行分组，对100座样本城市的GDP分布状况进行研究。研究结论显示，在100座样本城市中，54座样本城市2015年的GDP处于2000亿～4000亿元，占所有样本城市的比例超过五成，为54%。其次为GDP处于

[①] 香港、澳门和台湾不在本研究范围内，故没有将其纳入本研究所划分的四大经济区域内。

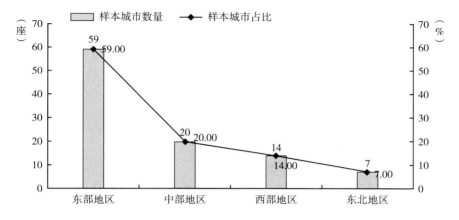

图3　中国城市创业指数研究样本城市地区分布

4000 亿 ~ 6000 亿元的样本城市数量，为 16 座。2015 年 GDP 数额处于 6000 亿 ~ 8000 亿元以及 10000 亿元以上的样本城市数量相等，均为 10 座，占所有研究对象的比例均为 10%。另外，均有 5 座样本城市 2015 年的 GDP 数额分别处于 2000 亿元以下以及 8000 亿 ~ 10000 亿元，占所有样本城市的比例均为 5%。

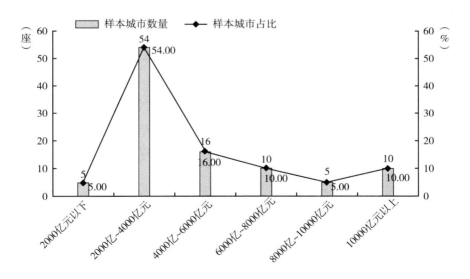

图4　中国城市创业指数研究样本城市 GDP 分布

（三）近五成样本城市人口处于500万～1000万人

以 500 万人以下、500 万～1000 万人（包括 500 万人）、1000 万～1500 万人（包括 1000 万人）、1500 万～2000 万人（包括 1500 万人）以及 2000 万人以上（包括 2000 万人）进行分组，对样本城市的人口分布进行考察。研究结果显示，48 座城市 2015 年人口处于 500 万～1000 万人，占所有样本城市的比例近五成。其次为城市人口处于 500 万人以下的城市数量，为 38 座，占所有样本城市的比例为 38%。另外，10 座、1 座和 3 座作为研究对象的城市的人口数量分别为 1000 万～1500 万人、1500 万～2000 万人以及 2000 万人以上，占所有研究对象的比例分别为 10%、1% 和 3%。

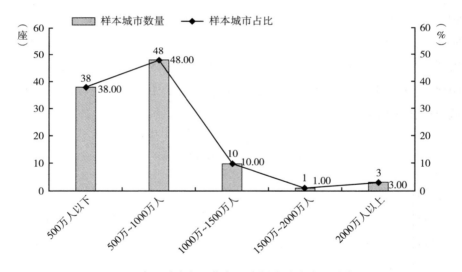

图 5　中国城市创业指数研究样本城市人口分布

（四）逾五成五样本城市拥有1～5家国家级孵化器

以没有任何国家级孵化器、1～5 家（包括 1 家）、5～10 家（包括 5 家）、10～15 家（包括 10 家）、15～20 家（包括 15 家）、20 家以上（包括 20 家）进行分组，对作为研究对象的样本城市所拥有的国家级孵化器数量进行考察。研究结果显示，拥有 1 ~ 5 家国家级孵化器的样本城市最多，有 57 座，占所有研究对象城市的比例为 57%。其次为拥有 5 ~ 10 家国家级孵化器的样本城市数量，为 15 座。拥有 10 ~ 15 家、15 ~ 20 家以及 20 家以上国家级孵化器的样本城市数量依次减少，分别为 8 座、5 座和 3 座，占所有研究对象城市的比例分别为 8%、5% 和 3%。另外，还有 12 座作为研究对象的城市没有任何国家级孵化器，占所有研究对象城市数量的比例为 12%。

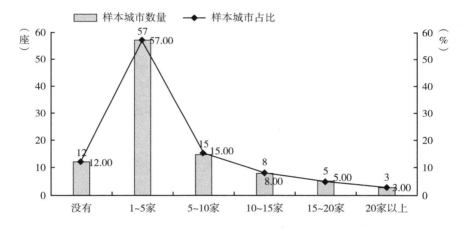

图6　中国城市创业指数研究样本城市国家级孵化器分布

（五）逾六成五样本城市无重点高校或者没有培养出高端创业人员

以没有培养任何高端创业人员、1 ~ 5 人（包括 1 人）、5 ~ 10 人（包括 5 人）、10 ~ 15 人（包括 10 人）、15 ~ 20 人（包括 15 人）以及 20 人以上（包括 20 人）进行分组，考察样本城市重点高校所培养的高端创业人员数量情况。研究发现，67 座样本城市没有任何重点高校坐落或者尽管坐落重点高校（国家 985 高校或 211 高校）但没有培养出任何高端创业人员，占所有样本城市的比例超过六成六，为 67%。21 座样本城市坐落重点高校所培养出的高端创业人员超过 20 人，占所有样本城市数量的 21%。坐落重点高校所培养的高端创业人员数量处于 10 ~ 15 人、1 ~ 5 人以及 5 ~ 10 人三个

组别的样本城市数量依次减少，分别为 5 座、4 座和 3 座，占所有研究对象数量的比例分别为 5%、4% 和 3%。

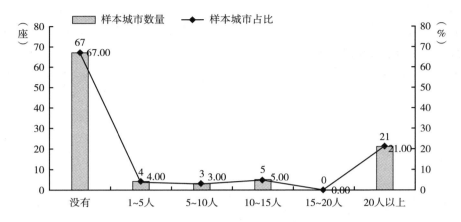

图 7　中国城市创业指数研究样本城市重点高校培养创业人员数量分布

（六）拥有1～5位亿万富翁的样本城市数量最多

以没有任何亿万富翁、1～5 位（包括 1 位）、5～10 位（包括 5 位）、10～15 位（包括 10 位）、15～20 位（包括 15 位）和 20 位以上（包括 20 位）亿万富翁进行分组，考察研究样本城市所拥有的亿万富翁数量。研究发现，拥有 1～5 位亿万富翁的样本城市最多，有 32 座，占所有样本城市数量的比例为 32%。其次为拥有 5～10 位亿万富翁的样本城市数量，为 26 座，占所有样本城市的比例为 26%。拥有 20 位以上亿万富翁的样本城市有 20 座，占所有样本城市的比例达到 20%。分别有 8 座样本城市和 6 座样本城市拥有的亿万富翁数量为 10～15 位和 15～20 位，占所有样本城市的比例分别为 8% 和 6%。另外，还有 8 座样本城市没有拥有任何亿万富翁。

（七）没有任何新三板企业的样本城市数量最多

以没有任何新三板企业、拥有 1～10 家（包括 1 家）、10～20 家（包括

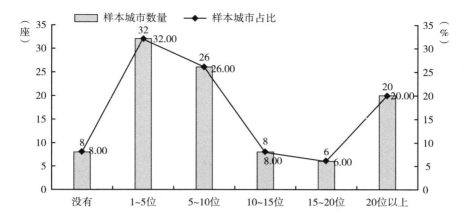

图8 中国城市创业指数研究样本城市亿万富翁数量分布

10家）、20~30家（包括20家）、30~40家（包括30家）、40家以上（包括40家）分组，对样本城市所拥有的新三板企业数量的分布进行研究。研究结果显示，没有任何新三板企业的样本城市最多，有31座。其次为拥有新三板企业数量处于40家以上的样本城市，有26座，占所有样本城市的比例超过25%。拥有新三板企业数量为20~30家、10~20家、1~10家和30~40家的样本城市分别有14座、11座、9座和9座，占所有样本城市的比例分别为14%、11%、9%和9%。

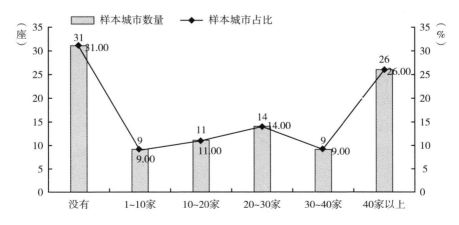

图9 中国城市创业指数研究样本城市新三板企业数量分布

三 评价结果

（一）中国城市创业指数综合排名

表4　中国城市创业指数得分和排名

单位：分

排名	城市	综合得分	排名	城市	综合得分
1	北　京	97.90	28	厦　门	9.66
2	上　海	63.30	29	福　州	9.09
3	深　圳	37.77	30	烟　台	8.81
4	广　州	31.58	31	石家庄	8.71
5	天　津	31.29	32	南　通	8.17
6	杭　州	30.54	33	潍　坊	8.12
7	苏　州	29.52	34	盐　城	7.82
8	武　汉	25.76	35	绍　兴	7.78
9	重　庆	23.62	36	温　州	7.44
10	成　都	21.95	37	徐　州	7.40
11	南　京	21.61	38	南　昌	7.19
12	西　安	18.54	39	淄　博	6.64
13	无　锡	17.75	40	泉　州	6.39
14	长　沙	16.61	41	嘉　兴	6.11
15	青　岛	15.18	42	台　州	6.07
16	大　连	14.61	43	扬　州	5.84
17	郑　州	13.30	44	太　原	5.67
18	哈尔滨	12.92	45	临　沂	5.61
19	宁　波	12.57	46	唐　山	5.57
20	常　州	12.23	47	湖　州	5.44
21	东　莞	11.65	48	镇　江	5.30
22	济　南	11.36	49	南　宁	5.29
23	沈　阳	11.34	50	保　定	5.17
24	合　肥	11.10	51	贵　阳	4.98
25	佛　山	10.54	52	泰　州	4.97
26	长　春	10.39	52	东　营	4.97
27	昆　明	9.82	54	济　宁	4.83

排名	城　市	综合得分	排　名	城　市	综合得分
55	洛　阳	4.79	77	菏　泽	3.30
56	芜　湖	4.70	79	吉　林	3.28
57	邯　郸	4.66	80	湛　江	3.23
58	乌鲁木齐	4.62	81	茂　名	3.14
58	南　阳	4.62	82	包　头	3.11
60	鄂尔多斯	4.40	83	衡　阳	3.04
61	珠　海	4.23	84	连云港	2.93
62	德　州	4.21	85	呼和浩特	2.85
63	襄　阳	4.16	86	漳　州	2.84
64	聊　城	4.11	87	许　昌	2.81
65	中　山	4.00	87	常　德	2.81
66	金　华	3.83	89	株　洲	2.80
67	泰　安	3.80	90	滨　州	2.78
68	沧　州	3.70	91	大　庆	2.77
69	宜　昌	3.69	92	鞍　山	2.72
70	新　乡	3.57	93	江　门	2.66
71	威　海	3.52	94	遵　义	2.59
72	惠　州	3.51	95	柳　州	2.40
73	淮　安	3.45	95	枣　庄	2.40
74	周　口	3.44	97	廊　坊	2.25
75	兰　州	3.37	98	焦　作	2.16
76	宿　迁	3.31	99	郴　州	2.15
77	岳　阳	3.30	100	榆　林	2.07

（二）创业机会得分排名

表5　中国城市创业机会得分和排名

单位：分

排名	城　市	创业机会得分	排名	城　市	创业机会得分
1	北　京	93.69	5	广　州	52.97
2	上　海	87.31	6	苏　州	46.74
3	天　津	73.70	7	武　汉	46.18
4	重　庆	56.86	8	深　圳	45.45

续表

排名	城　市	创业机会得分	排名	城　市	创业机会得分
9	杭　州	43.67	44	南　宁	13.76
10	西　安	39.18	45	太　原	13.37
11	青　岛	36.65	46	南　阳	13.35
12	成　都	36.49	47	嘉　兴	13.32
13	南　京	35.89	48	邯　郸	12.82
14	无　锡	33.94	49	泰　州	12.58
15	大　连	32.31	50	扬　州	12.55
16	长　沙	29.32	51	厦　门	12.43
17	哈尔滨	29.01	52	德　州	12.14
18	沈　阳	26.00	53	镇　江	12.07
19	郑　州	25.21	54	襄　阳	10.99
20	常　州	25.03	54	东　营	10.99
21	长　春	23.66	56	洛　阳	10.76
22	宁　波	23.47	56	沧　州	10.76
23	东　莞	22.51	58	台　州	10.54
24	昆　明	22.16	59	湖　州	10.40
25	合　肥	21.50	60	周　口	10.07
26	佛　山	20.89	61	淮　安	10.00
27	盐　城	20.64	62	金　华	9.81
28	济　南	20.53	63	乌鲁木齐	9.77
29	石家庄	20.31	64	菏　泽	9.73
30	潍　坊	20.11	65	宜　昌	9.72
31	徐　州	18.93	66	聊　城	9.71
32	南　通	18.63	67	惠　州	9.69
33	烟　台	18.13	68	吉　林	9.68
34	南　昌	16.72	69	贵　阳	9.63
35	泉　州	16.50	70	泰　安	9.52
36	福　州	16.48	71	湛　江	9.51
37	临　沂	15.49	72	岳　阳	9.34
38	淄　博	15.26	73	茂　名	9.24
39	唐　山	14.74	74	衡　阳	9.11
39	绍　兴	14.74	75	包　头	9.00
41	温　州	14.47	76	芜　湖	8.82
42	保　定	14.27	77	新　乡	8.68
43	济　宁	14.00	78	宿　迁	8.64

排名	城　市	创业机会得分	排名	城　市	创业机会得分
79	常　德	8.42	89	滨　州	7.18
80	大　庆	8.30	91	呼和浩特	7.05
81	兰　州	8.03	92	柳　州	7.04
82	遵　义	7.76	93	威　海	6.85
83	连云港	7.61	94	枣　庄	6.81
84	鄂尔多斯	7.54	95	焦　作	6.49
85	鞍　山	7.49	96	郴　州	6.29
86	江　门	7.47	97	许　昌	6.07
87	中　山	7.42	98	廊　坊	5.92
88	株　洲	7.35	99	榆　林	5.91
89	漳　州	7.18	100	珠　海	4.96

（三）创业资源得分排名

表6　中国城市创业资源得分和排名

单位：分

排名	城　市	创业资源得分	排　名	城　市	创业资源得分
1	北　京	100.00	17	佛　山	5.35
2	上　海	44.39	18	合　肥	5.24
3	深　圳	28.43	19	绍　兴	5.18
4	杭　州	27.51	20	哈尔滨	5.15
5	广　州	22.75	21	福　州	4.63
6	成　都	16.77	22	长　春	4.50
7	南　京	16.63	23	东　莞	4.18
8	长　沙	11.87	23	温　州	4.18
9	苏　州	11.81	25	沈　阳	3.97
10	武　汉	11.71	26	济　南	3.87
11	厦　门	9.47	27	郑　州	3.80
12	西　安	8.84	28	常　州	3.68
13	天　津	8.10	29	大　连	3.41
14	重　庆	6.28	30	台　州	3.34
15	宁　波	5.85	31	鄂尔多斯	3.18
16	无　锡	5.81	31	烟　台	3.18

续表

排名	城　　市	创业资源得分	排　　名	城市	创业资源得分
33	泉　州	2.68	63	镇　江	0.67
34	东　营	2.34	68	德　州	0.50
35	昆　明	2.32	68	济　宁	0.50
36	南　宁	2.11	68	江　门	0.50
37	兰　州	2.08	68	南　阳	0.50
37	徐　州	2.08	68	泰　州	0.50
39	青　岛	2.07	68	宿　迁	0.50
40	嘉　兴	2.01	68	扬　州	0.50
40	石家庄	2.01	75	包　头	0.33
42	南　昌	1.96	75	沧　州	0.33
43	中　山	1.84	75	淮　安	0.33
44	金　华	1.67	75	洛　阳	0.33
45	潍　坊	1.51	75	新　乡	0.33
45	淄　博	1.51	75	盐　城	0.33
47	贵　阳	1.50	81	郴　州	0.17
48	呼和浩特	1.49	81	菏　泽	0.17
49	湖　州	1.34	81	吉　林	0.17
49	临　沂	1.34	81	柳　州	0.17
51	保　定	1.23	81	茂　名	0.17
52	滨　州	1.17	81	泰　安	0.17
52	邯　郸	1.17	81	襄　阳	0.17
52	连云港	1.17	81	宜　昌	0.17
52	南　通	1.17	81	榆　林	0.17
52	珠　海	1.17	81	岳　阳	0.17
57	太　原	1.15	81	湛　江	0.17
58	乌鲁木齐	1.08	81	漳　州	0.17
59	惠　州	0.84	93	常　德	0.00
59	廊　坊	0.84	93	大　庆	0.00
59	威　海	0.84	93	衡　阳	0.00
59	芜　湖	0.84	93	焦　作	0.00
63	鞍　山	0.67	93	枣　庄	0.00
63	聊　城	0.67	93	周　口	0.00
63	唐　山	0.67	93	株　洲	0.00
63	许　昌	0.67	93	遵　义	0.00

（四）创业绩效得分排名

表7　中国城市创业绩效得分和排名

单位：分

排名	城　　市	创业绩效得分	排　　名	城市	创业绩效得分
1	北　京	100.00	32	芜　湖	4.46
2	上　海	58.19	32	扬　州	4.46
3	深　圳	39.45	34	台　州	4.33
4	苏　州	30.01	35	沈　阳	4.06
5	杭　州	20.45	36	贵　阳	3.80
6	武　汉	19.40	36	石　家　庄	3.80
7	广　州	19.00	38	温　州	3.67
8	无　锡	13.50	39	绍　兴	3.41
9	成　都	12.58	40	洛　阳	3.28
10	南　京	12.32	41	镇　江	3.15
11	天　津	12.06	41	淄　博	3.15
12	郑　州	10.88	43	嘉　兴	3.01
13	济　南	9.70	43	乌鲁木齐	3.01
14	长　沙	8.65	43	长　春	3.01
15	宁　波	8.39	46	南　昌	2.88
16	东　莞	8.26	46	威　海	2.88
17	大　连	8.13	48	潍　坊	2.75
18	常　州	7.99	48	中　山	2.75
19	重　庆	7.73	50	鄂尔多斯	2.49
20	西　安	7.60	50	太　原	2.49
21	厦　门	7.08	50	盐　城	2.49
22	青　岛	6.82	53	聊　城	1.97
23	合　肥	6.55	54	泰　州	1.83
23	珠　海	6.55	55	泰　安	1.70
25	福　州	6.16	55	新　乡	1.70
26	佛　山	5.37	55	许　昌	1.70
27	烟　台	5.11	58	东　营	1.57
28	昆　明	4.98	59	唐　山	1.31
29	南　通	4.72	59	襄　阳	1.31
30	哈　尔　滨	4.59	61	徐　州	1.18
30	湖　州	4.59	61	宜　昌	1.18

续表

排名	城　市	创业绩效得分	排名	城　市	创业绩效得分
61	漳　州	1.18	70	呼和浩特	0.00
64	株　洲	1.05	70	淮　安	0.00
65	宿　迁	0.79	70	惠　州	0.00
66	岳　阳	0.39	70	吉　林	0.00
66	枣　庄	0.39	70	济　宁	0.00
68	周　口	0.26	70	江　门	0.00
69	榆　林	0.13	70	焦　作	0.00
70	鞍　山	0.00	70	金　华	0.00
70	包　头	0.00	70	兰　州	0.00
70	保　定	0.00	70	廊　坊	0.00
70	滨　州	0.00	70	连云港	0.00
70	沧　州	0.00	70	临　沂	0.00
70	常　德	0.00	70	柳　州	0.00
70	郴　州	0.00	70	茂　名	0.00
70	大　庆	0.00	70	南　宁	0.00
70	德　州	0.00	70	南　阳	0.00
70	邯　郸	0.00	70	泉　州	0.00
70	菏　泽	0.00	70	湛　江	0.00
70	衡　阳	0.00	70	遵　义	0.00

四　评价结果分析

（一）中国城市创业指数综合分析

1. 中国城市创业指数得分平均水平较低，位于5分以下城市数量相对最多

根据中国城市创业指数得分分布特点，课题组以 5 分以下、5～10 分
（包括 5 分）、10～20 分（包括 10 分）、20～30 分（包括 20 分）、30～50 分
（包括 30 分）以及 50 分以上（包括 50 分）对 100 座中国城市的创业指数
得分进行研究。研究结果显示，中国城市创业指数得分平均水平较低，平均

得分不足 10 分，仅为 9.58 分。从不同分数阶段来看，得分为 5 分以下的样本城市最多，有 50 座，占所有样本城市的比例为 50%。其次为城市创业指数位于 5~10 分的样本城市数量，为 24 座，占所有样本城市的比例不足 25%。另外，城市创业指数得分位于 10~20 分、20~30 分、30~50 分以及 50 分以上的样本城市数量依次减少，分别为 15 座、5 座、4 座和 2 座。

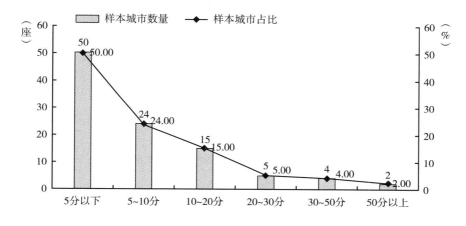

图 10　中国城市创业指数得分分布状况

2. 创业机会平均水平相对最高

在中国城市创业指数的三个维度中，100 座作为研究样本城市的创业机会平均水平得分相对最高，为 18.47 分，为唯一高于研究样本城市创业机会综合平均水平的维度。样本城市创业资源平均水平得分相对最低，不足 5分，仅为 4.60 分。样本城市的创业绩效平均水平得分仅为 5.66 分，也低于研究样本城市的创业指数平均水平得分。

3. 东部地区城市创业指数平均水平相对最高，中部地区城市创业指数平均水平相对最低

分别对四大经济区域样本城市的创业指数得分的平均水平进行研究，得出结果显示，东部地区样本城市的创业指数得分相对较高。中部地区样本城市的创业指数得分相对较低。具体来看，东北地区、西部地区、东部地区、中部地区城市创业指数得分的平均水平分别为 23.69 分、11.49 分、8.41 分

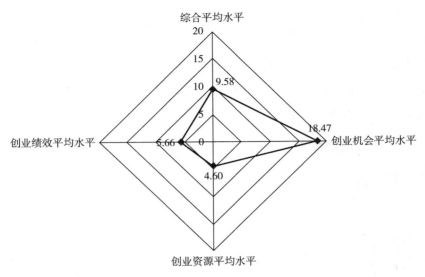

图11　中国城市创业指数结构得分状况

和6.74分,依次降低。需要指出的是,尽管东北地区和西部地区得分较高,但是,由于两个地区作为研究样本的城市数量较少,不具代表性,所以,还不能得出两个地区城市创业水平较高的结论。因此,结合不同区域城市创业指数的得分和不同区域城市数量的差异,整体来看,东部地区城市创业水平相对较高,中部地区城市创业水平较低。

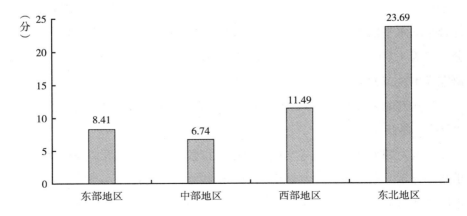

图12　中国不同经济区域城市创业指数得分分布状况

（二）中国城市创业指数创业机会分析

1. 中国城市创业机会不高，创业机会得分处于5~10分的样本城市相对最多

通过对中国城市的创业机会进行研究，课题组发现，中国城市的创业机会整体水平不高，作为样本的 100 座城市的创业机会平均水平得分不足 20分，仅为 18.47 分。从中国城市创业机会得分的分布来看，以 5 分以下、5~10 分（包括 5 分）、10~20 分（包括 10 分）、20~30 分（包括 20 分）、30~50 分（包括 30 分）以及 50 分以上（包括 50 分）进行分组，对 100 座中国城市的创业机会进行考察。结果显示，中国城市创业机会得分处于 5~10 分的样本城市相对最多，有 38 座，占所有样本城市的比例近 40%。其次为得分处于 10~20 分的样本城市数量，为 31 座。另外，城市创业机会得分为 20~30 分、30~50 分、50 分以上以及 5 分以下的样本城市数量依次减少，分别为 15 座、10 座、5 座和 1 座。

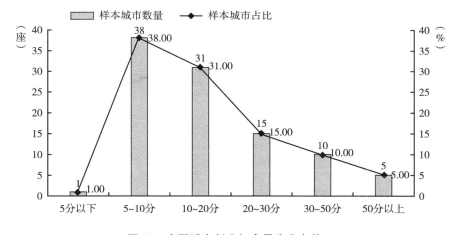

图 13　中国城市创业机会得分分布状况

2. 东部地区城市创业机会平均水平相对好于中部地区城市创业机会平均水平

东部地区城市创业机会平均水平得分相对较高，从创业机会得分角度来看，东部地区城市创业机会平均水平得分为 17.65 分。中部地区城市创业机会平均水平得分相对最差，创业机会平均水平得分仅为 14.18 分。

需要指出的是，尽管东北地区和西部地区城市创业机会得分分别为32.43分和21.09分，均高于东部地区和中部地区。但是，由于东北地区和西部地区样本较少。所以，并不能通过简单地对四个地区创业机会得分进行比较得出相关结论。

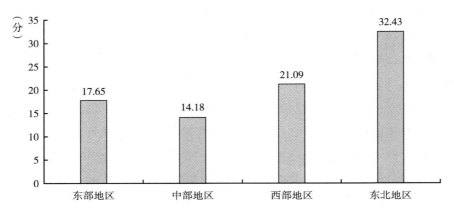

图14 中国不同经济区域城市创业机会得分分布状况

（三）中国城市创业指数创业资源分析

1. 中国城市创业资源得分平均水平不足5分，八成样本城市创业资源得分低于5分

中国城市创业资源整体水平较差，平均得分不足5分，仅为4.6分。在以5分以下、5~10分（包括5分）、10~20分（包括10分）、20~30分（包括20分）、30~50分（包括30分）以及50分以上（包括50分）进行分组的分布中，八成样本城市的创业资源得分居于5分以下，反映了80%的样本城市创业资源水平处于较差的水平。另外，样本城市的创业资源得分位于5~10分、10~20分、20~30分、30~50分以及50分以上的样本城市数量依次减少，分别为10座、5座、3座、1座、1座。

2. 东部地区城市创业资源平均水平好于中部地区

通过对我国四大经济区域的城市创业资源水平进行考察，课题组发现，东北地区、西部地区、东部地区和中部地区的城市创业资源平均得分依次降低，

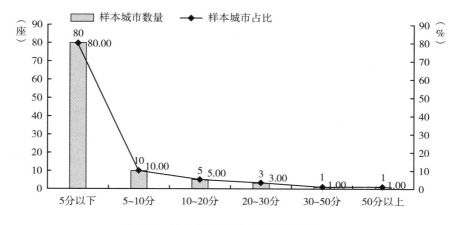

图 15　中国城市创业资源得分分布状况

分别为 18. 16 分、5. 64 分、3. 53 分和 2. 30 分。由于东北地区和西部地区样本城市较少，所以，可以得出结论：东部地区城市创业资源平均水平好于中部地区。

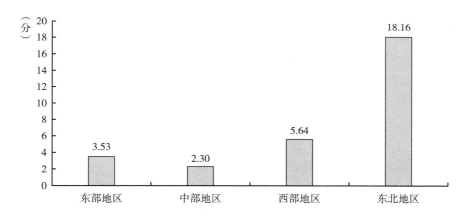

图 16　中国不同经济区域城市创业资源得分分布状况

（四）中国城市创业指数创业绩效分析

1. 中国城市创业绩效平均水平得分不足10分，逾七成样本城市创业绩效得分处于5分以下

100 座样本城市创业绩效平均水平得分仅为 5. 66 分，不足 10 分，整体

水平偏差。以 5 分以下、5~10 分（包括 5 分）、10~20 分（包括 10 分）、20~30 分（包括 20 分）、30~50 分（包括 30 分）以及 50 分以上（包括 50 分）进行分组，对 100 座样本城市创业绩效得分分布进行进一步考察。结果显示，逾七成样本城市创业绩效得分处于 5 分以下，有 73 座。其次为创业绩效得分位于 5~10 分的样本城市数量，为 15 座。另外，创业绩效得分处于 10~20 分的样本城市不足 10 座，仅有 7 座。创业绩效指数得分位于 30~50 分和 50 分以上的样本城市均为 2 座。得分处于 20~30 分的样本城市数量最少，仅有 1 座。

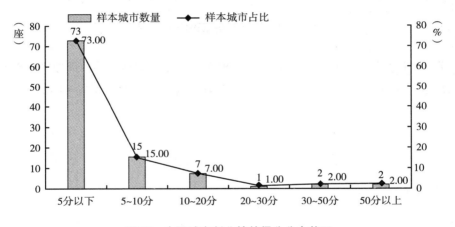

图 17 中国城市创业绩效得分分布状况

2. 中部地区城市创业绩效平均水平相对较差

东北地区、西部地区、东部地区和中部地区样本城市创业绩效平均水平得分分别为 19.42 分、7.45 分、4.55 分和 2.84 分，显而易见，中部地区城市创业绩效平均水平相对最低。由于东北地区和西部地区样本城市较少，所以，尽管同 100 座城市创业绩效的整体平均水平相比，东北地区和西部地区城市创业绩效得分的平均水平分别高于整体平均水平 13.76 分和 1.79 分，而东部地区和中部地区城市创业绩效得分的平均水平分别低于整体平均水平 1.10 分和 2.81 分。因此，课题组得出结论认为，中部地区城市创业绩效平均水平相对较差。

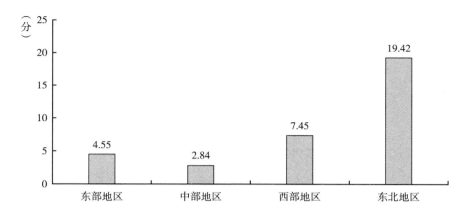

图18　中国不同经济区域城市创业绩效得分分布状况

注：鉴于东北地区和西部地区样本城市较少，结论不具有代表性，因此，为了结论的科学性，本部分所得结论不对东北地区和西部地区进行探讨。

创业企业报告

Entrepreneurship Enterpries Reports

　　本篇聚焦于创业企业，分别从整体和个体两个层面对创业企业的可持续发展价值状况和可持续发展价值创造实践进行了考察。在整体层面，围绕中国创业企业社会价值，对 200 家创业企业的可持续发展指数、社会价值进行了全面考察。通过对 200 家创业企业的社会价值进行详细的研究和分析，推动社会各界对于创业企业创造社会价值的重视，从而在推进创业企业健康发展的同时，形成更好的社会和环境效应。在个体层面，选择浙江蚂蚁小微金融服务集团有限公司和小米公司两家优秀创业企业作为案例，全面分析了两家公司的基本运营实践，期待为致力于可持续发展的创业企业提供可资借鉴的典范。

B.3
中国创业企业社会价值评估（2015）

通过对创业企业价值评估理论进行回顾，发现绝大多数创业企业价值评估理论只片面地关注创业企业的经济效益，忽视了创业企业在成长过程中对社会环境的影响，对企业外部性更是视而不见。为了达到"引导创业企业及其投资者在企业经营过程中关注社会效应，进而改善我国的创业氛围"的目的，本部分通过建立创业企业可持续发展价值评估模型，提出企业可持续发展指数，按照正外部性溢价和负外部性折价两个维度，修正了 10 个行业 200 家估值上亿美元的创业企业的估值，力争引导创业企业，尤其是估值上亿美元的创业企业及其投资者在企业经营过程中对其社会效应给予更高的关注，进而改善我国的创业氛围，使创业浪潮切实服务"中国梦"的实现。

一　研究方法与技术路线

创业企业具有通过上市或转让股份进行融资以扩大生产或持续经营的意愿。长期以来，创业企业所创造的价值就不断引起社会各界的关注。课题组通过对现有的研究理论进行梳理发现，当前的研究往往从股东权益角度对企业的价值进行评估，忽视了企业其他利益相关方对企业价值的影响作用。为了准确衡量企业的社会价值，课题组通过构建创业企业社会价值评估指标体系，对 200 家样本创业企业的社会价值进行了评估。具体研究技术路线如图 1 所示。

首先，根据经济学外部性理论和企业经济价值评估、企业社会价值评估研究，课题组构建了包括正外部性溢价和负外部性折价的创业企业社会价值框架模型，该创业企业社会价值框架模型的两个维度构成了创业企业社会价

值指标体系的基础，也是创业企业社会价值指标体系的一级指标。

其次，依托创业企业社会价值框架模型的两个维度，在同国际企业社会责任倡议、国内企业社会责任倡议、政府部门相关政策文件以及国内和国外优秀企业的社会责任报告进行对标分析的基础上，课题组构建了创业企业社会价值指标体系。该社会价值指标体系包括两个层级的指标，分别为一级指标和二级指标。

再次，在构建创业企业社会价值指标体系的基础上，对相关二级指标进行分析和论述，分别提出针对不同二级指标的赋分规则，从而形成创业企业社会价值指数。

又次，基于创业企业社会价值指数，从研究样本企业的社会责任报告、企业官方网站、企业官方微信、权威媒体获取相关信息，对研究样本企业的社会价值进行评估，形成创业企业的可持续发展指数。

最后，依托研究样本企业的可持续发展指数和创业企业的经济价值评估，按照一定的经济模型，计算出研究样本企业的社会价值评估得分。

（一）理论模型

外部性是经典经济学理论的基本概念之一。所谓企业外部性，也被称为企业的外部效应，是指企业未能够将自身经济影响计入所生产产品或服务的价格的现象。企业的外部效应分为两个基本类别，分别为正外部效应和负外部效应。所谓正外部效应，是指企业运营活动对外部造成积极影响，而企业不能从这种积极影响中获得收益的现象。比如，教育对社会造成正外部效应，而教育部门并不能获得正外部效应的收益。所谓负外部效应，是指企业运营活动对外部造成消极影响，而企业能够避免向这种消极影响进行支付的现象。比如，污染行业造成周遭环境污染，却不用为环境的破坏进行支付。显而易见，在存在正外部效应的情况下，企业的收益效益小于作为一个整体的社会收益，企业所提供的产品或服务倾向于小于社会最优的产出；在存在负外部效应的情况下，企业的成本小于作为一个整体的社会成本，企业所提供的产品或服务倾向于大于社会最优的产出。无论是存在正外部效应的情

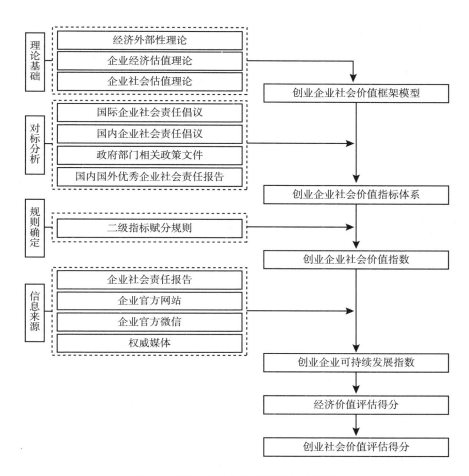

图1　创业企业社会价值研究技术路线

况，还是存在负外部效应的情况，企业的产品或服务的产出均同社会最优的产品或服务的产出存在偏离，这种偏离就造成了外部效应对于经济活动的扭曲，从而导致社会资源不能得到最优的配置。

从企业价值评估角度来看，企业在生产经营过程中对社会产生了影响，因此产生了企业的社会价值。其中，能够被市场经济充分反映的价值，课题组称之为企业的经济价值。企业的经济价值不等同于企业的社会价值。要准确衡量企业的社会价值，必须充分考虑无法通过市场价格进行衡量的价值，即企业的正外部效应溢价和负外部效应折价。比如，淘宝网通过收取各个网

店实体的管理费用和广告费用盈利，实现了经济价值，但与此同时，淘宝网平台也促进了我国社会充分就业，实现了资源共享，这些正外部效应并不能在淘宝网经济价值中体现。不仅如此，从另一个角度来讲，淘宝网也使很多假冒产品得以顺利销售，这也给社会发展带来了负面影响，这些负面影响也未能在淘宝网的经济利润中予以抵减。因此，要真正衡量淘宝网的社会价值，不仅要考虑其经济价值，还应充分考虑其正外部效应溢价和负外部效应折价。

基于经典经济理论所论述的外部效应理论以及企业经济价值评估和社会价值评估研究，本研究构建了评估创业企业社会价值的"溢价"模型，将企业的社会价值分为企业正外部效应溢价和企业负外部效应折价两个维度。其中，企业的正外部效应溢价是企业为社会创造的价值，而企业负外部效应折价则是企业为社会造成的成本，两个维度的综合记为企业的社会价值。

图2 创业企业社会价值研究的"溢价"模型

（二）对标分析

为了更好地衡量创业企业正外部效应和负外部效应，需要基于企业的社会价值"溢价"模型，进一步细化企业社会价值研究的指标体系。为此，课题组基于国际企业社会责任倡议、国内企业社会责任倡议、政府部门相关政策措施以及国际和国内优秀企业的社会责任报告，分别构建了企业正外部效应溢价的二级指标和企业负外部效应折价的二级指标。

企业正外部效应溢价包括4个二级指标，分别为本质责任外部效应、实践责任外部效应、创新责任外部效应和责任管理外部效应。所谓本质责任外部效应，主要是反映企业所经营的业务对社会产生的正外部效应，主要取决于企业所处行业的责任属性和企业的行业地位等因素。比如，猎聘网是一个人才供求平台，其业务天然就会对社会就业产生积极作用，这一积极的作用就是创业企业本质责任外部效应。实践责任外部效应是指企业在日常经营过程中，主动参与公益活动、志愿者行动、社区责任活动等，为社会的发展做出努力，进而产生了积极的外部效应。创新责任外部效应是指企业通过技术创新、商业模式创新等手段，实现新的发展，并通过人员流动、技术转让等方式，使其他企业也能获得创新成果，进而给社会带来积极的作用。责任管理外部效应则是指企业在经营过程中，树立较为先进的社会责任理念，建立较为完善的责任管理体系，确保企业在经营过程中自觉遵守国家和当地的法律法规，严守道德底线，确保企业不对社会产生负面的影响。同时，企业的责任管理体系也通过人员流动、知识扩散等途径，影响行业内其他企业，从而扩大责任管理的外部效应。

企业负外部效应折价包括 3 个二级指标，分别为环境负外部效应、社会负外部效应和治理负外部效应，是根据 ESG 模型引申的指标体系。所谓环境负外部效应，是指创业企业运营活动造成的负面环境影响，包括违反有关环保监管规定、接受环保罚款、出现资源使用问题、危险废物和有毒化学品处置不当等事件。所谓社会负外部效应，是指创业企业运营活动造成的负面社会影响或社会危害，比如，创业企业按低于最低工资的标准支付员工薪酬、歧视性政策、雇用童工、大规模裁员以及违反有关健康、安全和劳工标准的行为等，从而导致企业对社会产生不良的影响。治理负外部效应则包括企业的财务制度不健全、内部控制制度不健全、其他损害股东权益的因素、高管薪酬不合规等问题。

表 1　创业企业社会价值指标体系

一级指标	二级指标
正外部效应溢价	本质责任外部效应
	实践责任外部效应
	创新责任外部效应
	责任管理外部效应
负外部效应折价	环境负外部效应
	社会负外部效应
	治理负外部效应

（三）规则确定

一级指标得分是由二级指标得分计算而来。为了计算一级指标的得分以及创业企业可持续发展指数，并为计算创业企业社会价值评估得分打下坚实的基础，课题组对二级指标的赋分规则进行了详细的限定。

对于正外部效应溢价指标而言，课题组划分为六个分数档次。由于本质责任外部效应、实践责任外部效应、创新责任外部效应、责任管理外部效应同属正外部效应，所以，赋分规则具有统一性。以本质责任外部效应为例，当创业企业运营活动没有产生任何本质责任外部效应的时候，赋值为 0 分；当创业企业运营活动产生了本质责任外部效应，但是本质责任外部效应极少时，赋值为 1 分；当创业企业运营活动产生了本质责任外部效应，但是本质责任外部效应较少时，赋值为 2 分；当创业企业运营活动产生了本质责任外部效应，并且本质责任外部效应处于中等水平时，赋值为 3 分；当创业企业运营活动产生了本质责任外部效应，并且本质责任外部效应处于较高水平时，赋值为 4 分；当创业企业运营活动产生了本质责任外部效应，并且本质责任外部效应处于极高水平时，赋值为 5 分。

对于负外部效应折价指标而言，课题组也划分为六个分数档次。但是，同正外部效应溢价指标不同，负外部效应折价指标遵循反向赋分的原则，即发生了负外部效应折价事件，创业企业负外部效应折价得分较低，未发生负外部效应折价事件或者发生的负外部效应折价事件较少，创业企业负外部效应折价得分较高。负外部效应折价二级指标包括环境负外部效应、社会负外部效应以及治理负外部效应，由于它们同属负外部效应，因此，赋分规则具有统一性。以环境负外部效应为例，当创业企业运营活动没有产生任何环境负外部效应时，赋值为 1 分；当创业企业运营活动产生了环境负外部效应，但是环境负外部效应极少时，赋值为 0.8 分；当创业企业运营活动产生了环境负外部效应，但是环境负外部效应较少时，赋值为 0.6 分；当创业企业运营活动产生了环境负外部效应，并且环境负外部效应处于中等水平时，赋值为 0.4 分；当创业企业运营活动产生了环境负外部效应，并且环境负外部效应处于较高水平时，赋值为 0.2 分；当创业企业运营活动产生了环境负外部效应，并且环境负外部效应处于极高水平时，赋值为 0 分。

表 2　创业企业社会价值指数

一级指标	二级指标	赋分规则
正外部效应溢价	本质责任外部效应	①0 分:创业企业运营活动没有产生任何本质责任外部效应;②1 分:创业企业运营活动产生了本质责任外部效应,但是本质责任外部效应极少;③2 分:创业企业运营活动产生了本质责任外部效应,但是本质责任外部效应较少;④3 分:创业企业运营活动产生了本质责任外部效应,并且本质责任外部效应处于中等水平;⑤4 分:创业企业运营活动产生了本质责任外部效应,并且本质责任外部效应处于较高水平;⑥5 分:创业企业运营活动产生了本质责任外部效应,并且本质责任外部效应处于极高水平
	实践责任外部效应	①0 分:创业企业运营活动没有产生任何实践责任外部效应;②1 分:创业企业运营活动产生了实践责任外部效应,但是实践责任外部效应极少;③2 分:创业企业运营活动产生了实践责任外部效应,但是实践责任外部效应较少;④3 分:创业企业运营活动产生了实践责任外部效应,并且实践责任外部效应处于中等水平;⑤4 分:创业企业运营活动产生了实践责任外部效应,并且实践责任外部效应处于较高水平;⑥5 分:创业企业运营活动产生了实践责任外部效应,并且实践责任外部效应处于极高水平
	创新责任外部效应	①0 分:创业企业运营活动没有产生任何创新责任外部效应;②1 分:创业企业运营活动产生了创新责任外部效应,但是创新责任外部效应极少;③2 分:创业企业运营活动产生了创新责任外部效应,但是创新责任外部效应较少;④3 分:创业企业运营活动产生了创新责任外部效应,并且创新责任外部效应处于中等水平;⑤4 分:创业企业运营活动产生了创新责任外部效应,并且创新责任外部效应处于较高水平;⑥5 分:创业企业运营活动产生了创新责任外部效应,并且创新责任外部效应处于极高水平
	责任管理外部效应	①0 分:创业企业运营活动没有产生任何责任管理外部效应;②1 分:创业企业运营活动产生了责任管理外部效应,但是责任管理外部效应极少;③2 分:创业企业运营活动产生了责任管理外部效应,但是责任管理外部效应较少;④3 分:创业企业运营活动产生了责任管理外部效应,并且责任管理外部效应处于中等水平;⑤4 分:创业企业运营活动产生了责任管理外部效应,并且责任管理外部效应处于较高水平;⑥5 分:创业企业运营活动产生了责任管理外部效应,并且责任管理外部效应处于极高水平

一级指标	二级指标	赋分规则
负外部效应折价	环境负外部效应	①1分:创业企业运营活动没有产生任何环境负外部效应;②0.8分:创业企业运营活动产生了环境负外部效应,但是环境负外部效应极少;③0.6分:创业企业运营活动产生了环境负外部效应,但是环境负外部效应较少;④0.4分:创业企业运营活动产生了环境负外部效应,并且环境负外部效应处于中等水平;⑤0.2分:创业企业运营活动产生了环境负外部效应,并且环境负外部效应处于较高水平;⑥0分:创业企业运营活动产生了环境负外部效应,并且环境负外部效应处于极高水平
	社会负外部效应	①1分:创业企业运营活动没有产生任何社会负外部效应;②0.8分:创业企业运营活动产生了社会负外部效应,但是社会负外部效应极少;③0.6分:创业企业运营活动产生了社会负外部效应,但是社会负外部效应较少;④0.4分:创业企业运营活动产生了社会负外部效应,并且社会负外部效应处于中等水平;⑤0.2分:创业企业运营活动产生了社会负外部效应,并且社会负外部效应处于较高水平;⑥0分:创业企业运营活动产生了社会负外部效应,并且社会负外部效应处于极高水平
	治理负外部效应	①1分:创业企业运营活动没有产生任何治理负外部效应;②0.8分:创业企业运营活动产生了治理负外部效应,但是治理负外部效应极少;③0.6分:创业企业运营活动产生了治理负外部效应,但是治理负外部效应较少;④0.4分:创业企业运营活动产生了治理负外部效应,并且治理负外部效应处于中等水平;⑤0.2分:创业企业运营活动产生了治理负外部效应,并且治理负外部效应处于较高水平;⑥0分:创业企业运营活动产生了治理负外部效应,并且治理负外部效应处于极高水平

（四）信息来源

在形成创业企业社会价值指数的基础上，分别从作为研究对象的200家创业企业的社会责任报告、创业企业官方网站、创业企业官方微信以及权威媒体报道收集创业企业开展运营活动的正外部效应溢价和负外部效应折价信息，从而形成评估创业企业的可持续发展指数以及创业企业社会价值评估得分的基本依据。

从收集信息的实践范围来讲，本研究所收集的信息主要为 2015 年数据，部分数据资料超过 2015 年的时间范围。

（五）计算得分

1. 创业企业社会价值估值

本研究在传统企业经济价值估值的基础上，通过对创业企业的正外部性和负外部性进行分析，得出企业的正外部效应溢价指数和负外部效应折价指数，进而得出企业的综合估值，具体的计算公式如下：

$$V_i^{'} = V_i \times \text{SPEI}_i \times \text{SNEI}_i$$

其中，$V_i^{'}$ 代表创业企业 i 的社会价值，V_i 代表创业企业 i 的经济估值，SPEI_i 代表创业企业 i 的社会正外部效应溢价指数（Social Positive Externality Index），SNEI_i 表示创业企业 i 的社会负外部效应折价指数（Social Negative Externality Index）。$\text{SPEI}_i \times \text{SNEI}_i$ 即创业企业 i 的可持续发展指数得分，用于衡量创业企业 i 的社会估值与经济估值之间的关系。

当可持续发展指数 $\text{SPEI}_i \times \text{SNEI}_i > 100\%$ 时，创业企业 i 的正外部效应大于其负外部效应，社会价值大于其经济估值。

当可持续发展指数 $\text{SPEI}_i \times \text{SNEI}_i = 100\%$ 时，创业企业 i 的正外部效应等于其负外部效应，社会价值等于其经济估值。

当可持续发展指数 $\text{SPEI}_i \times \text{SNEI}_i < 100\%$ 时，创业企业 i 的正外部效应小于其负外部效应，社会价值小于其经济估值。

2. 创业企业正外部效应计算

创业企业正外部效应是创业企业本质责任外部效应（Fundamental Responsibility Externality，FRE）、实践责任外部效应（Practical Responsibility Externality，PRE）、创新责任外部效应（Innovative Responsibility Externality，IRE）和责任管理外部效应（Responsible Management Externality，RME）的综合表现，创业企业 i 的正外部效应可以表示为：

$$\text{SPEI}_i = \sqrt{(\text{FRE}_i/5 + 1) \times (\text{PRE}_i/5 + 1) \times (\text{IRE}_i/5 + 1) \times (\text{RME}_i/5 + 1)}$$

其中，FRE_i 表示创业企业 i 的本质责任外部效应得分，取值范围为 $[0，5]$；PRE_i 表示创业企业 i 的实践责任外部效应得分，取值范围为 $[0，5]$；IRE_i 表示创业企业 i 的创新责任外部效应得分，取值范围为 $[0，5]$；RME_i 表示创业企业 i 的责任管理外部效应得分，取值范围为 $[0，5]$。

因此，$SPEI_i$ 的取值范围为 $[1，2]$。

3. 创业企业负外部效应计算

创业企业负外部效应是环境负外部效应、社会负外部效应以及治理负外部效应的综合表现，创业企业 i 的负外部效应可以表示为：

$$SNEI_i = \begin{cases} ENE_i + SNE_i + GNE_i - 2, & ENE_i + SNE_i + GNE_i \geq 2; \\ 0 & , ENE_i + SNE_i + GNE_i < 2; \end{cases}$$

其中，ENE_i 表示创业企业 i 的环境负外部效应，取值范围为 $[0，1]$；SNE_i 表示创业企业 i 的创新负外部效应，取值范围为 $[0，1]$；GNE_i 表示创业企业 i 的治理负外部效应，取值范围为 $[0，1]$。因此，$SNEI_i$ 的取值范围为 $[0，1]$。

二 研究对象选择和特征分析

创业企业面临着较高的破产风险，为了使评价对象具备较强的稳定性，本研究将评价对象锁定为经济估值上亿美元的 200 家创业企业。

（一）近八成创业企业成立时间在10年以下

以 5 年以下、5～10 年（包括 5 年）、10～15 年（包括 10 年）以及 15 年以上（包括 15 年）分组，对作为研究对象的 200 家创业企业的成立时间分布进行研究发现，在作为研究对象的 200 家创业企业中，成立时间处于 5～10 年的创业企业相对最多，有 95 家，占所有作为研究对象的创业企业的比例为 47.50%。其次为成立时间处于 5 年以下的创业企业数量，为 61 家，占所有作为研究对象的创业企业的比例超过 30%，为 30.50%。再次为成立时间处于 10 ~ 15 年的创业企业数量，为 37 家，占所有作为研究对象的创业企业的比例为 18.50%。另外，还有 7 家创业企业成立的时间处于 15 年以上，占所有作为研究对象的创业企业的比例不足 5%，仅为 3.5%。显而易见，在 200 家作为研究对象的创业企业中，近八成创业企业成立时间处于 10 年以下，这也从侧面反映了我国创业企业浪潮的出现只是最近的一种现象。

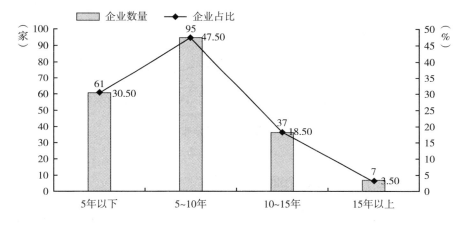

图3 创业企业成立时间分布情况

（二）逾五成创业企业估值在5亿美元之下

以 5 亿美元以下、5 亿 ~ 10 亿美元（包括 5 亿美元）、10 亿 ~ 15 亿美元（包括 10 亿美元）、15 亿 ~ 20 亿美元（包括 15 亿美元）和 20 亿美元以上（包括 20 亿美元）进行分组，考察作为研究对象的 200 家创业企业以企业估值为标识的规模分布。研究发现，企业估值规模处于 5 亿美元以下的创业企业最多，有 102 家，占所有作为研究对象的创业企业的比例高于 50%，为 51.0%。其次为企业估值规模处于 5 亿 ~ 10 亿美元的创业企业数量，为 51 家，占所有作为研究对象的创业企业的比例超过 25%，为 25.5%。再次为企业估值规模处于 10 亿 ~ 15 亿美元的创业企业数量，为 23 家，占所有作为研究对象的创业企业的比例达到 11.5%。另外，有 16 家创业企业和 8

家创业企业的估值规模分别处于 20 亿美元以上和 15 亿 ~ 20 亿美元，占所有作为研究对象的创业企业的比例分别为 8% 和 4%。

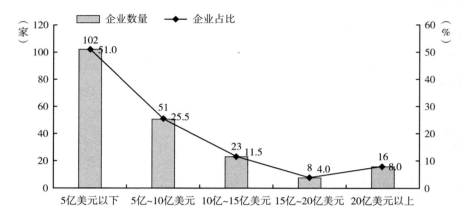

图 4 创业企业估值分布情况

（三）电子商务创业企业相对最多

作为研究对象的 200 家创业企业分布于 15 个行业，分别为房产家居、广告营销、教育培训、医疗健康、社交网络、工具软件、汽车交通、旅游、企业服务、硬件、文体娱乐、游戏动漫、消费生活、金融和电子商务。通过对作为研究对象的创业企业的行业分布，课题组发现：第一，电子商务行业的创业企业相对最多，有 40 家，占所有作为研究对象的创业企业的比例为 20%；第二，金融行业的创业企业，有 25 家，占所有作为研究对象的创业企业的比例超过 10%，为 12.5%；第三，消费生活、游戏动漫、文体娱乐和硬件行业的创业企业，分别有 19 家、17 家、15 家和 13 家，占所有作为研究对象的创业企业的比例分别为 9.5%、8.5%、7.5% 和 6.5%；第四，均有 12 家创业企业分布于企业服务和旅游行业，占所有作为研究对象的创业企业的比例均为 6%；第五，均有 8 家创业企业分布于工具软件和汽车交通行业，占所有作为研究对象的创业企业的比例均为 4%；第六，有 7 家创业企业分布于社交网络行业，占所有作为研究对象的创业企业的比例为

3.5%；第七，均有6家创业企业分布于房产家居、广告营销、教育培训和医疗健康行业，占所有作为研究对象的创业企业的比例均为3%，分布于房产家具、广告营销、教育培训和医疗健康行业的创业企业相对最少。

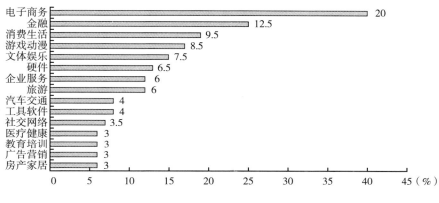

图5　创业企业行业分布情况

三　创业企业社会价值评估结果

（一）创业企业社会价值排名结果

创业企业社会价值排名结果及其得分如表3所示。

表3　200家样本创业企业社会价值排名

单位：亿美元

排名	企业	社会价值	排名	企业	社会价值
1	蚂蚁金服	292.66	8	上海雾博信息技术有限公司（Uber中国）	54.71
2	小米科技	259.21			
3	滴滴快的	135.80	9	易商	37.00
4	大疆创新	109.08	10	魅族	28.25
5	美团大众点评	102.46	11	乐视移动	26.99
6	众安保险	97.25	12	Face++	22.77
7	陆金所	85.02	13	同程旅游	22.69

续表

排名	企业	社会价值	排名	企业	社会价值
14	阅文集团	20.12	49	豌豆荚	6.83
15	美图公司	19.72	50	51无忧英语	6.81
16	蘑菇街美丽说	17.90	51	随手记	6.77
17	途家	14.92	52	蚂蜂窝	6.72
18	银联商务	14.37	53	Bilibili	6.63
19	优信拍	13.57	54	秒针系统	6.62
20	信而富	12.65	55	蚂蚁短租网	6.60
21	罗计物流	12.33	56	零度智控	6.59
22	饿了么	12.23	57	挖财网	6.58
23	丽人丽妆	11.92	58	我买网	6.36
23	辣妈帮	11.92	59	爱奇艺	6.32
25	宝宝树	11.77	59	91金融	6.32
26	玖富	11.38	61	房多多	6.25
27	盘石	10.30	62	唱吧	6.15
28	口袋购物	10.08	63	快钱	6.07
29	孩子王	9.86	64	乐视体育	5.96
30	沪江网	9.81	65	雪球财经	5.92
31	融360	9.61	66	芒果TV	5.72
32	土巴兔	9.39	67	百度外卖	5.69
33	猪八戒网	9.38	67	到家美食会	5.69
34	人人贷	8.99	69	一加手机	5.62
34	e代驾	8.99	70	丁香园	5.51
36	趣分期	8.93	71	Ucloud	5.44
37	齐家网	8.87	72	挂号网	5.43
38	百姓网	8.56	73	邮乐网	5.42
39	豆瓣	8.47	74	中国海洋音乐	5.39
40	搜狗	8.26	75	墨麟	5.37
41	车易拍	7.98	75	9377	5.37
42	洋码头	7.94	77	悠游堂	5.30
43	一起作业网	7.91	78	点融网	5.16
44	拍拍贷	7.82	79	人人车	5.12
45	贝贝网	7.78	80	好大夫在线	5.04
46	返利网	7.68	81	春雨掌上医生	5.01
47	e袋洗	7.63	82	优必选	4.77
48	小猪短租网	7.10	82	云家政	4.77

排名	企业	社会价值	排名	企业	社会价值
82	阿姨帮	4.77	119	e 家洁	3.57
85	今日头条	4.71	119	找钢网	3.57
86	热酷游戏	4.67	121	乐动卓越	3.55
87	典典养车	4.55	122	心动游戏	3.51
88	找塑料网	4.48	123	51 用车	3.50
89	知乎	4.47	124	品果科技	3.44
90	猿题库	4.44	125	为为网	3.43
91	百程旅行网	4.39	126	豆果网	3.42
92	酒仙网	4.38	127	汇付天下	3.41
92	嘀嗒拼车	4.38	128	淡蓝网	3.29
94	触控	4.27	128	今目标	3.29
95	拉卡拉	4.22	130	爱屋吉屋	3.27
96	PPTV	4.18	131	云知声	3.20
96	中商惠民	4.18	132	品友互动	3.19
98	卷皮折扣	4.17	133	虎扑	3.18
99	天神互动	4.16	134	普惠金融	3.16
99	分期乐	4.16	135	暴走漫画	3.14
101	壹药网	4.15	136	走着旅行	3.10
102	Q 房网	4.11	137	易分期	2.96
103	YHOUSE 悦会	4.00	138	七乐康	2.90
104	本来生活	3.97	139	眸客	2.87
105	蜜芽宝贝	3.96	139	淘汽档口	2.87
106	金山云	3.92	141	爱鲜蜂网	2.86
107	秒拍网	3.87	142	华云数据	2.85
107	寺库	3.87	142	积木盒子	2.85
109	极飞科技	3.82	144	蚁视科技	2.77
110	有利网	3.79	145	淘在路上	2.74
110	华米科技	3.79	146	呀苹果	2.69
112	PLU	3.77	147	掌阅	2.68
113	面包旅行	3.76	147	东方购物（东方 CJ）	2.68
113	纷享销客	3.76	149	多益网络	2.63
115	美乐乐家具网	3.75	149	春播网	2.63
116	跟谁学	3.72	151	SenseTime	2.62
117	河狸家美甲	3.70	151	胡莱	2.62
118	wifi 万能钥匙	3.69	151	布卡漫画	2.62

续表

排名	企业	社会价值	排名	企业	社会价值
151	趣加游戏	2.62	178	点媒	2.18
151	炎龙	2.62	179	极客学院	2.10
156	蘑菇公寓	2.60	180	易淘食	2.09
156	Nice	2.60	181	Imbatv	2.05
158	亿航无人机	2.55	182	果壳网	2.02
159	互众广告	2.50	183	易到用车	1.99
160	驴妈妈	2.49	184	华康全景	1.96
161	礼物说	2.48	185	亚朵	1.89
162	晶赞科技	2.45	186	101同学派	1.88
163	要玩娱乐	2.37	187	幸福9号	1.86
164	猎聘网	2.36	188	三只松鼠	1.77
165	小区无忧	2.35	189	酒美网	1.65
166	大特保	2.34	190	宝驾租车	1.61
166	易宝支付	2.34	191	银客网	1.52
168	理财范	2.33	192	蜗牛	1.47
169	穷游网	2.32	193	PP租车	1.31
170	马可波罗	2.30	194	百合网	1.26
170	开桌	2.30	195	斗鱼tv	1.25
172	岂凡网络	2.29	196	投哪网	1.24
172	有棵树	2.29	197	You+公寓	1.22
174	青云	2.28	198	一块邮	1.14
174	七牛	2.28	198	AcFun	1.14
176	4399	2.26	200	喜马拉雅	1.09
177	锤子科技	2.23			

（二）本质责任外部效应排名结果

创业企业本质责任外部效应排名结果及其得分如表4所示。

表4 200家样本创业企业本质责任外部效应排名

单位：分

排名	企业	本质责任外部效应	排名	企业	本质责任外部效应
1	同程旅游	5	28	跟谁学	3
1	e代驾	5	28	秒针系统	3
1	蚂蚁金服	5	28	品友互动	3
4	挂号网	4	28	点媒	3
4	好大夫在线	4	28	饿了么	3
4	途家	4	28	河狸家美甲	3
4	百程旅行网	4	28	豆瓣	3
4	沪江网	4	28	小区无忧	3
4	一起作业网	4	28	百姓网	3
4	滴滴快的	4	28	爱屋吉屋	3
4	51用车	4	28	房多多	3
4	PP租车	4	28	You+公寓	3
4	易到用车	4	28	陆金所	3
4	嘀嗒拼车	4	28	拉卡拉	3
4	宝驾租车	4	28	人人贷	3
4	众安保险	4	28	拍拍贷	3
4	大特保	4	28	银联商务	3
4	阅文集团	4	28	玖富	3
4	掌阅	4	28	信而富	3
4	果壳网	4	28	融360	3
4	猪八戒网	4	28	点融网	3
4	大疆创新	4	28	挖财网	3
4	零度智控	4	28	随手记	3
4	优必选	4	28	快钱	3
4	极飞科技	4	28	汇付天下	3
4	亿航无人机	4	28	积木盒子	3
4	蚁视科技	4	28	有利网	3
28	丁香园	3	28	91金融	3
28	壹药网	3	28	易宝支付	3
28	蚂蚁短租网	3	28	普惠金融	3
28	驴妈妈	3	28	理财范	3
28	穷游网	3	28	银客网	3
28	猿题库	3	28	投哪网	3

排名	企业	本质责任外部效应	排名	企业	本质责任外部效应
28	爱奇艺	3			
28	芒果 TV	3	93	盘石	2
28	悠游堂	3	93	互众广告	2
28	虎扑	3	93	一块邮	2
28	今日头条	3	93	e 袋洗	2
28	知乎	3	93	wifi 万能钥匙	2
28	百合网	3	93	典典养车	2
28	齐家网	3	93	百度外卖	2
28	土巴兔	3	93	到家美食会	2
28	罗计物流	3	93	云家政	2
28	趣分期	3	93	阿姨帮	2
28	蘑菇街美丽说	3	93	爱鲜蜂网	2
28	辣妈帮	3	93	e 家洁	2
28	孩子王	3	93	雪球财经	2
28	洋码头	3	93	Q 房网	2
28	宝宝树	3	93	蘑菇公寓	2
28	本来生活	3	93	易分期	2
28	分期乐	3	93	Bilibili	2
28	猎聘网	3	93	唱吧	2
28	小米科技	3	93	乐视体育	2
28	魅族	3	93	PPTV	2
28	乐视移动	3	93	秒拍网	2
28	一加手机	3	93	豆果网	2
28	锤子科技	3	93	Nice	2
28	华米科技	3	93	口袋购物	2
28	上海雾博信息技术有限公司（Uber 中国）	3	93	优信拍	2
			93	返利网	2
93	春雨掌上医生	2	93	丽人丽妆	2
93	华康全景	2	93	贝贝网	2
93	小猪短租网	2	93	车易拍	2
93	蚂蜂窝	2	93	邮乐网	2
93	面包旅行	2	93	人人车	2
93	走着旅行	2	93	为为网	2
93	极客学院	2	93	卷皮折扣	2

排名	企业	本质责任外部效应	排名	企业	本质责任外部效应
93	找塑料网	2	151	布卡漫画	1
93	中商惠民	2	151	趣加游戏	1
93	找钢网	2	151	炎龙	1
93	马可波罗	2	151	多益网络	1
93	礼物说	2	151	岂凡网络	1
93	呀苹果	2	151	蜗牛	1
93	美团大众点评	2	151	斗鱼 tv	1
93	Face + +	2	151	AcFun	1
93	SenseTime	2	151	PLU	1
93	喜马拉雅	2	151	Imbatv	1
93	金山云	2	151	淡蓝网	1
93	Ucloud	2	151	酒仙网	1
93	云知声	2	151	我买网	1
93	青云	2	151	蜜芽宝贝	1
93	七牛	2	151	美乐乐家具网	1
93	易商	2	151	寺库	1
93	华云数据	2	151	淘汽档口	1
93	晶赞科技	2	151	七乐康	1
151	淘在路上	1	151	春播网	1
151	眽客	1	151	有棵树	1
151	51 无忧英语	1	151	幸福 9 号	1
151	开桌	1	151	三只松鼠	1
151	易淘食	1	151	酒美网	1
151	触控	1	151	豌豆荚	1
151	墨麟	1	151	美图公司	1
151	9377	1	151	中国海洋音乐	1
151	热酷游戏	1	151	搜狗	1
151	天神互动	1	151	品果科技	1
151	4399	1	151	纷享销客	1
151	心动游戏	1	151	今目标	1
151	乐动卓越	1	151	101 同学派	1
151	暴走漫画	1	151	亚朵	1
151	要玩娱乐	1	199	东方购物（东方 CJ）	0
151	胡菜	1	199	YHOUSE 悦会	0

（三）创新责任外部效应排名结果

创业企业创新责任外部效应排名结果及其得分如表 5 所示。

表5 200 家样本创业企业创新责任外部效应排名

单位：分

排名	企业	创新责任外部效应	排名	企业	创新责任外部效应
1	蚂蚁金服	5	22	拉卡拉	3
2	好大夫在线	4	22	人人贷	3
2	同程旅游	4	22	玖富	3
2	途家	4	22	信而富	3
2	滴滴快的	4	22	融360	3
2	51 用车	4	22	点融网	3
2	PP 租车	4	22	挖财网	3
2	e 代驾	4	22	快钱	3
2	易到用车	4	22	汇付天下	3
2	嘀嗒拼车	4	22	积木盒子	3
2	宝驾租车	4	22	有利网	3
2	爱屋吉屋	4	22	91 金融	3
2	房多多	4	22	普惠金融	3
2	陆金所	4	22	理财范	3
2	众安保险	4	22	银客网	3
2	拍拍贷	4	22	大特保	3
2	随手记	4	22	投哪网	3
2	易宝支付	4	22	爱奇艺	3
2	阅文集团	4	22	芒果 TV	3
2	掌阅	4	22	PPTV	3
2	上海雾博信息技术有限公司（Uber 中国）	4	22	PLU	3
22	挂号网	3	22	百合网	3
22	蚂蚁短租网	3	22	猪八戒网	3
22	沪江网	3	51	壹药网	2
22	跟谁学	3	51	百程旅行网	2
22	豆瓣	3	51	穷游网	2
22	Q 房网	3	51	51 无忧英语	2

排名	企业	创新责任外部效应	排名	企业	创新责任外部效应
51	盘石	2	81	e 袋洗	1
51	品友互动	2	81	典典养车	1
51	点媒	2	81	到家美食会	1
51	饿了么	2	81	云家政	1
51	wifi 万能钥匙	2	81	阿姨帮	1
51	雪球财经	2	81	爱鲜蜂网	1
51	You + 公寓	2	81	河狸家美甲	1
51	蘑菇公寓	2	81	e 家洁	1
51	银联商务	2	81	小区无忧	1
51	易分期	2	81	热酷游戏	1
51	Bilibili	2	81	乐动卓越	1
51	唱吧	2	81	岂凡网络	1
51	乐视体育	2	81	蜗牛	1
51	斗鱼 tv	2	81	悠游堂	1
51	AcFun	2	81	今日头条	1
51	虎扑	2	81	知乎	1
51	Imbatv	2	81	秒拍网	1
51	Nice	2	81	淡蓝网	1
51	果壳网	2	81	豆果网	1
51	优信拍	2	81	口袋购物	1
51	罗计物流	2	81	齐家网	1
51	车易拍	2	81	土巴兔	1
51	蜜芽宝贝	2	81	趣分期	1
51	礼物说	2	81	返利网	1
51	小米科技	2	81	贝贝网	1
51	亚朵	2	81	蘑菇街美丽说	1
81	丁香园	1	81	酒仙网	1
81	驴妈妈	1	81	辣妈帮	1
81	走着旅行	1	81	孩子王	1
81	眯客	1	81	洋码头	1
81	一起作业网	1	81	宝宝树	1
81	猿题库	1	81	人人车	1
81	极客学院	1	81	寺库	1
81	一块邮	1	81	本来生活	1

续表

排名	企业	创新责任外部效应	排名	企业	创新责任外部效应
81	为为网	1	153	面包旅行	0
81	卷皮折扣	1	153	淘在路上	0
81	找塑料网	1	153	秒针系统	0
81	中商惠民	1	153	互众广告	0
81	找钢网	1	153	百度外卖	0
81	马可波罗	1	153	开桌	0
81	淘汽档口	1	153	易淘食	0
81	七乐康	1	153	百姓网	0
81	春播网	1	153	触控	0
81	有棵树	1	153	墨麟	0
81	呀苹果	1	153	9377	0
81	幸福9号	1	153	天神互动	0
81	三只松鼠	1	153	4399	0
81	酒美网	1	153	心动游戏	0
81	分期乐	1	153	暴走漫画	0
81	美团大众点评	1	153	要玩娱乐	0
81	美图公司	1	153	胡莱	0
81	搜狗	1	153	布卡漫画	0
81	品果科技	1	153	趣加游戏	0
81	Face++	1	153	炎龙	0
81	SenseTime	1	153	多益网络	0
81	云知声	1	153	丽人丽妆	0
81	青云	1	153	我买网	0
81	七牛	1	153	邮乐网	0
81	大疆创新	1	153	东方购物(东方CJ)	0
81	零度智控	1	153	美乐乐家具网	0
81	优必选	1	153	豌豆荚	0
81	极飞科技	1	153	中国海洋音乐	0
81	亿航无人机	1	153	喜马拉雅	0
81	蚁视科技	1	153	金山云	0
153	春雨掌上医生	0	153	Ucloud	0
153	华康全景	0	153	易商	0
153	小猪短租网	0	153	纷享销客	0
153	蚂蜂窝	0	153	今目标	0

排名	企业	创新责任外部效应	排名	企业	创新责任外部效应
153	华云数据	0	153	一加手机	0
153	晶赞科技	0	153	锤子科技	0
153	猎聘网	0	153	华米科技	0
153	魅族	0	153	101同学派	0
153	乐视移动	0	153	YHOUSE悦会	0

（四）实践责任外部效应排名结果

创业企业实践责任外部效应排名结果及其得分如表6所示。

表6　200家样本创业企业实践责任外部效应排名

单位：分

排名	企业	实践责任外部效应	排名	企业	实践责任外部效应
1	挂号网	4	3	趣分期	3
1	途家	4	3	返利网	3
3	壹药网	3	3	辣妈帮	3
3	同程旅游	3	3	寺库	3
3	驴妈妈	3	3	找塑料网	3
3	沪江网	3	3	中商惠民	3
3	跟谁学	3	3	分期乐	3
3	秒针系统	3	3	极飞科技	3
3	滴滴快的	3	27	好大夫在线	2
3	蚂蚁金服	3	27	丁香园	2
3	人人贷	3	27	小猪短租网	2
3	银联商务	3	27	蚂蚁短租网	2
3	玖富	3	27	百程旅行网	2
3	汇付天下	3	27	穷游网	2
3	积木盒子	3	27	一起作业网	2
3	易宝支付	3	27	51无忧英语	2
3	口袋购物	3	27	盘石	2
3	齐家网	3	27	品友互动	2

排名	企业	实践责任外部效应	排名	企业	实践责任外部效应
27	百姓网	2	50	心动游戏	1
27	热酷游戏	2	50	多益网络	1
27	51用车	2	50	岂凡网络	1
27	PP租车	2	50	蜗牛	1
27	e代驾	2	50	爱屋吉屋	1
27	嘀嗒拼车	2	50	丽人丽妆	1
27	陆金所	2	50	贝贝网	1
27	众安保险	2	50	孩子王	1
27	投哪网	2	50	美乐乐家具网	1
27	蘑菇街美丽说	2	50	为为网	1
27	蜜芽宝贝	2	50	卷皮折扣	1
27	呀苹果	2	50	七乐康	1
27	纷享销客	2	50	酒美网	1
50	蚂蜂窝	1	50	中国海洋音乐	1
50	面包旅行	1	50	今目标	1
50	走着旅行	1	50	华云数据	1
50	淘在路上	1	50	小米科技	1
50	眯客	1	50	亚朵	1
50	猿题库	1	89	春雨掌上医生	0
50	极客学院	1	89	华康全景	0
50	互众广告	1	89	饿了么	0
50	点媒	1	89	wifi万能钥匙	0
50	一块邮	1	89	典典养车	0
50	e袋洗	1	89	到家美食会	0
50	百度外卖	1	89	开桌	0
50	云家政	1	89	易淘食	0
50	阿姨帮	1	89	小区无忧	0
50	爱鲜蜂网	1	89	雪球财经	0
50	河狸家美甲	1	89	天神互动	0
50	e家洁	1	89	4399	0
50	豆瓣	1	89	乐动卓越	0
50	触控	1	89	暴走漫画	0
50	墨麟	1	89	要玩娱乐	0
50	9377	1	89	胡菜	0

排名	企业	实践责任外部效应	排名	企业	实践责任外部效应
89	布卡漫画	0	89	PLU	0
89	趣加游戏	0	89	虎扑	0
89	炎龙	0	89	掌阅	0
89	易到用车	0	89	Imbatv	0
89	宝驾租车	0	89	今日头条	0
89	房多多	0	89	知乎	0
89	Q房网	0	89	秒拍网	0
89	You+公寓	0	89	淡蓝网	0
89	蘑菇公寓	0	89	豆果网	0
89	拉卡拉	0	89	百合网	0
89	拍拍贷	0	89	Nice	0
89	信而富	0	89	果壳网	0
89	融360	0	89	优信拍	0
89	点融网	0	89	猪八戒网	0
89	挖财网	0	89	土巴兔	0
89	随手记	0	89	罗计物流	0
89	快钱	0	89	车易拍	0
89	有利网	0	89	酒仙网	0
89	91金融	0	89	洋码头	0
89	普惠金融	0	89	宝宝树	0
89	易分期	0	89	我买网	0
89	理财范	0	89	邮乐网	0
89	银客网	0	89	东方购物（东方CJ）	0
89	大特保	0	89	人人车	0
89	爱奇艺	0	89	本来生活	0
89	阅文集团	0	89	找钢网	0
89	芒果TV	0	89	马可波罗	0
89	Bilibili	0	89	淘汽档口	0
89	唱吧	0	89	春播网	0
89	乐视体育	0	89	礼物说	0
89	PPTV	0	89	有棵树	0
89	斗鱼tv	0	89	幸福9号	0
89	AcFun	0	89	三只松鼠	0
89	悠游堂	0	89	美团大众点评	0

续表

排名	企业	实践责任外部效应	排名	企业	实践责任外部效应
89	豌豆荚	0	89	大疆创新	0
89	美图公司	0	89	魅族	0
89	搜狗	0	89	乐视移动	0
89	品果科技	0	89	一加手机	0
89	Face + +	0	89	零度智控	0
89	SenseTime	0	89	优必选	0
89	喜马拉雅	0	89	锤子科技	0
89	金山云	0	89	华米科技	0
89	Ucloud	0	89	亿航无人机	0
89	云知声	0	89	蚁视科技	0
89	青云	0	89	101 同学派	0
89	七牛	0	89	YHOUSE 悦会	0
89	易商	0	89	上海雾博信息技术有限公司（Uber 中国）	0
89	晶赞科技	0			
89	猎聘网	0			

（五）责任管理外部效应排名结果

创业企业责任管理外部效应排名结果及其得分如表 7 所示。

表 7 200 家样本创业企业责任管理外部效应排名

单位：分

排名	企业	责任管理外部效应	排名	企业	责任管理外部效应
1	同程旅游	3	1	人人车	3
1	口袋购物	3	1	本来生活	3
1	优信拍	3	1	马可波罗	3
1	猪八戒网	3	1	七乐康	3
1	趣分期	3	1	三只松鼠	3
1	车易拍	3	1	云知声	3
1	洋码头	3	1	晶赞科技	3
1	我买网	3	1	小米科技	3

排名	企业	责任管理外部效应	排名	企业	责任管理外部效应
1	大疆创新	3	51	挂号网	0
1	一加手机	3	51	丁香园	0
1	优必选	3	51	华康全景	0
1	华米科技	3	51	途家	0
21	银联商务	2	51	小猪短租网	0
21	贝贝网	2	51	蚂蚁短租网	0
21	中商惠民	2	51	蚂蜂窝	0
21	呀苹果	2	51	百程旅行网	0
21	豌豆荚	2	51	面包旅行	0
21	零度智控	2	51	穷游网	0
21	蚁视科技	2	51	走着旅行	0
28	好大夫在线	1	51	淘在路上	0
28	春雨掌上医生	1	51	眯客	0
28	壹药网	1	51	一起作业网	0
28	驴妈妈	1	51	51无忧英语	0
28	沪江网	1	51	猿题库	0
28	跟谁学	1	51	极客学院	0
28	秒针系统	1	51	盘石	0
28	天神互动	1	51	品友互动	0
28	乐动卓越	1	51	互众广告	0
28	要玩娱乐	1	51	点媒	0
28	齐家网	1	51	一块邮	0
28	丽人丽妆	1	51	饿了么	0
28	寺库	1	51	e袋洗	0
28	找钢网	1	51	wifi万能钥匙	0
28	淘汽档口	1	51	典典养车	0
28	礼物说	1	51	百度外卖	0
28	有棵树	1	51	到家美食会	0
28	分期乐	1	51	云家政	0
28	搜狗	1	51	阿姨帮	0
28	品果科技	1	51	爱鲜蜂网	0
28	易商	1	51	河狸家美甲	0
28	魅族	1	51	e家洁	0
28	亚朵	1	51	开桌	0

续表

排名	企业	责任管理 外部效应	排名	企业	责任管理 外部效应
51	易淘食	0	51	拉卡拉	0
51	豆瓣	0	51	人人贷	0
51	小区无忧	0	51	拍拍贷	0
51	百姓网	0	51	玖富	0
51	雪球财经	0	51	信而富	0
51	触控	0	51	融360	0
51	墨麟	0	51	点融网	0
51	9377	0	51	挖财网	0
51	热酷游戏	0	51	随手记	0
51	4399	0	51	快钱	0
51	心动游戏	0	51	汇付天下	0
51	暴走漫画	0	51	积木盒子	0
51	胡菜	0	51	有利网	0
51	布卡漫画	0	51	91金融	0
51	趣加游戏	0	51	易宝支付	0
51	炎龙	0	51	普惠金融	0
51	多益网络	0	51	易分期	0
51	岂凡网络	0	51	理财范	0
51	蜗牛	0	51	银客网	0
51	滴滴快的	0	51	大特保	0
51	51用车	0	51	投哪网	0
51	PP租车	0	51	爱奇艺	0
51	e代驾	0	51	阅文集团	0
51	易到用车	0	51	芒果TV	0
51	嘀嗒拼车	0	51	Bilibili	0
51	宝驾租车	0	51	唱吧	0
51	爱屋吉屋	0	51	乐视体育	0
51	房多多	0	51	PPTV	0
51	Q房网	0	51	斗鱼tv	0
51	You+公寓	0	51	AcFun	0
51	蘑菇公寓	0	51	悠游堂	0
51	蚂蚁金服	0	51	PLU	0
51	陆金所	0	51	虎扑	0
51	众安保险	0	51	掌阅	0

排名	企业	责任管理 外部效应	排名	企业	责任管理 外部效应
51	Imbatv	0	51	春播网	0
51	今日头条	0	51	幸福 9 号	0
51	知乎	0	51	酒美网	0
51	秒拍网	0	51	美团大众点评	0
51	淡蓝网	0	51	美图公司	0
51	豆果网	0	51	中国海洋音乐	0
51	百合网	0	51	Face + +	0
51	Nice	0	51	SenseTime	0
51	果壳网	0	51	喜马拉雅	0
51	土巴兔	0	51	金山云	0
51	罗计物流	0	51	Ucloud	0
51	返利网	0	51	青云	0
51	蘑菇街美丽说	0	51	七牛	0
51	酒仙网	0	51	纷享销客	0
51	辣妈帮	0	51	今目标	0
51	孩子王	0	51	华云数据	0
51	宝宝树	0	51	猎聘网	0
51	邮乐网	0	51	乐视移动	0
51	蜜芽宝贝	0	51	锤子科技	0
51	东方购物（东方 CJ）	0	51	极飞科技	0
51	美乐乐家具网	0	51	亿航无人机	0
51	为为网	0	51	101 同学派	0
51	卷皮折扣	0	51	YHOUSE 悦会	0
51	找塑料网	0	51	上海雾博信息技术有限公司（Uber 中国）	0

（六）负外部性折价排名结果

创业企业负外部性折价排名结果及其得分如表 8 所示。

表 8　200 家样本创业企业负外部性折价排名

单位：分

排名	企业	负外部性折价	排名	企业	负外部性折价
1	丁香园	1	1	胡莱	1
1	华康全景	1	1	布卡漫画	1
1	小猪短租网	1	1	趣加游戏	1
1	蚂蜂窝	1	1	炎龙	1
1	面包旅行	1	1	多益网络	1
1	走着旅行	1	1	岂凡网络	1
1	淘在路上	1	1	蘑菇公寓	1
1	眯客	1	1	信而富	1
1	一起作业网	1	1	91 金融	1
1	51 无忧英语	1	1	普惠金融	1
1	猿题库	1	1	易分期	1
1	跟谁学	1	1	大特保	1
1	秒针系统	1	1	阅文集团	1
1	互众广告	1	1	悠游堂	1
1	点媒	1	1	虎扑	1
1	饿了么	1	1	Imbatv	1
1	百度外卖	1	1	知乎	1
1	到家美食会	1	1	秒拍网	1
1	云家政	1	1	淡蓝网	1
1	阿姨帮	1	1	豆果网	1
1	河狸家美甲	1	1	Nice	1
1	e 家洁	1	1	丽人丽妆	1
1	开桌	1	1	宝宝树	1
1	易淘食	1	1	卷皮折扣	1
1	小区无忧	1	1	找塑料网	1
1	百姓网	1	1	中商惠民	1
1	雪球财经	1	1	找钢网	1
1	墨麟	1	1	淘汽档口	1
1	9377	1	1	春播网	1
1	天神互动	1	1	礼物说	1
1	心动游戏	1	1	有棵树	1
1	乐动卓越	1	1	呀苹果	1
1	暴走漫画	1	1	幸福 9 号	1

排名	企业	负外部性折价	排名	企业	负外部性折价
1	品果科技	1	94	盘石	0.8
1	Face++	1	94	品友互动	0.8
1	SenseTime	1	94	e 袋洗	0.8
1	Ucloud	1	94	典典养车	0.8
1	云知声	1	94	爱鲜蜂网	0.8
1	青云	1	94	豆瓣	0.8
1	七牛	1	94	热酷游戏	0.8
1	易商	1	94	要玩娱乐	0.8
1	纷享销客	1	94	蜗牛	0.8
1	今目标	1	94	51 用车	0.8
1	华云数据	1	94	Q 房网	0.8
1	晶赞科技	1	94	众安保险	0.8
1	大疆创新	1	94	银联商务	0.8
1	零度智控	1	94	玖富	0.8
1	优必选	1	94	融 360	0.8
1	华米科技	1	94	挖财网	0.8
1	极飞科技	1	94	随手记	0.8
1	亿航无人机	1	94	快钱	0.8
1	蚁视科技	1	94	理财范	0.8
1	101 同学派	1	94	Bilibili	0.8
1	YHOUSE 悦会	1	94	唱吧	0.8
1	亚朵	1	94	乐视体育	0.8
89	辣妈帮	0.9	94	PLU	0.8
89	七乐康	0.9	94	掌阅	0.8
89	三只松鼠	0.9	94	今日头条	0.8
89	酒美网	0.9	94	果壳网	0.8
89	美图公司	0.9	94	罗计物流	0.8
94	春雨掌上医生	0.8	94	孩子王	0.8
94	壹药网	0.8	94	人人车	0.8
94	途家	0.8	130	挂号网	0.6
94	蚂蚁短租网	0.8	130	好大夫在线	0.6
94	百程旅行网	0.8	130	同程旅游	0.6
94	沪江网	0.8	130	驴妈妈	0.6
94	极客学院	0.8	130	穷游网	0.6

续表

排名	企业	负外部性折价	排名	企业	负外部性折价
130	一块邮	0.6	130	金山云	0.6
130	wifi 万能钥匙	0.6	130	猎聘网	0.6
130	触控	0.6	130	乐视移动	0.6
130	4399	0.6	130	一加手机	0.6
130	滴滴快的	0.6	130	锤子科技	0.6
130	e 代驾	0.6	130	上海雾博信息技术有限公司（Uber 中国）	0.6
130	嘀嗒拼车	0.6	174	投哪网	0.5
130	房多多	0.6	174	喜马拉雅	0.5
130	陆金所	0.6	176	易到用车	0.4
130	点融网	0.6	176	宝驾租车	0.4
130	有利网	0.6	176	You + 公寓	0.4
130	银客网	0.6	176	蚂蚁金服	0.4
130	PPTV	0.6	176	人人贷	0.4
130	优信拍	0.6	176	拍拍贷	0.4
130	土巴兔	0.6	176	汇付天下	0.4
130	趣分期	0.6	176	积木盒子	0.4
130	返利网	0.6	176	易宝支付	0.4
130	贝贝网	0.6	176	芒果 TV	0.4
130	蘑菇街美丽说	0.6	176	百合网	0.4
130	车易拍	0.6	176	口袋购物	0.4
130	洋码头	0.6	176	猪八戒网	0.4
130	我买网	0.6	176	齐家网	0.4
130	邮乐网	0.6	176	酒仙网	0.4
130	美乐乐家具网	0.6	176	蜜芽宝贝	0.4
130	寺库	0.6	176	东方购物（东方 CJ）	0.4
130	本来生活	0.6	176	小米科技	0.4
130	为为网	0.6	176	魅族	0.4
130	马可波罗	0.6	195	PP 租车	0.3
130	分期乐	0.6	196	爱屋吉屋	0.2
130	美团大众点评	0.6	196	拉卡拉	0.2
130	豌豆荚	0.6	196	爱奇艺	0.2
130	中国海洋音乐	0.6	196	斗鱼 tv	0.2
130	搜狗	0.6	196	AcFun	0.2

四　创业企业社会价值分析

（一）创业企业社会估值基本状况

1. 逾半数创业企业社会价值高于经济价值

在 200 家作为研究对象的创业企业中，可持续发展指数大于 100% 的创业企业有 112 家，占所有研究对象的创业企业的比例达到 56.00%，反映出逾半数的创业企业的社会价值高于经济价值。这些创业企业创造了更多的社会价值。与之相应，在作为研究对象的 200 家创业企业中，可持续发展指数小于 100% 的创业企业有 87 家，占所有作为研究对象的创业企业的比例为 43.50%。在作为研究对象的 200 家创业企业中，还有 1 家创业企业的可持续发展指数为 100%，反映了该企业的经济价值和社会价值相匹配。

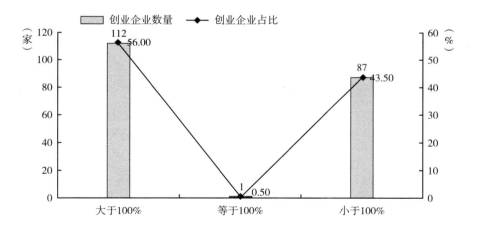

图 6　创业企业可持续发展指数分布情况

2. 成立时间为 5～10 年的创业企业中，社会价值高于经济价值的创业企业相对最多；社会价值高于经济价值在成立时间为 15 年以上的创业企业中最为普遍

以 5 年以下、5～10 年（包括 5 年）、10～15 年（包括 10 年）以及

15 年以上（包括 15 年）分组，对不同组别的创业企业的经济价值和社会价值的关系进行研究发现，在 112 家社会价值高于经济价值的创业企业中，成立时间为 5～10 年的创业企业相对最多，有 55 家；其次为成立时间为 5 年以下的组别，有 35 家；另外，社会价值高于经济价值的创业企业成立时间为 10～15 年和 15 年以上组别的创业企业分别有 16 家和 6 家。

从 5 年以下、5～10 年、10～15 年以及 15 年以上四个组别创业企业的相对数量角度来看，经济价值低于社会价值的创业企业在成立时间位于 15 年以上组别最普遍，在成立时间位于 15 年以上组别的创业企业中，有 85.71% 的创业企业的经济价值低于社会价值，反映了经济价值低于社会价值在成立时间处于 15 年以上的创业企业中最为普遍。经济价值低于社会价值在成立时间处于 10～15 年的创业企业中相对最不普遍，在成立时间位于 10～15 年的创业企业中，只有 43.24% 的创业企业的经济价值低于社会价值。

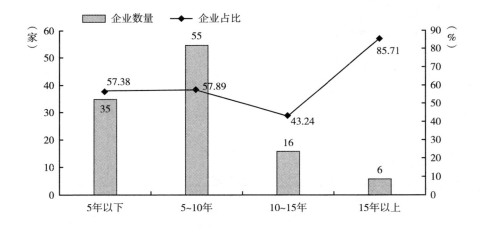

图 7　创业企业可持续发展指数同成立时间关系分布情况

注：①企业数量是指相应成立时间段内可持续发展指数大于 100% 的企业数量；②企业占比是指相应成立时间段内可持续发展指数大于 100% 的企业数量占该成立时间段内所有的创业企业的比例。

3. 电子商务行业中社会价值高于经济价值的创业企业数量相对最多，社会价值高于经济价值的创业企业在社交网络行业中分布最普遍

分别对分布于房产家居、广告营销、教育培训、医疗健康、社交网络、工具软件、汽车交通、旅游、企业服务、硬件、文体娱乐、游戏动漫、消费生活、金融和电子商务 15 个行业的 200 家创业企业的经济价值和社会价值进行研究发现：第一，经济价值低于社会价值的创业企业在电子商务行业中相对最多，有 17 家；第二，经济价值低于社会价值的、分布于金融行业和消费生活行业的创业企业数量居于其次，均为 13 家；第三，分别有 12 家、10 家、9 家、8 家和 6 家经济价值低于社会价值的创业企业分布于游戏动漫、旅游、企业服务、硬件和社交网络行业；第四，均有 5 家经济价值低于社会价值的创业企业属于文体娱乐、教育培训和广告营销行业；第五，均有 3 家经济价值低于社会价值的创业企业属于工具软件和医疗健康行业；第六，分别有 2 家和 1 家经济价值低于社会价值的创业企业属于房产家居和汽车交通行业。

从分布于房产家居、广告营销、教育培训、医疗健康、社交网络、工具软件、汽车交通、旅游、企业服务、硬件、文体娱乐、游戏动漫、消费生活、金融和电子商务 15 个行业的创业企业的相对视角来看，在社交网络行业中，社会价值高于经济价值的创业企业占比最高，占所有位于该行业创业企业数量的比例为 85.71%，反映了在社交网络行业中，社会价值高于经济价值的创业企业最普遍。其次，为位于旅游、教育培训和广告营销三个行业的创业企业占比，在这三个行业中，均有 83.33% 的创业企业的社会价值高于经济价值。再次，社会价值高于经济价值的创业企业分布于企业服务、游戏动漫、消费生活和硬件四个行业的占比也均超过 60%，占四个行业创业企业的比例分别为 75.00%、70.59%、68.42% 和 61.54%。另外，社会价值高于经济价值的创业企业分布于金融、医疗健康、电子商务、工具软件、房产家居、文体娱乐和汽车交通的占比依次降低，社会价值高于经济价值的创业企业占比分别为 52.00%、50.00%、42.50%、37.50%、33.33%、33.33% 和 12.50%。

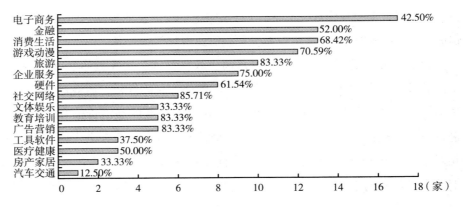

图8 创业企业可持续发展指数同行业的关系

注：①企业数量是指相应行业内可持续发展指数大于100%的企业数量；②企业占比是指相应行业内可持续发展指数大于100%的企业数量同该行业内所有的创业企业之间的比例；③图例大小表示该行业经济价值低于社会价值的创业企业数量多少，图中数据为②中所述企业占比。

4. 5亿美元以下组别社会价值高于经济价值的创业投资企业数量最多，分布最为普遍

以5亿美元以下、5亿~10亿美元（包括5亿美元）、10亿~15亿美元（包括10亿美元）、15亿~20亿美元（包括15亿美元）和20亿美元以上（包括20亿美元）进行分组，考察经济价值低于社会价值的创业企业的分布状况。研究发现，在经济价值低于社会价值的112家创业企业中，经济估值位于5亿美元以下的创业企业相对最多，有77家。其次，为位于5亿~10亿美元组别的创业企业数量，为20家。另外，分别有9家、5家和1家经济价值低于社会价值的创业企业分布于10亿~15亿美元、20亿美元以上以及15亿~20亿美元组别。

从相对视角来看，位于5亿美元以下组别的社会价值高于经济价值的创业企业占比为75.49%，相对最高，反映了社会价值高于经济价值的创业企业在5亿美元以下组别的分布最普遍。另外，分布于5亿~10亿美元和10亿~15亿美元组别的社会价值高于经济价值的创业投资企业占比相差无几，分别为39.22%和39.13%。另外，在20亿美元以上和15亿~20亿美元组别的创业企业中，分别有 31.25% 和 12.50% 的创业企业的社会价值高于经济价值。

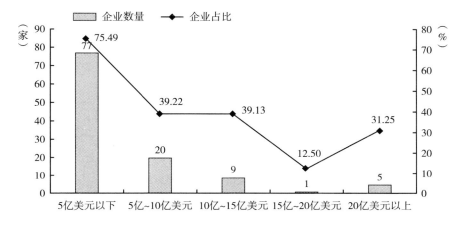

图9 创业企业可持续发展指数同经济估值关系

注：①企业数量是指相应行业内可持续发展指数大于100%的企业数量；②企业占比是指相应行业内可持续发展指数大于100%的企业数量占该行业内所有的创业企业的比例。

（二）创业企业本质责任外部效应评估

1. 创业企业本质责任外部效应整体不高，得分为3分的创业企业相对最多

200 家作为研究对象的创业企业本质责任外部效应平均得分为 2.35 分，表明创业企业本质责任外部效应整体不高。从作为研究对象的 200 家创业企业的本质责任外部效应的得分分布来看，本质责任外部效应得分为 3 分的创业企业相对最多，有 65 家，占所有作为研究对象的创业企业的比例超过三成，达到 32.50%。其次为本质责任外部效应得分为 2 分和 1 分的创业企业数量，分别为 58 家和 48 家，占所有作为研究对象的创业企业的比例分别达到 29.00% 和 24.00%。再次，24 家创业企业的本质责任外部效应得分为 4 分，占所有作为研究对象的创业企业的比例为 12.00%。另外，分别有 3 家创业企业和 2 家创业企业得分为 5 分和 0 分，占所有作为研究对象的创业企业的比例分别为 1.50% 和 1.00%。

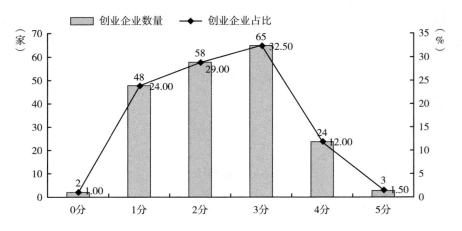

图10　创业企业本质责任外部效应得分分布情况

表9　部分创业企业本质责任外部效应示例

编号	企业名称	本质责任外部效应
1	同程旅游	同程网作为一个旅游电子商务企业,经过数年旅游在线市场的运作,已拥有B2B旅游企业间平台和B2C大众旅游平台。完全自主开发的基于SaaS平台的旅游分销管理软件拥有用户1400余家,已成为旅游行业的信息化标准软件,被广泛应用于酒店、旅行社、航空票务代理等企业的内部管理和在线销售,软件的市场占有率超过70%,开创"互联网+旅游"的新模式。刺激旅游业的发展:通过补贴的形式刺激旅游消费,成立周边自由行事业部,深挖周末游需求,20亿元补贴刺激高品质出境游需求,深度开发邮轮市场
2	e代驾	提供更加优质、全面的代驾服务;让有车的用户都能放心应酬;让更多的用户体验科技升级带来的便捷生活
3	蚂蚁金服	利用其渠道、数据和技术的优势,更好地为长尾用户提供普惠金融的服务;其不仅是技术本身的改变,而且是思维方式的改变,就是所谓的互联网思维,以客户为中心
4	猪八戒网	全国最大的文化创意和在线服务交易平台,服务交易品类涵盖以平面设计、动画视频、网站建设、装修设计、文案策划、工业设计、工程设计、营销推广等为主的400余个现代服务领域,为企业、公共机构和个人提供定制化的解决方案,将创意、智慧、技能转化为商业价值和社会价值。2015年初,猪八戒网上线"猪标局"网站,为小微企业提供商标注册代理。在猪八戒网的创意服务者中,不乏收入越来越稳定、等级越来越高之后转成全职的,线上"多兵种协同作战"成立虚拟工作室的,随后就因为需要开发票等产生注册公司的需要的,目前已孵化出1300多家公司。同时,也有很多线下APP开发、微信号营销公司入驻猪八戒

续表

编号	企业名称	本质责任外部效应
4	猪八戒网	网平台，平台上的公司越来越多，线下孵化就成为更好地服务这些公司的选择。同时，落地孵化器，也使猪八戒网得以建立连接雇主和服务者的线下连接点
5	大疆创新	深圳市大疆创新科技有限公司（DJI - Innovations，简称 DJI），成立于 2006 年，是全球领先的无人飞行器控制系统及无人机解决方案的研发和生产商，客户遍布全球 100 多个国家。通过持续的创新，大疆致力于为无人机工业、行业用户以及专业航拍应用提供性能最强、体验最佳的革命性智能飞控产品和解决方案

2. 成立时间处于10～15年的创业企业本质责任外部效应相对最好，成立时间处于5～10年的创业企业本质责任相对最次

以 5 年以下、5～10 年（包括 5 年）、10～15 年（包括 10 年）以及 15 年以上（包括 15 年）分组，研究不同成立时间阶段的创业企业的本质责任外部效应水平发现，成立时间处于 10～15 年的创业企业本质责任外部效应相对最好，处于该阶段的创业企业本质责任外部效应平均水平得分为 2.54 分。成立时间处于 5～10 年的创业企业本质责任外部效应相对最差，处于该阶段的创业企业本质责任外部效应平均水平得分为 2.20 分。另外，成立时间处于 5 年以下和 15 年以上的创业企业本质责任外部效应水平相差无几，创业企业的平均水平得分分别为 2.46 分和 2.43 分。

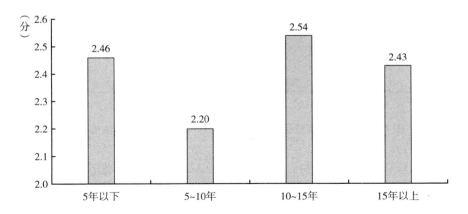

图 11　创业企业本质责任外部效应得分同创业企业成立时间关系

3. 随着创业经济估值的增加，创业企业本质责任外部效应呈现整体增长趋势

以 5 亿美元以下、5 亿~10 亿美元（包括 5 亿美元）、10 亿~15 亿美元（包括 10 亿美元）、15 亿~20 亿美元（包括 15 亿美元）以及 20 亿美元以上（包括 20 亿美元）进行分组，考察创业企业经济估值同创业企业本质责任外部效应之间的关系。研究结果显示，当创业企业经济估值处于 5 亿美元以下时，创业企业的本质责任外部效应的整体水平相对最低，本质责任外部效应的平均得分为 2.10 分。随着创业企业经济估值的提高，创业企业本质责任外部效应也随之提升。当创业企业经济估值处于 5 亿~10 亿美元组时，创业企业本质责任外部效应的平均得分增加到 2.37 分；当创业企业经济估值处于 10 亿~15 亿美元组时，创业企业本质责任外部效应的平均得分增加到 2.65 分。尽管当创业企业经济估值增加到 15 亿~20 亿美元组时，创业企业的本质责任外部效应的平均得分依然是 2.65 分，而当创业企业经济估值增加到 20 亿美元以上组时，创业企业的本质责任外部效应平均得分下降至 2.61 分。但是，整体来看，随着创业企业经济估值的增加，创业企业本质责任外部效应得分也呈现提高趋势。

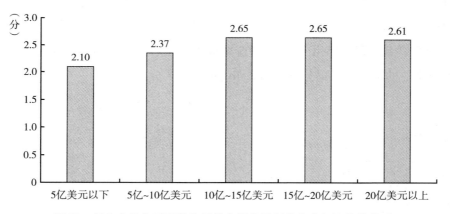

图12　创业企业本质责任外部效应得分同创业企业经济估值关系

4. 汽车交通行业、硬件行业、金融行业以及医疗健康行业的创业企业本质责任外部效应相对较好

分别对分布于房产家居、广告营销、教育培训、医疗健康、社交网络、工具软件、汽车交通、旅游、企业服务、硬件、文体娱乐、游戏动漫、消费

生活、金融和电子商务 15 个行业的创业企业本质责任外部效应进行研究发现，汽车交通、硬件、金融和医疗健康行业的创业企业的本质责任外部效应相对较好，该四个行业的创业企业的本质责任外部效应平均得分分别为 4.00 分、3.31 分、3.12 分和 3.00 分。消费生活、企业服务、房产家居、文体娱乐、社交网络、广告营销、旅游和教育培训 8 个行业的创业企业本质责任外部效应平均得分均处于 2 分以上，本质责任外部效应处于中等水平，该 8 个行业的创业企业的平均得分分别为 2.05 分、2.08 分、2.33 分、2.33 分、2.43 分、2.50 分、2.67 分和 2.83 分。另外，电子商务、工具软件和游戏动漫 3 个行业的创业企业本质责任外部效应得分相对最低，该 3 个行业的创业企业本质责任外部效应的平均得分均处于 2 分以下，分别为 1.93 分、1.38 分和 1.00 分。

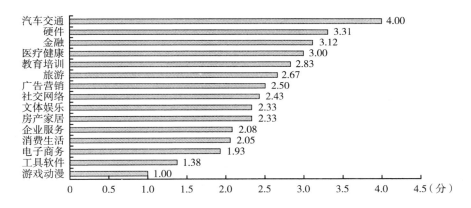

图 13　创业企业本质责任外部效应得分同创业企业所处行业关系

表 10　典型创业企业本质责任外部效应点评

序号	行业	本质外部效应
1	汽车交通	汽车交通行业创业企业充分响应了"确保可持续的消费和生产模式"和"促进社会充分就业"，且总体上，创业企业在这一行业占据了较高的地位，如滴滴快的、上海雾博（Uber）为全国知名的出租车呼叫平台，对行业发展起着重要的作用；51 用车、PP 租车、易到用车、嘀嗒拼车、宝驾租车等为我国较为知名的租车企业，在行业内占据了一定的地位，对社会发展发挥了积极的作用
2	硬件	在硬件行业中，大疆创新、零度智控、优必选、极飞科技等高新技术企业为社会提供了无人机、机器人等新技术产品，力图进一步改善人类的生活，小米科技等企业促进了社会的充分就业，推进手机国产化进程，推动了我国工业的升级

序号	行业	本质外部效应
3	金融	我国金融行业积极响应了"促进充分就业"和"促进共享经济"等可持续发展理念,对我国产业发展具有较强的外溢效应,且创业企业在我国金融行业,尤其是互联网金融和移动金融领域已享有较高的知名度,占据了一定的市场地位,对行业发展具有一定的引领作用
4	教育培训	我国教育培训行业积极响应"教育公平"等社会热点问题,能够很好地满足社会的痛点需求,且"一起作业网"等创业企业在行业内已开始享有一定的知名度,对行业发展发挥了应有的作用
5	旅游	我国旅游创业企业积极响应了"提高人们生活水平"等可持续发展理念,且百程旅行网、驴妈妈等旅游创业企业通过利用互联网技术和旅游行业需求的融合,已在行业内享有较高的地位
6	房产家居	我国房产家居创业企业如 Q 房网、爱屋吉屋、You + 公寓等,利用互联网技术或新的商业模式,在很大程度上促进了原有产业结构升级,进一步促进了共享经济的发展
7	广告营销	我国广告营销创业企业,如盘石、秒针系统、一块邮通过精准营销手段,在很大程度上节约了资源,促进了循环经济建设
8	社交网络	我国社交网络行业,比如知乎、秒拍网、淡蓝网、豆果网、百合网 Nice、果壳网等,创新了传统的社交方式,提高了社交效率,改变了人们传统的社交方式
9	文体娱乐	我国文体娱乐创业企业,如阅文集团、今日头条、芒果 TV 通过自身的生产经营活动,在很大程度上提高了人们的生活水平,响应了联合国 2030 年"确保健康的生活方式、促进各年龄段所有人的福祉"的可持续发展目标
10	企业服务	我国企业服务创业企业,如今目标、纷享销客等,通过新的技术手段,在一定程度上节约了资源,促进了循环经济建设。此外,我国企业服务创业企业如猪八戒网整合了设计需求者和设计人才的资源,在一定程度上促进了共享经济建设;猎聘网在一定程度上促进了社会充分就业
11	消费生活	我国消费生活服务创业企业,如饿了么、百度外卖等在一定程度上促进了社会充分就业,同时也在提高人们生活水平方面发挥了一定的作用
12	电子商务	我国电子商务创业企业,如口袋购物、孩子王、土巴兔在一定程度上促进了我国共享经济建设
13	工具软件	我国工具软件创业企业美图公司、喜马拉雅等,在一定程度上丰富了人们的生活,提高了人们的生活水平
14	游戏动漫	我国游戏动漫创业企业通过手游开发,在一定程度上丰富了人们的生活

（三）创业企业创新责任外部效应评估

1. 创业企业创新责任外部效应水平整体较低，得分为1分的创业企业相对最多

200 家作为研究对象的创业企业创新责任外部效应平均得分为 1. 52 分，

表明创业企业创新责任外部效应水平整体较低。从作为研究对象的 200 家创业企业的创新责任外部效应的得分分布来看，创新责任外部效应得分为 1 分的创业企业相对最多，有 72 家，占所有作为研究对象的创业企业的比例为 36.00%。其次，创新责任外部效应得分为 0 分的创业企业数量，为 48 家，占所有作为研究对象的创业企业的比例为 24.00%。创新责任外部效应得分为 5 分的创业企业最少，仅有 1 家，占所有作为研究对象的创业企业的比例为 0.50%。另外，创新责任外部效应得分为 2 分、3 分和 4 分的创业企业数量依次减少，分别为 30 家、29 家和 20 家，占所有作为研究对象的创业企业的比例分别为 15.00%、14.50% 和 10.00%。

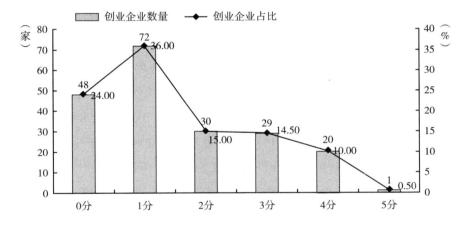

图 14　创业企业创新责任外部效应得分分布情况

表 11　部分创业企业创新责任外部效应示例

编号	企业名称	创新责任外部效应
1	蚂蚁金服	打造金融渠道的平台，可以帮助各种金融机构售卖产品；数据的平台，产生新的金融创新；技术的平台，IT 民工，帮金融机构做到一流的水平，而且是非常安全的
2	陆金所	网络投融资平台，为中小企业及个人客户提供专业、可信赖的投融资服务，实现财富增值；金融资产交易服务平台，提升交易效率，优化金融资产配置，为广大机构、企业和合格投资者等提供专业、高效、安全的综合性金融资产交易相关服务及投融资顾问服务

编号	企业名称	创新责任外部效应
3	阅文集团	整合腾讯文学与盛大文学成立的全新的阅文集团,拥有中文数字阅读最强大的原创品牌矩阵,以及承载各品牌内容和服务的领先移动 APP,已成为中国网络文学、数字出版史上迄今最强的一家运营主体
4	众安保险	国内首家互联网保险金融机构,完全通过互联网进行承保和理赔服务;深度嵌入互联网背后的物流、支付、消费者保障等环节,改变现有的保险产品结构、运营和服务模式,用互联网的模式去重构消费者、互联网平台等相关各方的价值体系
5	掌阅	掌阅科技股份有限公司,于 2008 年成立。掌阅 iReader 是掌阅科技的主打产品,是国内卓越的手机移动阅读品牌

2. 成立时间处于5年以下的创业企业的创新责任外部效应相对最好

以 5 年以下、5～10 年(包括 5 年)、10～15 年(包括 10 年)和 15 年以上(包括 15 年)进行分组,研究 200 家创业企业的创新责任外部效应情况。结果显示,成立时间处于 5 年以下的创业企业的创新责任外部效应得分相对最高,平均得分为 1.82 分。其次为成立时间处于 10～15 年的创业企业的创新责任外部效应得分,为 1.70 分。另外,成立时间处于 15 年以上和 5～10 年的创业企业的创新责任外部效应平均得分依次降低,分别为 1.57 分和 1.25 分,其中,处于 5～10 年组的创业企业的创新责任外部效应平均得分相对最低。

3. 创业企业创新责任外部效应随着创业企业经济估值的增加而提升

以 5 亿美元以下、5 亿～10 亿美元(包括 5 亿美元)、10 亿～15 亿美元(包括 10 亿美元)、15 亿～20 亿美元(包括 15 亿美元)和 20 亿美元以上(包括 20 亿美元)分组,研究创新企业的创新责任外部效应同创业企业经济估值之间的关系。研究结果显示,随着创业企业经济估值的增加,创业企业创新责任外部效应不断提升。具体来看,当创业企业的经济估值低于 5 亿美元时,相关创业企业的创新责任外部效应平均得分仅为 1.22 分,相对最低。当创业企业的经济估值高于 20 亿美元时,相关创业企业的创新责任外部效应平均得分增至 1.84 分,得分相对最高,表明经济估值处于 20 亿美元

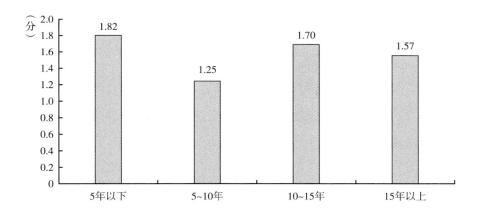

图 15　创业企业创新责任外部效应得分同创业企业成立时间关系

以上的创业企业的创新责任外部效应相对最好。尽管当创业企业的经济估值处于 10 亿 ~ 15 亿美元和 15 亿 ~ 20 亿美元时，创业企业的创新责任外部效应得分均为 1.78 分，但是，创业企业的经济估值从 5 亿 ~ 10 亿美元增加到 10 亿 ~ 15 亿美元或者 15 亿 ~ 20 亿美元时，创业企业的创新责任外部效应平均得分还是从 1.63 分上升到 1.78 分。

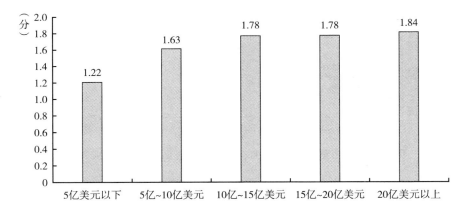

图 16　创业企业创新责任外部效应得分同创业企业经济估值关系

4. 汽车交通行业和金融行业的创业企业创新责任外部效应相对较好

课题组分别对房产家居、广告营销、教育培训、医疗健康、社交网络、

工具软件、汽车交通、旅游、企业服务、硬件、文体娱乐、游戏动漫、消费生活、金融和电子商务 15 个行业的创业企业创新责任外部效应进行研究发现，处于汽车交通行业的创业企业的创新责任外部效应相对最好，平均得分为 4.00 分，相对最高。其次，金融行业创业企业的创新责任外部效应平均得分为 3.20 分，反映了金融行业的创新企业创新责任外部效应相对较好。再次，房产家居、文体娱乐两个行业的创业企业的创新责任外部效应平均得分均在 2 分以上，说明房产家居和文体娱乐两个行业的创业企业的创新责任外部效应相对可以。教育培训、医疗健康、社交网络、旅游、广告营销、电子商务和消费生活 7 个行业的创业企业的创新责任外部效应平均得分依次降低，且处于 1～2 分，分别为 1.83 分、1.67 分、1.57 分、1.50 分、1.17分、1.00 分和 1.00 分。另外，处于工具软件、硬件、企业服务和游戏动漫4 个行业的创业企业的创新责任外部效应得分均处于 1 分以下，说明处于该4 个行业的创业企业的创新责任外部效应水平整体偏低。

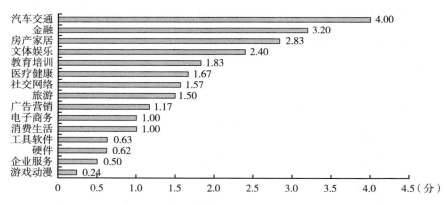

图 17　创业企业创新责任外部效应得分同创业企业所处行业关系

表 12　典型创业企业创新责任外部效应点评

序号	行业	创新外部效应
1	汽车交通	我国汽车交通行业创业企业,如滴滴快的、上海雾博(Uber)利用移动互联网技术,通过搭建新的出租车呼叫平台,实现了创新
2	金融	我国金融行业创业企业通过金融手段创新、金融产品创新,实现了新的突破,对社会发展产生了积极的外溢效应

续表

序号	行业	创新外部效应
3	房产家居	我国新兴的房产家居行业创业企业,如爱屋吉屋、房多多、Q房网通过互联网技术,实现了新的商业模式,实现突破,对社会发展产生积极的外溢效应
4	文体娱乐	我国先进的文体娱乐行业创业企业利用新的技术手段,通过创新,改变了人们原有的娱乐模式,并因此带来了外溢效应
5	教育培训	我国先进的教育培训行业创业企业,针对教育培训的痛点需求,利用先进技术,创新商业模式,实现了教育资源共享,并因此带来了创新责任效应

（四）我国创业企业实践责任外部效应评估

1. 逾六成创业企业的实践责任外部效应得分为0分

200 家作为研究对象的创业企业的实践责任外部效应平均得分为 0.83 分,说明创业企业的实践责任外部效应水平整体偏低。从作为研究对象的 200 家创业企业的实践责任外部效应得分的分布来看,创业企业实践责任外部效应得分为 0 分的企业最多,有 112 家,占所有作为研究对象的创业企业的 56.00%。创业企业实践责任外部效应得分为 1 分、3 分、2 分和 4 分的创业企业数量依次减少,分别为 39 家、24 家、23 家和 2 家,占所有作为研究对象的比例分别为 19.50%、12.00%、11.50% 和 1.00%。另外,没有 1 家创业企业的实践责任外部效应得分为 5 分。

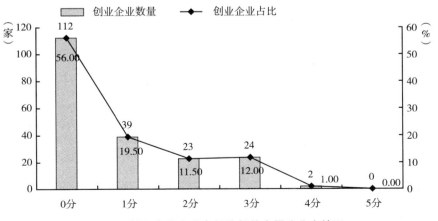

图18　创业企业实践责任外部效应得分分布情况

表13　部分创业企业实践责任外部效应示例

编号	企业名称	实践责任外部效应
1	挂号网	消费者责任:截至2015年8月,累计服务患者已突破2亿人次,挂号网为中国的医院、医生和患者提供了以"智能分诊""预约诊疗""医疗支付""院外候诊""报告查询""诊后随访""层级转诊""在线咨询""商保直付""医药电商"为主要内容的便捷就医服务。挂号网承担了国家卫生计生委卫生应急信息发布、中国医院协会总会官方网站与会员服务平台建设/运营等全国性重大公共服务工作任务。公平运营:挂号网通过和移动医疗产业链上相关机构的深度合作,逐步创建了以医、药、险为核心的全新商业模式和行业生态圈。整合智慧健康产业链上下游资源,在浙江杭州湾信息港二期重点打造中国智慧健康谷,建成后,这将成为全国最大的网络就诊中心、医疗数据信息中心与智慧健康产业集聚中心。社区参与:挂号网携手专家开展返乡义诊救治患者超千名
2	途家网	消费者责任:途家提供了完善的"房客保障计划",当入住发生"预订房间无法入住""房间及设施与照片不符""房东临时提价"等情况时,途家网会严格按照"房客保障计划"提供完善的赔付,为出行提供可靠放心的住宿。公平运营:途家与福建南平市政府、携程共推"一元门票畅游武夷"活动。重庆旅游局与途家网战略合作,探索区域休闲游新模式;联手福建省旅游局打造"清新游福建,舒心在途家"休闲旅游度假的新模式。社区参与:由国内首家中高端度假公寓预订平台途家网和中国儿童少年基金会"中国儿童保险专项基金"共同主办的"情系孤儿途中有家"公益活动在全国正式启动。此活动致力于为全国孤儿在面临重大疾病的威胁时提供救助,加强孤儿福利和生活保障。员工责任:服务员都有五险一金,包住宿,包三餐,有双休
3	沪江网	消费者责任:2001~2005年,沪江维持公益化运营,累计用户逾20万人,致力为用户提供便捷、优质的全方位网络学习产品和服务。社区参与:2015年,沪江牵头成立全国首个互联网教育创客空间——蚂蚁创客空间,发起专注于互联网教育行业投资的两只基金,包括5000万元规模的蚂蚁雄兵天使基金和3亿元规模的互元基金,扶持互联网教育创业者,共同构建互联网教育产业生态圈。公平运营:沪江大力扶持互联网教育创业团队,积极打造在线教育生态圈,实现产业共赢。同时,与传统学校合作探索,缩小教育差距,推进教育公平,把优质的教育资源通过互联网传播到世界的每个角落
4	秒针系统	消费者责任:秒针系统坚持以客户需求为基础,建立技术与数据应用的深入结合,依托秒针数据管理平台为中国市场研发设计了一系列以目标受众为核心的数据处理优化方案与工具。员工责任:产品创新大赛是秒针系统面向全体秒针人的年度赛事,旨在挖掘优秀创意、发现创新人才,为秒针所有员工创造一个展示自我的舞台。社区责任:为了让更多的莘莘学子梦想成真,早日完成学业,在所学的研究领域有所建树,2014年12月26日,秒针系统为北大学子送上了2014年度奖学金的同时,也送出了鼓励和祝福
5	滴滴快的	专门成立了针对弱势群体的"乐行联盟",并开展了老人、孕妇免费接送等一系列活动。推出针对盲人及视障群体的优化版软件。滴滴携好未来开启公益助学计划(价值3000万元)

2. 成立时间处于15年以上的创业企业的实践责任外部效应相对最好

以 5 年以下、5～10 年（包括 5 年）、10～15 年（包括 10 年）和 15 年以上（包括 15 年）进行分组，研究 200 家创业企业的实践责任外部效应情况。研究结果显示，成立时间处于 15 年以上的创业企业的实践责任外部效应平均得分相对最高，为 1.71 分。其次，为成立时间处于 10～15 年的创业企业的实践责任外部效应平均得分，为 1.00 分。另外，成立时间处于 5 年以下以及 5～10 年的创业企业的实践责任外部效应平均得分分别为 0.87 分和 0.66 分，相对偏低。不难看出，创业企业的实践责任外部效应的平均得分随着成立时间的延长大致呈现增加的趋势。

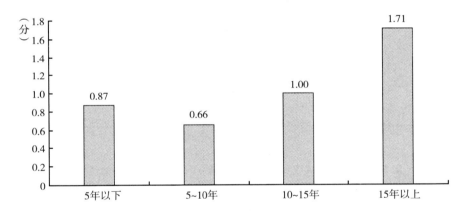

图19　创业企业实践责任外部效应得分同创业企业成立时间关系

3. 创业企业实践责任外部效应随着创业企业经济估值的增加而呈现倒 U 形变化趋势

以 5 亿美元以下、5 亿～10 亿美元（包括 5 亿美元）、10 亿～15 亿美元（包括 10 亿美元）、15 亿～20 亿美元（包括 15 亿美元）和 20 亿美元以上（包括 20 亿美元）分组，研究创新企业的实践责任外部效应同创业企业经济估值之间的关系。研究结果显示，随着作为研究对象的创业企业经济估值的增加，创业企业实践责任外部效应平均得分先增加后降低，呈现倒 U 形变化趋势。具体来看，当创业企业经济估值处于 5 亿美元以下时，创业企业

的实践责任外部效应平均得分相对最低，仅为 0.67 分。随着创业企业经济估值的增加，当经济估值处于 5 亿～10 亿美元和 10 亿～15 亿美元时，创业企业的实践责任外部效应平均得分分别提高至 0.88 分和 1.17 分。当创业企业经济估值增至 15 亿～20 亿美元时，创业企业实践责任外部效应平均得分保持稳定，同经济估值为 10 亿～15 亿美元时的实践责任外部效应平均得分相同。不过，当创业企业经济价值估值增至 20 亿美元以上时，相关创业企业的实践责任外部效应平均得分降低至 0.99 分。

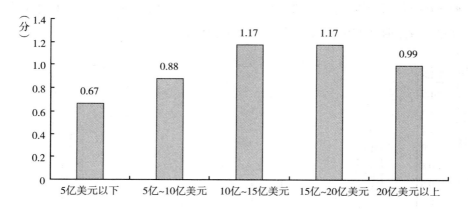

图20　创业企业实践责任外部效应得分同创业企业经济估值关系

4. 教育培训行业的创业企业实践责任外部效应相对较好

关于房产家居、广告营销、教育培训、医疗健康、社交网络、工具软件、汽车交通、旅游、企业服务、硬件、文体娱乐、游戏动漫、消费生活、金融和电子商务 15 个行业的创业企业实践责任外部效应。研究结果显示，教育培训行业的创业企业实践责任外部效应相对较好，平均得分相对最高，为 2.00 分。其次为处于电子商务、金融、汽车交通、广告营销、医疗健康和旅游 6 个行业的创业企业实践责任外部效应平均得分，分别为 1.03 分、1.08 分、1.38 分、1.67 分、1.83 分和 1.92 分，均处于 2 分之下。另外，工具软件、硬件、房产家居、企业服务、消费生活和游戏动漫 6 个行业创业企业的实践责任外部效应得分均不足 1 分，分别为 0.13 分、0.31 分、0.33

分、0.33 分、0.53 分和 0.53 分，实践责任外部效应水平较差。不仅如此，社交网络和文体娱乐两个行业的创业企业的实践责任外部效应为 0 分，反映了这两个行业的创业企业没有创造任何实践责任外部效应。

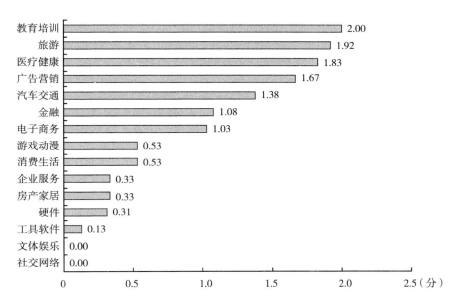

图 21　创业企业实践责任外部效应得分同创业企业所处行业关系

表 14　典型创业企业实践责任外部效应点评

序号	行业	实践外部效应
1	教育培训	教育培训行业创业企业在经营实践中，主动承担社会责任，实践责任外部效应等级相对较好，如沪江网于 2015 年牵头成立全国首个互联网教育创客空间（蚂蚁创客空间），发起专注于互联网教育行业投资的蚂蚁雄兵天使基金和互元基金，扶持互联网教育创业者
2	旅游	在旅游行业创业企业中，驴妈妈旅游网于 2011 年 9 月起成立了"驴妈妈旅游网爱心团"，发起了"情满大山——关注山区儿童"行动、"快乐集结号"暑期公益活动、走进斜土街道第二敬老院、走进沪上敬老院等活动，2015 年驴妈妈总裁加入"我要上学"大型公益助学行动，成为中央人民广播电台音乐之声与中国儿童少年基金会爱心大使；滴滴出行推出了"出租车司机子女公益助学计划"，与"好未来"合作，免费为出租车司机子女提供价值 3000 万元的在线教育服务

序号	行业	实践外部效应
3	广告营销	在广告营销行业创业企业中,品友互动在中国传媒大学广告学院设立了品友优秀奖学金项目,并为中国传媒大学在校生提供最专业的学习与实践的机会;秒针系统在企业内部举行产品创新大赛,为员工创造一个展示自我的舞台
4	汽车交通	在汽车交通行业创业企业中,滴滴快的(快的打车)成立了"乐行联盟"公益平台,推出孕妇免费专车计划;开发了针对盲人及视障群体的优化版软件,关爱弱势群体
5	金融	在金融行业创业企业中,蚂蚁金服打造捐赠平台"E公益",为公益组织提供募捐服务;此外,鼓励员工参与公益,倡导志愿精神;为支付宝钱包App开发无障碍支付功能,让残障人士平等分享技术带来的便捷
6	电子商务	在电子商务行业创业企业中,趣分期建立了1亿元免息助学金,扶持大学生创业;返利网建立返利公益频道,将业务与公益相融合
7	硬件等行业	在硬件、游戏动漫、消费生活、企业服务等行业中,极飞科技于2013年发起建立的国际无人机救援公益性团体"极飞空中应急小组",利用无人机技术帮助并实施救援任务;热酷游戏于2014年11月启动了热酷游戏助学公益基金计划,支持边远山区发展,向黑龙江省嫩江县教育局捐赠了200台电脑

(五)创业企业的责任管理外部效应评估

1. 七成五创业企业没有任何责任管理外部效应

200家作为研究对象的创业企业的责任管理外部效应平均得分为0.49分,整体过低。通过对作为研究对象的200家创业企业的责任管理外部效应得分的分布进行考察,课题组发现,七成五创业企业没有任何责任管理外部效应。具体来看,150家创业企业缺乏责任管理外部效应,占所有作为研究对象的创业企业总数的比例达到75.00%。其次,责任管理外部效应得分为1分和3分的创业企业数量,分别为23家和20家。再次,责任管理外部效应得分为2分的创业企业,有7家,占所有作为研究对象的创业企业总数的比例为3.50%。另外,没有作为研究对象的创业企业责任管理外部效应得分为4分和5分。

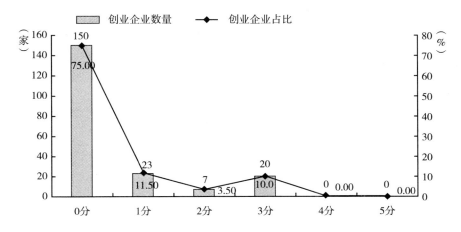

图22　创业企业责任管理外部效应得分分布情况

表15　部分创业企业责任管理外部效应示例

编号	企业名称	实践责任外部效应
1	同程旅游	责任理念:同程网秉持着持续发展、高效推进、积极创新的理念,以互联网为依托,提高同程特有的旅游产业质量和品质。责任专栏:官网上有社会责任专栏
2	口袋购物	肩负"不断地把便利带进你的生活"的使命,致力于将公司建设成"全球最大的商务网络"
3	趣分期	帮助中国3000万名大学生树立正确的消费观、信用观;构建年轻人的信用体系,为社会带来一些微小而美好的变化
4	银联商务	切实践行企业公民的社会责任,致力于持续改善银行卡受理市场和国内综合支付环境,实现股东、客户、员工、合作伙伴利益的共赢
5	中商惠民	课题组的宗旨:智慧社区惠泽于民;课题组的使命:惠生活益民生;课题组的理念:民生为先、诚信惠民;课题组的定位:全球领先的社区O2O服务平台

2. 成立时间处于15年以上的创业企业的责任管理外部效应相对最好

以 5 年以下、5～10 年（包括 5 年）、10～15 年（包括 10 年）以及 15 年以上（包括 15 年）进行分组，对作为研究对象的创业企业的成立时间同责任管理外部效应进行分析，课题组发现，成立时间处于 15 年以上的创业企业的责任管理外部效应相对最好。具体来看，在 200 家作为研究对象的创业企业中，成立时间处于 15 年以上的创业企业的责任管理外部效应相对最

好，平均得分为 0.86 分。其次，为成立时间处于 5～10 年的创业企业责任管理外部效应平均得分，为 0.52 分。成立时间处于 10～15 年和 5 年以下创业企业的责任管理外部效应平均得分分别为 0.46 分和 0.41 分。

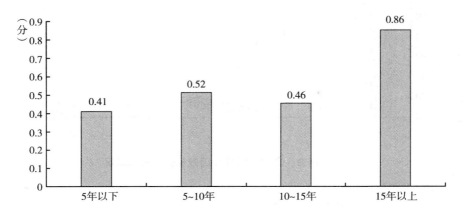

图 23　创业企业责任管理外部效应得分同创业企业成立时间关系

3. 创业企业责任管理外部效应随着创业企业经济估值的增加而呈现倒 U 形变化趋势

以 5 亿美元以下、5 亿～10 亿美元（包括 5 亿美元）、10 亿～15 亿美元（包括 10 亿美元）、15 亿～20 美元（包括 15 亿美元）和 20 亿美元以上（包括 20 亿美元）分组，对创业企业的经济估值同责任管理外部效应的关系进行研究。结果显示，创业企业责任管理外部效应随着创业企业经济估值的增加而呈现倒 U 形变化趋势。具体来看，对于经济估值为 10 亿～15 亿美元的创业企业责任管理外部效应而言，随着创业企业经济估值的增加，创业企业的责任管理外部效应也随之提高，其中，经济估值为 5 亿美元以下、5 亿～10 亿美元和 10 亿～15 亿美元的创业企业的责任管理外部效应平均得分分别为 0.38 分、0.39 分和 0.74 分，整体呈现增加趋势。当经济估值处于 15 亿～20 亿美元时，创业企业责任管理外部效应保持同 10 亿～15 亿美元的相对高位稳定状态。当创业企业的经济估值进一步增加到 20 亿美元以上时，创业企业责任管理外部效应降至 0.59 分。

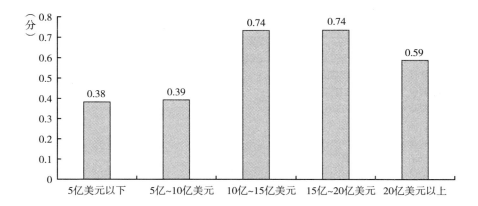

图24 创业企业责任管理外部效应得分同创业企业经济估值关系

4. 硬件行业的创业企业责任管理外部效应相对最好，四个行业的企业责任管理外部效应平均得分为0分

通过对分布于房产家居、广告营销、教育培训、医疗健康、社交网络、工具软件、汽车交通、旅游、企业服务、硬件、文体娱乐、游戏动漫、消费生活、金融和电子商务15个行业的创业企业责任管理外部效应进行考察，课题组发现：第一，硬件行业创业企业的责任管理外部效应平均得分相对最高，为1.54分，反映了硬件行业创业企业的责任管理外部效应相对最好；第二，电子商务行业创业企业的责任管理外部效应平均得分为1.18分，同硬件行业同为处于1分以上的两个行业；第三，企业服务行业的创业企业的责任管理外部效应平均得分为0.83分，处于中等水平；第四，工具软件和医疗健康两个行业的责任管理外部效应平均得分均为0.50分，旅游、教育培训两个行业的创业企业责任管理外部效应平均得分均为0.33分，广告营销和房产家居两个行业的责任管理外部效应平均得分均为0.17分；第五，游戏动漫和金融行业创业企业的责任管理外部效应水平依次降低，两个行业的创业企业的责任管理外部效应平均得分分别为0.18分和0.08分；第六，需要指出的是，尚有四个行业的创业企业责任管理外部效应得分为0分，这四个行业分别为消费生活、文体娱乐、汽车交通和社交网络，反映了这四个行业的创业企业在责任管理外部效应方面整体处于空缺状态。

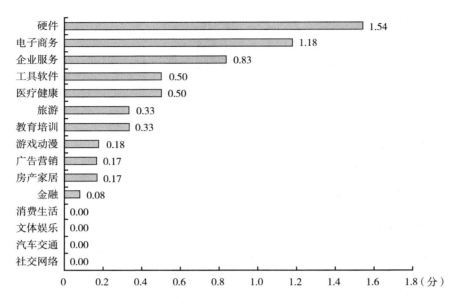

图25　创业企业实践责任外部效应得分同创业企业所处行业关系

表16　典型创业企业责任管理外部效应点评

序号	行业	实践外部效应
1	硬件行业	多数硬件行业创业企业已树立了责任管理理念,并建立了责任管理体系,如小米科技树立了"让每个人都可享受科技的乐趣"的愿景;优必选树立了"让每一个中国家庭都拥有一台自己的智能机器人,给人们带来一种更智能、更人性化休闲方式"的理念
2	电子商务	我国一些电子商务创业企业已树立了责任管理理念,如口袋购物提出了"不断地把便利带进你的生活";趣分期提出了"帮助中国大学生树立正确的消费观、信用观,构建年轻人的信用体系,为社会带来一些微小而美好改变"
3	企业服务	我国一些企业服务创业企业已树立了责任管理理念,如晶赞科技提出"大数据推动产业智能化"的理念
4	工具软件	已经基本树立了社会责任理念
5	教育培训	已经基本树立了社会责任理念
6	旅游行业	已经基本树立了社会责任理念
7	社交网络	未树立责任管理理念,也未建立责任管理体系
8	游戏动漫	未树立责任管理理念,也未建立责任管理体系
9	广告营销	未树立责任管理理念,也未建立责任管理体系
10	金融	未树立责任管理理念,也未建立责任管理体系

续表

序号	行业	实践外部效应
11	汽车交通	未树立责任管理理念,也未建立责任管理体系
12	消费生活	未树立责任管理理念,也未建立责任管理体系
13	房产家居	未树立责任管理理念,也未建立责任管理体系
14	文体娱乐	未树立责任管理理念,也未建立责任管理体系

（六）创业企业负面舆情研究

1. 逾六成五创业企业的负面舆情对自身社会价值估值造成负面影响

以 0.2 分以下、0.2~0.4 分（包括 0.2 分）、0.4~0.6 分（包括 0.4 分）、0.6~0.8 分（包括 0.6 分）以及 0.8 分以上（包括 0.8 分）进行分组,对作为研究对象的 200 家创业企业的负面舆情进行研究,结果显示,尽管 88 家作为研究对象的创业企业尚未在研究期间产生负面舆情,但是,依然有超过六成五的作为研究对象的创业企业不同程度地发生了负面舆情事件,反映了多数创业企业的负面舆情对其自身的社会价值估值造成了负面影响。具体来看,在作为研究对象的 200 家创业企业中,得分处于 0.6~0.8 分、0.8~1.0 分、0.4~0.6 分、0.2~0.4 分的创业企业数量依次减少,分别为 44 家、41 家、21 家和 6 家,占所有作为研究对象的创业企业比例分别为 22.00%、20.50%、10.50% 和 3.00%,反映了创业企业的负面舆情对相应创业企业的社会价值估值造成了不同程度的影响。

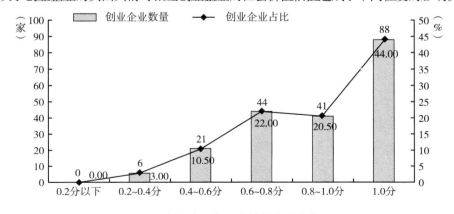

图 26　创业企业负面舆情得分分布状况

表 17　部分创业企业负面舆情示例

编号	企业名称	负面舆情
1	爱奇艺	爱奇艺推迟 IPO：财务体系不规范拖累成主因；爱奇艺在 2014 年亏损了 10 亿~15 亿元；重庆广电集团状告爱奇艺侵权；风行网诉爱奇艺侵权，向法院提请诉讼禁令；连环画作家李志武诉爱奇艺侵权，索赔 20 万元；爱奇艺与 PPS 合并后裁员 5%，内容同质化成为最大挑战
2	拉卡拉	拉卡拉支付问题频发，市场监管缺失受拷问；亏损带来后遗症，拉卡拉启动变相大裁员；拉卡拉 POS 机陷"套现门"；拉卡拉手机刷卡器涉嫌暴利；客户信用卡还款未成功被扣 1 万元，拉卡拉遭质疑；拉卡拉快跑 2012 年亏损 1 亿元，员工达 5000 人；"拉卡拉"被疑外泄客户资料；拉卡拉安全性遭质疑
3	爱屋吉屋	爱屋吉屋被曝虚假房源；爱屋吉屋租房协议太霸道，租房 APP 没想象中美好；深圳都市频道新闻 18 点、深圳公共频道第一时间、深圳财经频道财经生活三家电视台节目集中曝光爱屋吉屋底佣诱骗客户；揭底爱屋吉屋：缺乏监管，只是披着 O2O 外衣炒概念；爱屋吉屋靓丽业绩被指造假，经纪人骗签合同；爱屋吉屋被指隐瞒房屋信，烧钱模式难持续；爱屋吉屋中介私接单坑人，骗顾客与另一中介签约
4	斗鱼 tv	直播行业大地震，斗鱼顶级主播集体跳槽；小智直播情绪失控：与斗鱼 tv 解约，揭斗鱼 tv 女主播血泪辛酸史；斗鱼 dota2 女主播高钰身陷艳照门，50 张全裸套图高清不雅无码照曝光；斗鱼 tv 因 DAC 侵权转播被判赔偿火猫 tv110 万；小智爆料斗鱼直播人数造假，斗鱼 tv 主播集体跳槽惹争议；斗鱼 tv 直播再现大尺度，女主播上演"更衣门"大露胸器
5	AcFun	AcFun 遭遇优酷侵权起诉，团队集体离职；老牌弹幕网站 AcFun 被索赔千万；2014 年 7 月初遭到不明 DDoS 攻击，出现访问故障的视频弹幕网站 AcFun；视频弹幕网站 AcFun 再陷困局，域名备案信息遭删除

2. 成立时间处于10~15年的创业企业负面舆情对社会价值估值的影响最大

以 5 年以下、5~10 年（包括 5 年）、10~15 年（包括 10 年）以及 15 年以上（包括 15 年）分组，对创业企业负面舆情信息对不同成立时间阶段创业企业的社会价值评估的影响进行研究。结果显示，成立时间处于 10~15 年的创业企业负面舆情平均得分相对最低，为 0.69 分，反映了成立时间处于 10~15 年的创业企业负面舆情对社会价值估值的负面影响相对最大。成立时间处于 5 年以下、5~10 年和 15 年以上的创业企业负面舆情平均得分分别为 0.80 分、0.81 分和 0.87 分，依次提高，反映了不同成立时间创业企业负面舆情对社会价值评估产生了不同程度的影响。

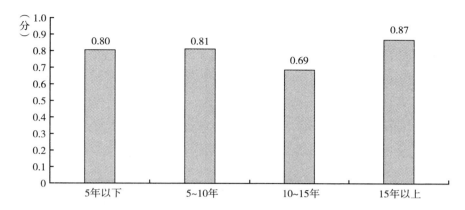

图27　创业企业负面舆情得分同创业企业成立时间关系

3. 随着创业企业经济估值的提高，负面舆情对于创业企业社会价值估值的影响不断加大

以 5 亿美元以下、5 亿～10 亿美元（包括 5 亿美元）、10 亿～15 亿美元（包括 10 亿美元）、15 亿～20 亿美元（包括 15 亿美元）以及 20 亿美元以上（包括 20 亿美元）对作为研究对象的 200 家创业企业的经济估值进行分组，对创业企业负面舆情对创业企业社会价值估值的影响进行研究发现，随着创业企业经济估值的提高，负面舆情对于创业企业社会价值估值的负面影响也随之提高。具体来看，当创业企业的经济价值估值处于 5 亿美元以下时，创业企业负面舆情平均得分为 0.89 分，相对最高，反映了负面舆情对经济价值估值处于 5 亿美元以下的创业企业的社会价值估值的负面影响程度相对最低。随着作为研究对象的创业企业的经济价值估值的提高，相应创业企业的负面舆情平均得分不断降低，经济价值估值处于 5 亿～10 亿美元、10 亿～15 亿美元、15 亿～20 亿美元以及 20 亿美元以上的创业企业的负面舆情平均得分分别为 0.72 分、0.70 分、0.70 分和 0.68 分。负面舆情对于创业企业社会价值估值的负面影响不断提高。

4. 负面舆情对于教育培训、游戏动漫和消费生活等行业创业企业社会价值估值的影响相对较低

为了考察负面舆情对不同行业创业企业社会价值估值的影响，课题组分

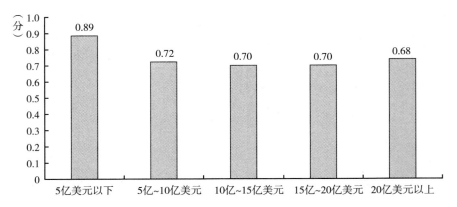

图28 创业企业负面舆情得分同创业企业经济估值关系

别对分布于房产家居、广告营销、教育培训、医疗健康、社交网络、工具软件、汽车交通、旅游、企业服务、硬件、文体娱乐、游戏动漫、消费生活、金融和电子商务15个行业的创业企业负面舆情得分进行考察,研究结果显示,教育培训、游戏动漫、消费生活三个行业的负面舆情得分处于0.9分以上,分别为0.93分、0.92分和0.92分,反映了负面舆情对这三个行业创业企业社会价值估值的负面影响相对较弱。社交网络、企业服务、广告营销、旅游、硬件和医疗健康六个行业的创业企业负面舆情平均得分依次降低,并且均处于0.8~0.9分,分别为0.89分、0.88分、0.87分、0.85分、0.82分和0.80分,负面舆情得分处于相对较高水平,负面舆情对这六个行业创业企业社会价值估值的负面影响稍强于其对教育培训、游戏动漫、消费生活三个行业的影响。工具软件、电子商务、文体娱乐、金融和房产居家五个行业创业企业的负面舆情得分处于中等水平,反映了负面舆情对这五个行业创业企业社会价值估值的负面影响处于中等水平。汽车交通行业负面舆情得分最低,为0.54分,反映了汽车交通行业创业企业社会价值估值受到负面舆情的影响程度较高。

5. 负面舆情事件多发生在社会领域,以员工责任、客户责任和产品责任事件居多

通过对200家估值过亿美元的创业企业的负面舆情事件发生的领域进行

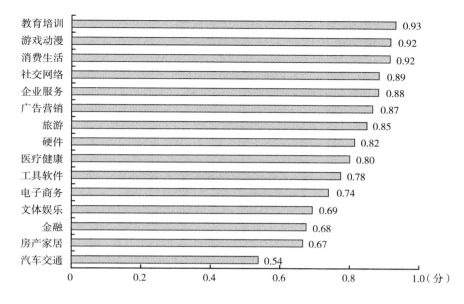

图 29　创业企业负面舆情得分同创业企业所处行业关系

考察，课题组发现，由于我国估值上亿美元的创业企业多为服务业企业，所以，我国创业企业负面舆情事件多发生在社会领域，一些创业企业因股东、公司高管等问题出现了治理领域的负面舆情，对相关企业的社会价值估值造成了一定的影响。

对我国创业企业所发生的社会领域的负面舆情事件进行进一步的分析，课题组发现，我国社会领域舆情事件多以员工责任、客户责任和产品责任事件为主，一些企业因涉嫌侵权，而存在环境、社会和治理风险，从而导致了企业社会价值有所降低。

五　分行业创业企业社会价值排名和基本特征

（一）教育培训行业创业企业社会价值评估排名和基本特征

在 200 家样本创业企业中，教育培训行业创业企业有 6 家，分别为沪

149

江网、一起作业网、51 无忧英语、猿题库、跟谁学和极客学院。6 家创业企业的经济价值估值平均水平为 4.63 亿美元，外部性溢价平均水平为 1.33 分。

1. 教育培训行业创业企业社会价值估值排名

教育培训行业创业企业社会价值估值排名如表 18 所示。

表 18　我国教育培训创业企业社会价值评估

排名	企业	成立时间	企业经济估值（亿美元）	正外部性溢价（分）	本质责任外部效应（分）	创新责任外部效应（分）	实践责任外部效应（分）	责任管理外部效应（分）	负外部性折价（分）	可持续发展指数	社会价值（亿美元）
1	沪江网	2001 年	8.00	1.53	4	3	3	1	0.80	1.23	9.81
2	一起作业网	2007 年	6.00	1.32	4	1	2	0	1.00	1.32	7.91
3	51 无忧英语	2011 年	5.50	1.24	1	2	2	0	1.00	1.24	6.81
4	猿题库	2013 年	3.60	1.23	3	1	1	0	1.00	1.23	4.44
5	跟谁学	2014 年	2.50	1.49	3	3	3	1	1.00	1.49	3.72
6	极客学院	2014 年	2.20	1.19	2	1	1	0	0.80	0.95	2.10

2. 教育培训行业创业企业整体社会价值高于经济价值估值

从可持续发展指数的角度来看，6 家教育培训行业的创业企业的可持续发展指数高于 1 的有 5 家，占所有作为研究对象的教育培训行业创业企业的比例超过 80%，为 83.33%，说明教育培训行业逾八成创业企业的社会价值高于经济价值估值。

从创业企业社会价值同经济价值之间的关系角度来看，社会价值高于经济价值估值的教育培训创业企业有 5 家；从创业企业社会价值同经济价值的整体平均水平来看，教育培训创业企业的社会价值平均水平为 5.8 亿美元，高于教育培训行业创业企业的经济价值估值的平均水平 1.17 亿美元，反映了教育培训行业社会价值整体高于经济价值估值。

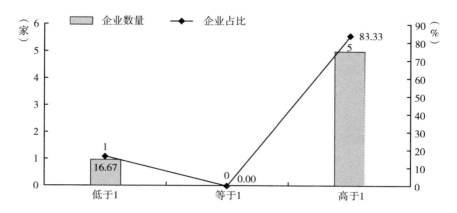

图30　教育培训行业创业企业可持续发展指数分布情况

3. 教育培训行业创业企业本质责任外部效应相对最好，责任管理外部效应相对最差

从教育培训创业企业的正外部效应的四个维度来看，教育培训行业6家企业的本质责任外部效应、创新责任外部效应、实践责任外部效应和责任管理外部效应的平均得分分别为2.83分、1.83分、2.00分和0.33分，整体水平不高。从四个维度的对比关系来看，教育培训行业创业企业本质责任外部效应相对最高，高于位居第二的实践责任外部效应0.83分。与之相比，教育培训行业创业企业的责任管理外部效应相对最低，得分不足0.5分。教育培训行业创业企业的创新责任外部效应水平位居第三。

4. 教育培训行业创业企业外部性折价占比较低

在6家作为研究对象的教育培训行业创业企业中，没有任何负外部性折价的创业企业有4家，占所有作为研究对象的教育培训行业企业总数的比例超过六成五，为66.67%，反映了相对多数教育培训行业创业企业没有发生任何环境、社会或治理负面舆情。

两家教育培训行业企业负外部性折价得分均为0.80分，反映了这两家教育培训行业企业发生了一定程度的负面舆情，但是，整体来看，其所发生的环境、社会或治理负面舆情影响程度相对较弱。

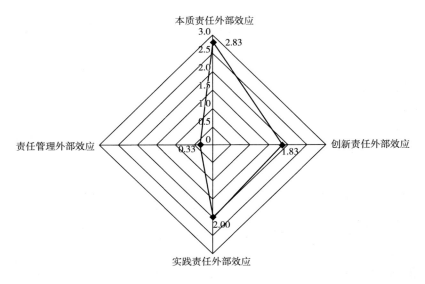

图31 教育培训行业创业企业正外部性溢价情况

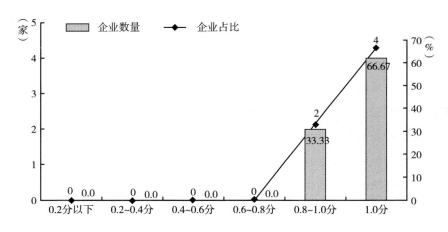

图32 教育培训行业创业企业负外部性折价分布情况

（二）旅游行业创业企业社会价值评估排名和基本特征

1. 旅游行业创业企业社会价值评估排名

旅游行业创业企业社会价值评估以及可持续发展指数等排名结果如表19所示。

表 19　我国旅游创业企业社会价值评估

社会价值排名	企业	成立时间	企业经济估值（亿美元）	正外部性溢价（分）	本质责任外部效应（分）	创新责任外部效应（分）	实践责任外部效应（分）	责任管理外部效应（分）	负外部性折价（分）	可持续发展指数	社会价值（亿美元）
1	同程旅游	2004 年	21.70	1.74	5	4	3	3	0.60	1.05	22.69
2	途家	2011 年	12.00	1.55	4	4	4	0	0.80	1.24	14.92
3	小猪短租网	2012 年	6.00	1.18	2	0	2	0	1.00	1.18	7.10
4	蚂蜂窝	2006 年	5.90	1.14	2	0	1	0	1.00	1.14	6.72
5	蚂蚁短租网	2011 年	6.00	1.38	3	3	2	0	0.80	1.10	6.60
6	百程旅行网	2000 年	4.00	1.37	4	2	2	0	0.80	1.10	4.39
7	面包旅行	2012 年	3.30	1.14	2	0	1	0	1.00	1.14	3.76
8	走着旅行	2015 年	2.60	1.19	2	1	1	0	1.00	1.19	3.10
9	眛客	2014 年	2.50	1.15	1	1	1	0	1.00	1.15	2.87
10	淘在路上	2011 年	2.50	1.10	1	0	1	0	1.00	1.10	2.74
11	驴妈妈	2008 年	3.00	1.39	3	1	3	1	0.60	0.83	2.49
12	穷游网	2004 年	2.90	1.33	3	2	2	0	0.60	0.80	2.32

2. 逾八成旅游行业创业企业社会价值高于经济价值估值

从可持续发展指数来看，在作为研究对象的 12 家旅游行业创业企业中，10 家创业企业的可持续发展指数大于 1，占所有作为研究对象的旅游行业创业企业的比例超过 80%，为 83.33%，说明逾八成旅游行业创业企业社会价值高于经济价值估值。

从旅游行业创业企业社会价值整体平均水平和旅游行业创业企业经济价值整体平均水平来看，旅游行业创业企业社会价值评估整体平均水平为 6.64 亿美元，经济价值评估整体平均水平为 6.03 亿美元，旅游行业创业企

业社会价值平均水平高于经济价值平均水平，也反映了旅游行业创业企业社会价值整体高于经济价值估值的结论。

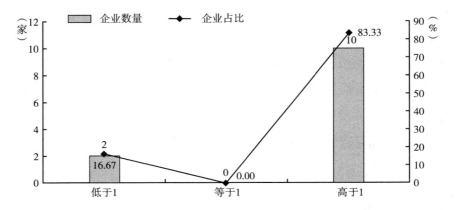

图33 旅游行业创业企业可持续发展指数分布情况

3. 旅游行业创业企业本质责任外部效应相对最好，责任管理外部效应平均得分不足0.5分

12家旅游行业创业企业本质责任外部效应评价平均得分为2.67分，较创新责任外部效应、实践责任外部效应和责任管理外部效应相对最高，反映了旅游行业创业企业本质责任外部效应相对最好。

其次为实践责任外部效应平均得分，为1.92分，仅次于本质责任外部效应。创新责任外部效应得分居于第三位，12家旅游行业创业企业创新责任外部效应平均得分为1.50分。责任管理外部效应得分仅为0.33分，不足0.5分，反映了旅游行业创业企业责任管理外部效应相对最差。

4. 半数旅游行业创业企业具有负面舆情事件

在12家作为研究对象的旅游行业创业企业中，负外部性折价得分为0.6~0.8分和0.8~1.0分的创业企业均有3家，共占所有作为研究对象的创业企业的比例为50.00%，反映了半数旅游行业创业企业具有负面舆情事件发生。与之相比，负外部性折价平均得分为1分的旅游行业创业企业有6家，占所有作为研究对象的比例为50.00%，表明半数旅游行业创业企业没有负面舆情事件发生。

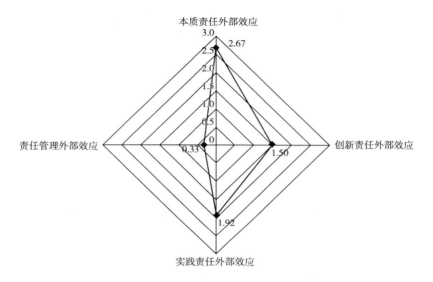

图34　旅游行业创业企业正外部性溢价情况

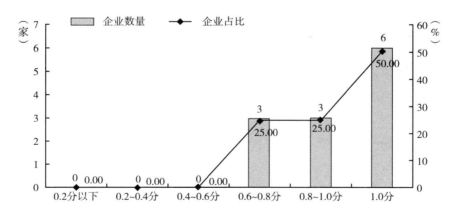

图35　旅游行业创业企业负外部性折价分布情况

（三）广告营销行业创业企业社会价值评估排名和基本特征

1. 广告营销行业创业企业社会价值评估排名

广告营销行业创业企业社会价值评估排名结果如表 20 所示。

表20　我国广告营销行业创业企业社会价值评估

排名	企业	成立时间	企业经济估值（亿美元）	正外部性溢价（分）	本质责任外部效应（分）	创新责任外部效应（分）	实践责任外部效应（分）	责任管理外部效应（分）	负外部性折价（分）	可持续发展指数	社会价值（亿美元）
1	盘　石	2004 年	10.00	1.29	2	2	2	0	0.80	1.03	10.30
2	秒针系统	2006 年	5.00	1.32	3	0	3	1	1.00	1.32	6.62
3	品友互动	2009 年	3.00	1.33	3	2	2	0	0.80	1.06	3.19
4	互众广告	2013 年	2.20	1.14	2	0	1	0	1.00	1.14	2.50
5	点　媒	2010 年	1.70	1.28	3	2	1	0	1.00	1.28	2.18
6	一块邮	2013 年	1.60	1.19	2	1	1	0	0.60	0.71	1.14

2. 超过80％的广告营销行业创业企业社会价值高于经济价值

从可持续发展指数来看，可持续发展指数高于1的广告营销行业创业企业超过80％，反映了80％以上的广告营销行业创业企业的社会价值高于经济价值。从广告营销行业创业企业社会价值和经济价值的整体平均水平来看，6家广告营销行业的创业企业社会价值评估的平均水平为4.32亿美元，经济价值评估的平均水平为3.92亿美元，社会价值评估的平均水平高于经济价值评估的平均水平0.40亿美元，直接反映了广告营销行业创业企业的社会价值高于经济价值。

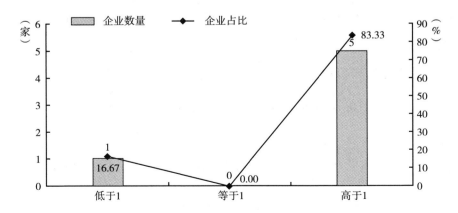

图36　广告营销行业创业企业可持续发展指数分布情况

3. 本质责任外部效应是责任管理外部效应的15倍

广告营销行业创业企业的本质责任外部效应、创责任外部效应、实践责任外部效应和责任管理外部效应平均得分分别为 2.50 分、1.17 分、1.67 分和 0.17 分，本质责任外部效应相对最好，责任管理外部效应相对最差，比较可得，本质责任外部效应约为责任管理外部效应的 15 倍，显著高于责任管理外部效应。

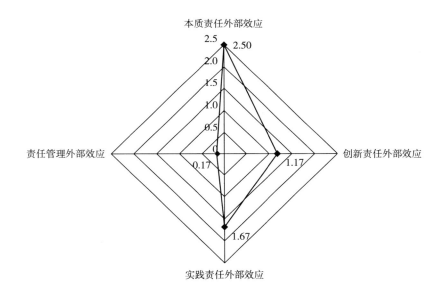

图 37　广告营销行业创业企业正外部性溢价情况

4. 半数广告营销行业创业企业的社会价值受到负面舆情事件的影响

在 6 家广告营销行业创业企业中，负外部性折价得分处于 0.6 ~ 0.8 分和 0.8 ~ 1.0 分的创业企业数量分别为 1 家和 2 家，反映了三家广告营销创业企业发生了负面舆情事件，这些负面舆情事件影响了三家创业企业的社会价值评估。与之相对，3 家广告营销行业创业企业负外部性折价得分为 1.0 分，反映了三家广告营销创业企业未发生负面舆情事件，其社会价值评估结果也未受到负面舆情事件的影响。

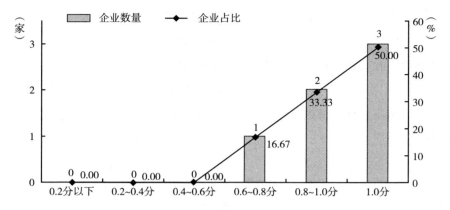

图38 广告营销行业创业企业负外部性折价分布情况

（四）消费生活行业创业企业社会价值评估排名和基本特征

1. 消费生活行业创业企业社会价值评估排名

消费生活行业创业企业有19家，全部社会价值评估结果如表21所示。

表21 我国消费生活行业创业企业社会价值评估

排名	企业	成立时间	企业经济估值（亿美元）	正外部性溢价（分）	本质责任外部效应（分）	创新责任外部效应（分）	实践责任外部效应（分）	责任管理外部效应（分）	负外部性折价（分）	可持续发展指数	社会价值（亿美元）
1	美团大众点评	2010年	150.00	1.14	2	1	0	0	0.60	0.68	102.46
2	饿了么	2008年	10.00	1.22	3	2	0	0	1.00	1.22	12.23
3	百姓网	2005年	7.00	1.22	3	0	2	0	1.00	1.22	8.56
4	豆瓣	2005年	8.00	1.32	3	3	1	0	0.80	1.06	8.47
5	e袋洗	2013年	8.00	1.19	2	1	1	0	0.80	0.95	7.63
6	雪球财经	2010年	5.00	1.18	2	2	0	0	1.00	1.18	5.92
7	百度外卖	2014年	5.00	1.14	2	0	1	0	1.00	1.14	5.69
8	到家美食会	2010年	5.00	1.14	2	1	0	0	1.00	1.14	5.69
9	云家政	2010年	4.00	1.19	2	1	1	0	1.00	1.19	4.77

排名	企业	成立时间	企业经济估值（亿美元）	正外部性溢价（分）	本质责任外部效应（分）	创新责任外部效应（分）	实践责任外部效应（分）	责任管理外部效应（分）	负外部性折价（分）	可持续发展指数	社会价值（亿美元）
10	阿姨帮	2013 年	4.00	1.19	2	1	1	0	1.00	1.19	4.77
11	典典养车	2014 年	5.00	1.14	2	1	0	0	0.80	0.91	4.55
12	YHOUSE悦会	2012 年	4.00	1.00	0	0	0	0	1.00	1.00	4.00
13	河狸家美甲	2014 年	3.00	1.23	3	1	1	0	1.00	1.23	3.70
14	wifi 万能钥匙	2012 年	5.20	1.18	2	2	0	0	0.60	0.71	3.69
15	e 家洁	2013 年	3.00	1.19	2	1	1	0	1.00	1.19	3.57
16	爱鲜蜂网	2014 年	3.00	1.19	2	1	1	0	0.80	0.95	2.86
17	小区无忧	2012 年	2.00	1.18	3	1	0	0	1.00	1.18	2.35
18	开桌	2012 年	2.20	1.05	1	0	0	0	1.00	1.05	2.30
19	易淘食	2011 年	2.00	1.05	1	0	0	0	1.00	1.05	2.09

2. 近七成消费生活行业创业企业社会价值高于经济价值

在 19 家作为研究对象的消费生活行业创业企业中，可持续发展指数高于 1 的有 13 家，占所有作为研究对象的消费生活行业创业企业的比例为 68.42%，反映了近七成消费生活行业创业企业的社会价值高于经济价值。与之相比，消费生活行业创业企业的可持续发展指数低于 1 的有 5 家，等于 1 的有 1 家。尽管 1 家消费生活行业创业企业的社会价值评估结果同经济价值评估结果相同，但是，依然有 5 家消费生活行业创业企业的社会价值低于经济价值，反映了超过 25% 的消费生活行业创业企业的经济价值被高估。

3. 消费生活行业创业企业没有任何责任管理外部效应

消费生活行业创业企业的责任管理外部效应平均得分为 0 分，反映了消费生活行业创业企业不存在任何责任管理外部效应。不仅如此，消费生活行业创业企业实践责任外部效应平均得分也较低，仅为 0.53 分。消费生活行

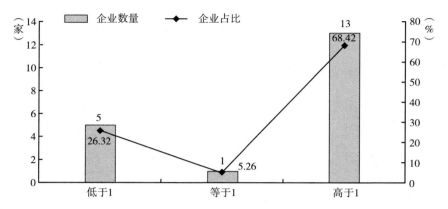

图39 消费生活行业创业企业可持续发展指数分布情况

业创业企业本质责任外部效应和创新责任外部效应平均得分处于前两位，分别为2.05分和1.00分，相对较好。

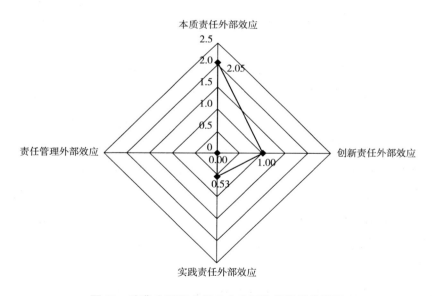

图40 消费生活行业创业企业正外部性溢价情况

4.近七成消费生活行业创业企业未发生负面舆情事件

在作为研究对象的19家消费生活行业创业企业中，得分处于0.6～0.8

分和 0.8～1.0 分两个组别的创业企业分别有 2 家和 4 家，整体占所有作为研究对象的企业的比例为 31.58%，反映了逾三成消费生活行业创业企业发生了负面舆情事件。与之相比，未发生负面舆情事件的消费生活行业创业企业有 13 家，占所有作为研究对象的消费生活行业创业企业的比例为 68.42%，反映了近七成消费生活行业创业企业的社会价值评估结果未受到负面舆情事件的影响。

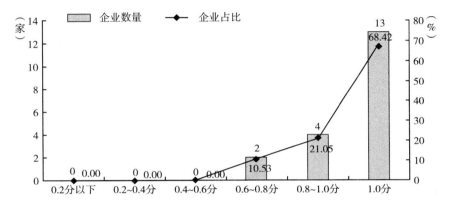

图 41　消费生活行业创业企业负外部性折价分布情况

（五）社交网络行业创业企业社会价值排名和基本特征

1. 社交网络行业创业企业社会价值评估排名

社交网络行业创业企业社会价值评估排名结果如表 23 所示。

表 23　我国社交网络行业创业企业社会价值评估

排名	企业	成立时间	企业经济估值（亿美元）	正外部性溢价（分）	本质责任外部效应（分）	创新责任外部效应（分）	实践责任外部效应（分）	责任管理外部效应（分）	负外部性折价（分）	可持续发展指数	社会价值（亿美元）
1	知乎	2011 年	3.80	1.18	3	1	0	0	1.00	1.18	4.47
2	秒拍网	2011 年	3.40	1.14	2	1	0	0	1.00	1.14	3.87
3	豆果网	2008 年	3.00	1.14	2	1	0	0	1.00	1.14	3.42
4	淡蓝网	2000 年	3.00	1.10	1	1	0	0	1.00	1.10	3.29

续表

排名	企业	成立时间	企业经济估值（亿美元）	正外部性溢价（分）	本质责任外部效应（分）	创新责任外部效应（分）	实践责任外部效应（分）	责任管理外部效应（分）	负外部性折价（分）	可持续发展指数	社会价值（亿美元）
5	Nice	2013 年	2.20	1.18	2	2	0	0	1.00	1.18	2.60
6	果壳网	2010 年	2.00	1.26	4	2	0	0	0.80	1.01	2.02
7	百合网	2005 年	2.50	1.26	3	3	0	0	0.40	0.51	1.26

2. 逾八成五社交网络行业创业企业的社会价值高于经济价值

在 7 家社交网络行业创业企业中，可持续发展指数低于 1 的有 1 家，高于 1 的有 6 家，分别占所有作为研究对象的社交网络行业创业企业的14.29% 和 85.71%，反映了多数社交网络行业创业企业的社会价值高于经济价值。

从社会价值整体的平均水平和经济价值的平均水平的角度来看，社交网络行业创业企业的社会价值评估的整体平均水平为 2.99 亿美元，经济价值评估的整体平均水平为 2.84 亿美元，社会价值高于经济价值 0.15 亿美元，表明社交网络行业创业企业的社会价值高于经济价值。

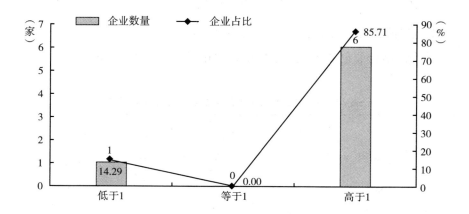

图 42　社交网络行业创业企业可持续发展指数分布情况

3. 社交网络行业不存在任何实践责任外部效应和责任管理外部效应

从社交网络行业本质责任外部效应、创新责任外部效应、实践责任外部效应和责任管理外部效应四个维度来看，实践责任外部效应和责任管理外部效应平均得分均为 0 分，反映了社交网络行业创业企业不存在任何实践责任外部效应和责任管理外部效应。与此相比，社交网络行业本质责任外部效应平均得分相对最高，为 2.43 分；创新责任外部效应平均得分为 1.57 分，居于第二位。

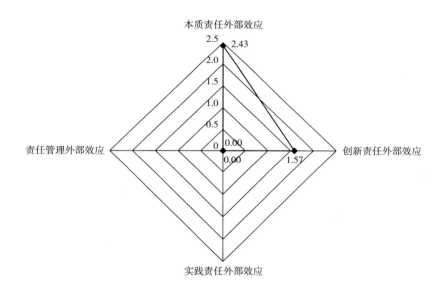

图 43　社交网络行业创业企业正外部性溢价情况

4. 逾七成社交网络行业创业企业未发生负面舆情事件

在作为研究对象的 7 家社交网络行业创业企业中，负外部性折价平均得分处于 0.4 ~ 0.6 分和 0.8 ~ 1.0 分的创业企业均有 1 家，反映了这两家企业发生了负面舆情事件，并且对它们的社会价值评估结果造成了负面影响。

5 家社交网络行业创业企业的负外部性折价平均得分为 1.0 分，占所有作为研究对象的社交网络行业企业的比例超过 70%，反映了逾七成社交网

络行业创业企业未发生负面舆情事件，它们的社会价值评估结果未受到负面舆情事件的影响。

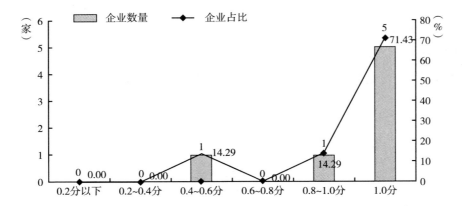

图 44　社交网络行业创业企业负外部性折价分布情况

（六）企业服务行业创业企业社会价值排名和基本特征

1. 企业服务行业创业企业社会价值评估排名

企业服务行业创业企业社会价值评估排名结果如表 24 所示。

表 24　我国企业服务行业创业企业社会价值评估

排名	企业	成立时间	企业经济估值（亿美元）	正外部性溢价（分）	本质责任外部效应（分）	创新责任外部效应（分）	实践责任外部效应（分）	责任管理外部效应（分）	负外部性折价（分）	可持续发展指数	社会价值（亿美元）
1	易商	2011 年	32.50	1.14	2	0	0	1	1.00	1.14	37.00
2	猪八戒网	2005 年	16.00	1.47	4	3	0	3	0.40	0.59	9.38
3	Ucloud	2012 年	5.00	1.09	2	0	0	0	1.00	1.09	5.44
4	金山云	2012 年	6.00	1.09	2	0	0	0	0.60	0.65	3.92
5	纷享销客	2013 年	3.30	1.14	1	0	2	0	1.00	1.14	3.76
6	今目标	2005 年	3.00	1.10	1	0	1	0	1.00	1.10	3.29
7	云知声	2012 年	2.50	1.28	2	1	0	3	1.00	1.28	3.20
8	华云数据	2010 年	2.50	1.14	2	0	1	0	1.00	1.14	2.85

排名	企业	成立时间	企业经济估值（亿美元）	正外部性溢价（分）	本质责任外部效应（分）	创新责任外部效应（分）	实践责任外部效应（分）	责任管理外部效应（分）	负外部性折价（分）	可持续发展指数	社会价值（亿美元）
9	晶赞科技	2011年	2.00	1.22	2	0	0	3	1.00	1.22	2.45
10	猎聘网	2006年	3.50	1.12	3	0	0	0	0.60	0.67	2.36
11	青云	2012年	2.00	1.14	2	1	0	0	1.00	1.14	2.28
12	七牛	2011年	2.00	1.14	2	1	0	0	1.00	1.14	2.28

2. 七成五企业服务行业创业企业社会价值高于经济价值

在作为研究对象的 12 家企业服务行业创业企业中，3 家创业企业的可持续发展指数低于 1，9 家创业企业的可持续发展指数高于 1，分别占作为研究对象的企业服务行业创业企业的 25.00% 和 75.00%，反映了七成五企业服务行业创业企业社会价值高于经济价值。

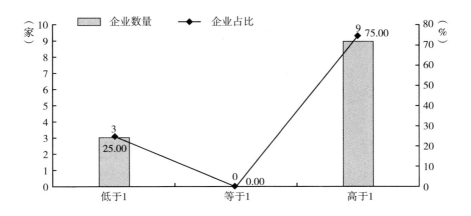

图45 企业服务行业创业企业可持续发展指数分布情况

3. 企业服务行业本质责任外部效应相对最高，实践责任外部效应相对最低

企业服务行业创业企业本质责任外部效应、责任管理外部效应、创新责任外部效应和实践责任外部效应平均得分依次降低，分别为 2.08 分、0.83

分、0.50 分和 0.33 分，本质责任外部效应相对最高，实践责任外部效应相对最低，反映了企业服务行业在本质责任领域为社会创造了更多的价值，在实践责任领域为社会所做的价值相对较少。

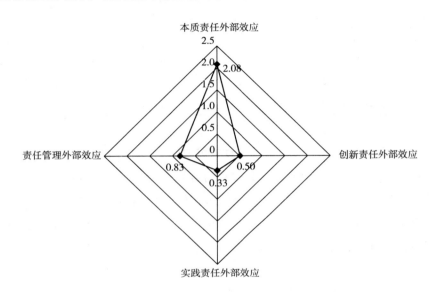

图 46 企业服务行业创业企业正外部性溢价情况

4. 七成五企业服务行业创业企业未发生负面舆情

在作为研究对象的 12 家企业服务行业创业企业中，负外部性折价平均得分处于 0.4 ~ 0.6 分和 0.6 ~ 0.8 分的创业企业分别有 1 家和 2 家，占所有作为研究对象创业企业的比例分别为 8.33% 和 16.67%，反映了二成五企业服务行业创业企业不同程度地发生了负面舆情事件。9 家企业服务行业创业企业未发生任何负面舆情事件，反映了七成五企业服务行业创业企业的社会价值评估结果未受到负面舆情事件的影响。

（七）硬件行业创业企业社会价值排名和基本特征

1. 硬件行业创业企业社会价值评估排名

硬件行业创业企业社会价值评估结果如表 25 所示。

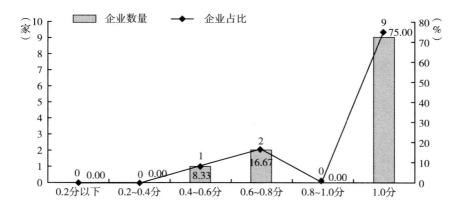

图47 企业服务行业创业企业负外部性折价分布情况

表25 我国硬件行业创业企业社会价值评估

排名	企业	成立时间	企业经济估值（亿美元）	正外部性溢价（分）	本质责任外部效应（分）	创新责任外部效应（分）	实践责任外部效应（分）	责任管理外部效应（分）	负外部性折价（分）	可持续发展指数	社会价值（亿美元）
1	小米科技	2010年	450.00	1.44	3	2	1	3	0.40	0.58	259.21
2	大疆创新	2006年	80.00	1.36	4	1	0	3	1.00	1.36	109.08
3	魅族	2003年	60.00	1.18	3	0	0	1	0.40	0.47	28.25
4	乐视移动	2014年	40.00	1.12	3	0	0	0	0.60	0.67	26.99
5	零度智控	2009年	5.00	1.32	4	1	0	2	1.00	1.32	6.59
6	一加手机	2013年	7.40	1.26	3	0	0	3	0.60	0.76	5.62
7	优必选	2012年	3.50	1.36	4	1	0	3	1.00	1.36	4.77
8	极飞科技	2007年	2.80	1.36	4	1	3	3	1.00	1.36	3.82
9	华米科技	2014年	3.00	1.26	3	0	0	3	1.00	1.26	3.79
10	蚁视科技	2013年	2.10	1.32	4	1	0	2	1.00	1.32	2.77
11	亿航无人机	2014年	2.10	1.21	4	1	0	0	1.00	1.21	2.55
12	锤子科技	2012年	3.30	1.12	3	0	0	0	0.60	0.67	2.23
13	101同学派	2011年	1.80	1.05	1	0	0	0	1.00	1.05	1.88

2. 逾六成硬件行业创业企业社会价值高于经济价值

在13家作为研究对象的硬件行业创业企业中，可持续发展指数高于1

的创业企业有 8 家，可持续发展指数低于 1 的创业企业有 5 家，分别占硬件行业创业企业总数的 61.54% 和 38.46%，表明逾六成硬件行业创业企业社会价值高于经济价值。

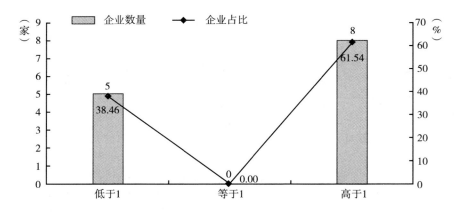

图 48　硬件行业创业企业可持续发展指数分布情况

3. 硬件行业创业企业本质责任外部效应相对最高，实践责任外部效应相对最差

硬件行业创业企业本质责任外部效应平均得分相对最高，为 3.31 分，实践责任外部效应平均得分相对最低，仅为 0.31 分，低于 0.5 分，反映了硬件行业创业企业本质责任外部效应较高，而实践责任外部效应较低。另外，硬件行业创业企业责任管理外部效应和创新责任外部效应平均得分依次降低，分别为 1.54 分和 0.62 分，反映了硬件行业创业企业的责任管理外部效应和创新责任外部效应处于中等水平。

4. 逾六成硬件行业创业企业未发生负面舆情事件

硬件行业创业企业负外部性折价平均得分处于 0.4~0.6 分、0.6~0.8 分和 1.0 分的数量分别为 2 家、3 家和 8 家，占所有作为研究对象的硬件行业创业企业的比例分别为 15.38%、23.08% 和 61.54%，反映了 38.46% 的硬件行业创业企业不同程度地发生了负面舆情事件，逾六成硬件行业企业未发生负面舆情事件。

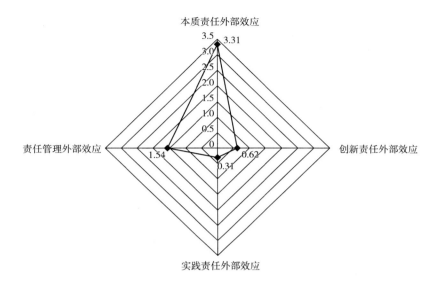

图49　硬件行业创业企业正外部性溢价情况

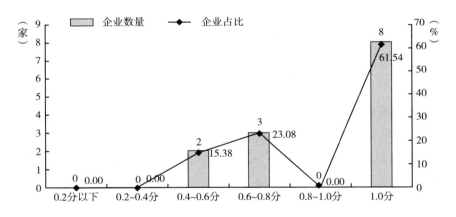

图50　硬件行业创业企业负外部性折价分布情况

（八）游戏动漫行业创业企业社会价值排名和基本特征

1. 游戏动漫行业创业企业社会价值评估排名

游戏动漫行业创业企业的社会价值评估如表26所示。

表26　我国游戏动漫行业创业企业社会价值评估

排名	企业	成立时间	企业经济估值（亿美元）	正外部性溢价（分）	本质责任外部效应（分）	创新责任外部效应（分）	实践责任外部效应（分）	责任管理外部效应（分）	负外部性折价（分）	可持续发展指数	社会价值（亿美元）
1	墨麟	2011年	4.90	1.10	1	0	1	0	1.00	1.10	5.37
2	9377	2011年	4.90	1.10	1	0	1	0	1.00	1.10	5.37
3	热酷游戏	2007年	4.90	1.19	1	1	2	0	0.80	0.95	4.67
4	触控	2010年	6.50	1.10	1	0	1	0	0.60	0.66	4.27
5	天神互动	2010年	3.80	1.10	1	0	0	1	1.00	1.10	4.16
6	乐动卓越	2011年	3.10	1.15	1	1	0	1	1.00	1.15	3.55
7	心动游戏	2011年	3.20	1.10	1	0	1	0	1.00	1.10	3.51
8	暴走漫画	2010年	3.00	1.05	1	0	0	0	1.00	1.05	3.14
9	多益网络	2006年	2.40	1.10	1	0	1	0	1.00	1.10	2.63
10	胡莱	2010年	2.50	1.05	1	0	0	0	1.00	1.05	2.62
11	布卡漫画	2011年	2.50	1.05	1	0	0	0	1.00	1.05	2.62
12	趣加游戏	2010年	2.50	1.05	1	0	0	0	1.00	1.05	2.62
13	炎龙	2007年	2.50	1.05	1	0	0	0	1.00	1.05	2.62
14	要玩娱乐	2008年	2.70	1.10	1	0	0	1	0.80	0.88	2.37
15	岂凡网络	2013年	2.00	1.15	1	1	1	0	1.00	1.15	2.29
16	4399	2004年	3.60	1.05	1	0	0	0	0.60	0.63	2.26
17	蜗牛	2000年	1.60	1.15	1	1	1	0	0.80	0.92	1.47

2. 逾七成游戏动漫行业创业企业的社会价值高于经济价值

在作为研究对象的17家游戏动漫行业创业企业中，12家创业企业的可持续发展指数大于1，占所有作为研究对象的游戏动漫行业创业企业的比例超过七成，为70.59%，反映了逾七成游戏动漫行业创业企业的社会价值高于经济价值。与之相对，游戏动漫行业创业企业的可持续发展指数低于1的有5家，占所有作为研究对象的游戏动漫行业创业企业的比例近30%，为29.41%，说明近三成游戏动漫行业企业的社会价值评估结果低于经济价值。

3. 游戏动漫行业创业企业的本质责任外部效应相对最好

游戏动漫行业创业企业的本质责任外部效应得分为1.00分，相对最高，反映了游戏动漫行业创业企业的本质责任外部效应相对最好。与之相比，游戏动漫行业创业企业的实践责任外部效应、创新责任外部效应和责任管理外

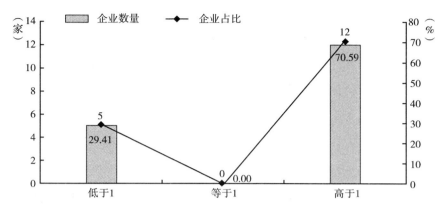

图 51　游戏动漫行业创业企业可持续发展指数分布情况

部效应得分均低于 1 分，并且依次降低，分别为 0.53 分、0.24 分和 0.18 分，反映了游戏动漫行业创业企业的实践责任外部效应、创新责任外部效应和责任管理外部效应均较低。

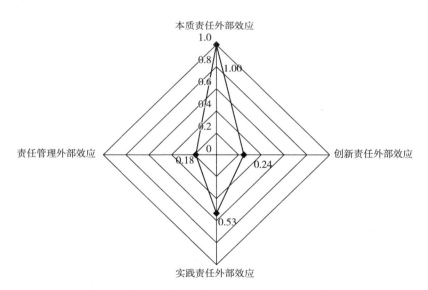

图 52　游戏动漫行业创业企业正外部性溢价情况

4. 逾七成游戏动漫行业创业企业未发生负面舆情事件

在作为研究对象的 17 家游戏动漫行业创业企业中，负外部性折价得分

为 1 分的游戏动漫行业创业企业有 12 家，占所有作为研究对象的创业企业的比例超过 70%，为 70.59%，反映了逾七成游戏动漫行业创业企业未发生负面舆情事件，其社会价值评估结果未受到负面舆情事件的影响。与之相对，负外部性折价得分处于 0.6~0.8 分和 0.8~1.0 分的创业企业分别有 2 家和 3 家，反映了 5 家（29.41%）企业不同程度地发生了负面舆情事件，这些负面舆情事件不同程度地对它们的社会价值评估结果造成了负面的影响。

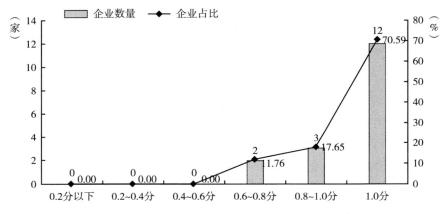

图 53　游戏动漫行业创业企业负外部性折价分布情况

（九）电子商务行业创业企业社会价值排名和基本特征

1. 电子商务行业创业企业社会价值评估排名

电子商务行业创业企业的社会价值评估结果如表 27 所示。

表 27　我国电子商务行业创业企业社会价值评估

排名	企业	成立时间	企业经济估值（亿美元）	正外部性溢价（分）	本质责任外部效应（分）	创新责任外部效应（分）	实践责任外部效应（分）	责任管理外部效应（分）	负外部性折价（分）	可持续发展指数	社会价值（亿美元）
1	蘑菇街美丽说	2009 年	23.30	1.28	3	1	2	0	0.60	0.77	17.90
2	优信拍	2011 年	17.00	1.33	2	2	0	3	0.60	0.80	13.57
3	罗计物流	2014 年	12.60	1.22	3	2	0	0	0.80	0.98	12.33

排名	企业	成立时间	企业经济估值（亿美元）	正外部性溢价（分）	本质责任外部效应（分）	创新责任外部效应（分）	实践责任外部效应（分）	责任管理外部效应（分）	负外部性折价（分）	可持续发展指数	社会价值（亿美元）
4	丽人丽妆	2010 年	10.00	1.19	2	0	1	1	1.00	1.19	11.92
5	辣妈帮	2012 年	10.00	1.32	3	1	3	0	0.90	1.19	11.92
6	宝宝树	2007 年	10.00	1.18	3	1	0	0	1.00	1.18	11.77
7	口袋购物	2011 年	17.50	1.44	2	1	3	3	0.40	0.58	10.08
8	孩子王	2009 年	10.00	1.23	3	1	1	0	0.80	0.99	9.86
9	土巴兔	2008 年	13.30	1.18	3	1	0	0	0.60	0.71	9.39
10	趣分期	2014 年	10.00	1.49	3	1	3	3	0.60	0.89	8.93
11	齐家网	2005 年	16.00	1.39	3	1	3	1	0.40	0.55	8.87
12	车易拍	2010 年	10.00	1.33	2	2	3	0	0.60	0.80	7.98
13	洋码头	2010 年	10.00	1.32	3	1	0	3	0.60	0.79	7.94
14	贝贝网	2014 年	10.00	1.30	2	1	1	2	0.60	0.78	7.78
15	返利网	2006 年	10.00	1.28	2	1	3	0	0.60	0.77	7.68
16	我买网	2009 年	9.00	1.18	1	0	3	0	0.60	0.71	6.36
17	邮乐网	2009 年	8.30	1.09	2	0	0	0	0.60	0.65	5.42
18	人人车	2014 年	5.00	1.28	2	1	0	3	0.80	1.02	5.12
19	找塑料网	2014 年	3.50	1.28	2	1	3	0	1.00	1.28	4.48
20	酒仙网	2013 年	10.00	1.10	1	1	0	0	0.40	0.44	4.38
21	中商惠民	2013 年	3.00	1.39	2	1	3	2	1.00	1.39	4.18
22	卷皮折扣	2012 年	3.50	1.19	2	1	1	0	1.00	1.19	4.17
23	分期乐	2014 年	5.00	1.39	3	1	3	1	0.60	0.83	4.16
24	本来生活	2012 年	5.00	1.32	3	1	0	3	0.60	0.79	3.97
25	蜜芽宝贝	2011 年	8.00	1.24	1	2	2	0	0.40	0.50	3.96
26	寺库	2008 年	5.00	1.29	1	1	3	1	0.60	0.77	3.87
27	美乐乐家具网	2008 年	5.70	1.10	1	0	1	0	0.60	0.66	3.75
28	找钢网	2012 年	3.00	1.19	2	1	1	0	1.00	1.19	3.57
29	为为网	2010 年	4.80	1.19	2	1	1	0	0.60	0.71	3.43
30	七乐康	2001 年	2.50	1.29	1	1	1	3	0.90	1.16	2.90
31	淘汽档口	2014 年	2.50	1.15	1	1	0	1	1.00	1.15	2.87
32	呀苹果	2014 年	2.00	1.35	2	1	2	2	1.00	1.35	2.69
33	东方购物（东方 CJ）	2003 年	6.70	1.00	0	0	0	0	0.40	0.40	2.68

续表

排名	企业	成立时间	企业经济估值（亿美元）	正外部性溢价（分）	本质责任外部效应（分）	创新责任外部效应（分）	实践责任外部效应（分）	责任管理外部效应（分）	负外部性折价（分）	可持续发展指数	社会价值（亿美元）
34	春播网	2014年	2.40	1.10	1	1	0	0	1.00	1.10	2.63
35	礼物说	2013年	2.00	1.24	2	2	0	1	1.00	1.24	2.48
36	马可波罗	2006年	3.00	1.28	2	1	0	3	0.60	0.77	2.30
37	有棵树	2010年	2.00	1.15	1	1	0	1	1.00	1.15	2.29
38	幸福9号	2014年	1.70	1.10	1	1	0	0	1.00	1.10	1.86
39	三只松鼠	2012年	1.60	1.23	1	1	0	3	0.90	1.11	1.77
40	酒美网	2008年	1.60	1.15	1	1	1	0	0.90	1.03	1.65

2. 社会价值高于经济价值的电子商务行业创业企业不足四成五

在作为研究对象的40家电子商务行业创业企业中，可持续发展指数低于1的比例超过55%，为57.50%，反映了相对多数电子商务行业创业企业的社会价值低于经济价值。与之相对，可持续发展指数高于1的电子商务行业创业企业只有17家，占所有研究对象的比例不足45%，为42.50%，说明社会价值高于经济价值的电子商务行业创业企业相对较少。

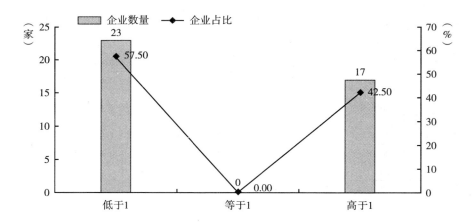

图54 电子商务行业创业企业可持续发展指数分布情况

3. 本质责任外部效应相对最高，创新责任外部效应相对最低

40 家电子商务行业创业企业的本质责任外部效应平均得分相对最高，为 1.93 分，反映了电子商务行业创业企业的本质责任外部效应相对较好。其次为责任管理外部效应，平均得分为 1.18 分。另外，电子商务行业创业企业的实践责任外部效应和创新责任外部效应平均得分依次降低，但均不低于 1 分，分别为 1.03 分和 1.00 分。

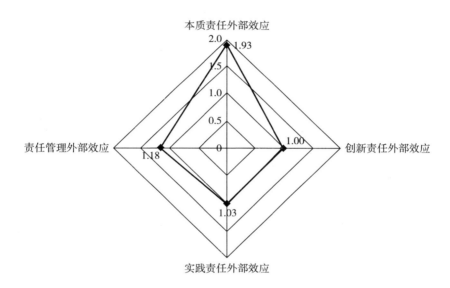

图 55　电子商务行业创业企业正外部性溢价情况

4. 七成电子商务行业创业企业存在负面舆情事件

在作为研究对象的 40 家电子商务行业创业企业中，负外部性折价平均得分处于 0.4 ~ 0.6 分、0.6 ~ 0.8 分和 0.8 ~ 1.0 分三个组别的创业企业分别有 5 家、16 家和 7 家，占所有作为研究对象的电子商务行业创业企业的比例分别为 12.50%、40.00% 和 17.50%，说明七成电子商务行业创业企业不同程度地发生了负面舆情事件，这些负面舆情事件对它们的社会价值评估不同程度地造成了负面影响。与之相比，12 家电子商务创业企业负外部性折价平均得分为 1.0 分，说明 30% 的电子商务行业创业企业

未发生负面舆情事件，这些创业企业的社会价值评估未受到负面舆情事件的影响。

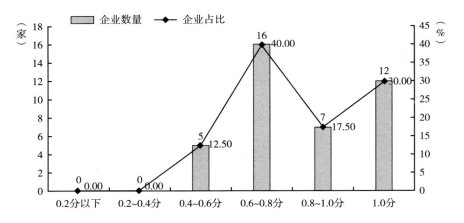

图56 电子商务行业创业企业负外部性折价分布情况

（十）文体娱乐行业创业企业可持续发展指数排名和基本特征

1. 文体娱乐行业创业企业社会价值评估排名

文体娱乐行业创业企业的社会价值评估结果如表28所示。

表28 我国文体娱乐行业创业企业社会价值评估

排名	企业	成立时间	企业经济估值（亿美元）	正外部性溢价（分）	本质责任外部效应（分）	创新责任外部效应（分）	实践责任外部效应（分）	责任管理外部效应（分）	负外部性折价（分）	可持续发展指数	社会价值（亿美元）
1	阅文集团	2015年	15.00	1.34	4	4	0	0	1.00	1.34	20.12
2	Bilibili	2010年	7.00	1.18	2	2	0	0	0.80	0.95	6.63
3	爱奇艺	2010年	25.00	1.26	3	3	0	0	0.20	0.25	6.32
4	唱吧	2012年	6.50	1.18	2	2	0	0	0.80	0.95	6.15
5	乐视体育	2014年	6.30	1.18	2	2	0	0	0.80	0.95	5.96
6	芒果TV	2006年	11.30	1.26	3	3	0	0	0.40	0.51	5.72
7	悠游堂	2010年	4.50	1.18	3	1	0	0	1.00	1.18	5.30
8	今日头条	2012年	5.00	1.18	3	1	0	0	0.80	0.94	4.71

续表

排名	企业	成立时间	企业经济估值（亿美元）	正外部性溢价（分）	本质责任外部效应（分）	创新责任外部效应（分）	实践责任外部效应（分）	责任管理外部效应（分）	负外部性折价（分）	可持续发展指数	社会价值（亿美元）
9	PPTV	2005 年	5.70	1.22	2	3	0	0	0.60	0.73	4.18
10	PLU	2005 年	4.00	1.18	1	3	0	0	0.80	0.94	3.77
11	虎扑	2004 年	2.60	1.22	3	2	0	0	1.00	1.22	3.18
12	掌阅	2008 年	2.50	1.34	4	4	0	0	0.80	1.07	2.68
13	Imbatv	2014 年	1.80	1.14	1	2	0	0	1.00	1.14	2.05
14	斗鱼 tv	2014 年	5.50	1.14	1	2	0	0	0.20	0.23	1.25
15	AcFun	2007 年	5.00	1.14	1	2	0	0	0.20	0.23	1.14

2. 逾六成五文体娱乐行业创业企业社会价值低于经济价值

在作为研究对象的 15 家文体娱乐行业创业企业中，10 家创业企业的可持续发展指数低于 1，占所有作为研究对象的文体娱乐行业创业企业的比例超过 65%，为 66.67%，反映了逾六成五文体娱乐行业创业企业的社会价值低于经济价值。与之相对，在 15 家文体娱乐行业创业企业中，可持续发展指数高于 1 的创业企业只有 5 家，占所有研究对象的创业企业的比例为 33.33%，反映了文体娱乐行业创业企业的社会价值高于经济价值的企业相对较少。

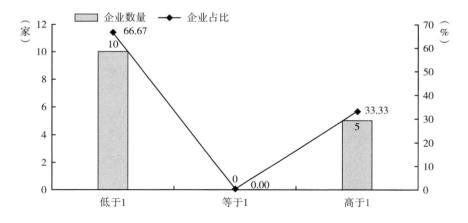

图 57 文体娱乐行业创业企业可持续发展指数分布情况

3. 文体娱乐行业创业企业创新责任外部效应和本质责任外部效应相对最好，责任管理外部效应和实践责任外部效应得分为0分

文体娱乐行业创业企业的创新责任外部效应平均得分最高，为2.40分，反映了文体娱乐行业创业企业的创新责任外部效应相对较好。其次，为本质责任外部效应得分，文体娱乐行业创业企业的本质责任外部效应得分为2.33分，反映了文体娱乐行业企业本质责任外部效应具有相对较好的水平。与创新责任外部效应和本质责任外部效应不同，文体娱乐行业创业企业责任管理外部效应和实践责任外部效应平均得分均为0分，反映了文体娱乐行业创业企业责任管理外部效应和实践责任外部效应较差。

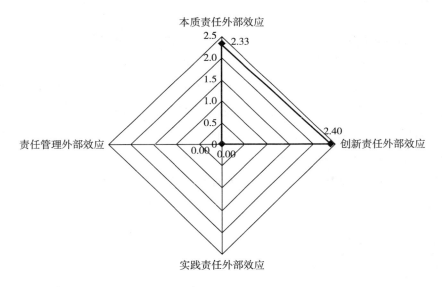

图58 文体娱乐行业创业企业正外部性溢价情况

4. 不存在任何负面舆情事件的文体娱乐行业创业企业不足三成

文体娱乐行业创业企业负外部性折价平均得分处于0.2~0.4分、0.4~0.6分、0.6~0.8分和0.8~1.0分组别的企业数量分别为3家、1家、1家和6家，分别占所有作为研究对象的文体娱乐行业创业企业的20.00%、6.67%、6.67%和40.00%，说明近七成五文体娱乐行业创业企业不同程度地发生了负面舆情事件。与之相对，文体娱乐行业创业企业负外部性折价平

均得分为 1 分的文体娱乐行业创业企业有 4 家，占所有作为研究对象的文体娱乐行业创业企业的比例不足三成，说明文体娱乐行业创业企业相对较少地发生负面舆情事件。

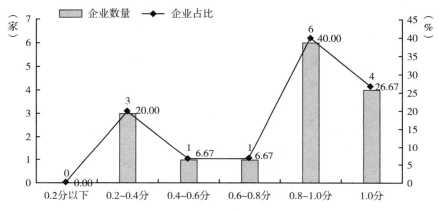

图 59　文体娱乐行业创业企业负外部性折价分布情况

（十一）工具软件行业创业企业可持续发展指数排名和基本特征

1. 工具软件行业创业企业社会价值评估排名

工具软件行业创业企业的社会价值评估结果如表 29 所示。

表 29　我国工具软件行业创业企业社会价值评估

排名	企业	成立时间	企业经济估值（亿美元）	正外部性溢价（分）	本质责任外部效应（分）	创新责任外部效应（分）	实践责任外部效应（分）	责任管理外部效应（分）	负外部性折价（分）	可持续发展指数	社会价值（亿美元）
1	Face++	2012 年	20.00	1.14	2	1	0	0	1.00	1.14	22.77
2	美图公司	2008 年	20.00	1.10	1	1	0	0	0.90	0.99	19.72
3	搜狗	2004 年	12.00	1.15	1	1	0	1	0.60	0.69	8.26
4	豌豆荚	2009 年	10.00	1.14	1	0	0	2	0.60	0.68	6.83
5	中国海洋音乐	2015 年	8.20	1.10	1	0	1	0	0.60	0.66	5.39
6	品果科技	2010 年	3.00	1.15	1	1	0	1	1.00	1.15	3.44
7	SenseTime	2014 年	2.30	1.14	2	1	0	0	1.00	1.14	2.62
8	喜马拉雅	2012 年	2.00	1.09	2	0	0	0	0.50	0.54	1.09

2. 社会价值高于经济价值的工具软件行业创业企业不足四成

在作为研究对象的 8 家工具软件行业创业企业中,可持续发展指数高于 1 的创业企业有 3 家,占所有作为研究对象的工具软件行业创业企业的比例不足 40%,为 37.50%,反映了社会价值高于经济价值的工具软件行业创业企业不足四成。

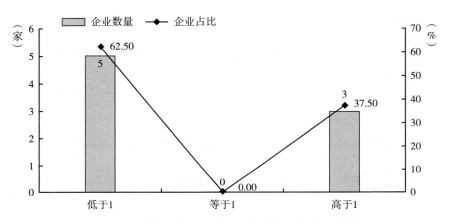

图60 工具软件行业创业企业可持续发展指数分布情况

与之相对,在作为研究对象的 8 家工具软件行业创业企业中,可持续发展指数低于 1 的创业企业有 5 家,占所有作为研究对象的工具软件行业创业企业的比例超过 60%,为 62.50%,说明多数工具软件行业创业企业的社会价值低于经济价值。

3. 工具软件行业创业企业本质责任外部效应相对最好,其余三个维度的外部效应平均得分均低于1分

工具软件行业 8 家创业企业本质责任外部效应平均得分相对最高,为 1.38 分,说明工具软件行业创业企业的本质责任外部效应相对最好。与之相对,工具软件行业创业企业创新责任外部效应、责任管理外部效应以及实践责任外部效应平均得分均低于 1 分,分别为 0.63 分、0.50 分和 0.13 分,说明创新责任、责任管理和实践责任三个维度的外部效应相对较差。

4. 近六成五工具软件行业创业企业发生负面舆情事件

在 8 家作为研究对象的工具软件行业创业企业中,均有 1 家创业企业的负

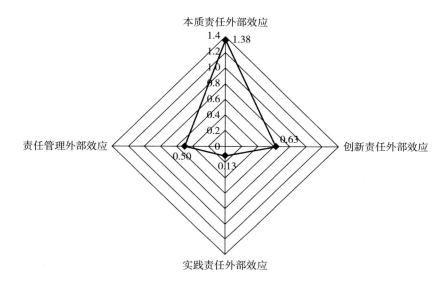

图 61　工具软件行业创业企业正外部性溢价情况

外部性折价平均得分为 0.4～0.6 分和 0.8～1.0 分，负外部性折价平均得分处于 0.6～0.8 分的工具软件行业创业企业有 3 家，5 家工具软件行业创业企业负外部性折价平均得分低于 1 分，说明近六成五工具软件行业创业企业发生了负面舆情事件。与之相对，未发生负面舆情事件的工具软件行业创业企业只有 3 家，占所有作为研究对象的工具软件行业创业企业的比例为 37.50%。

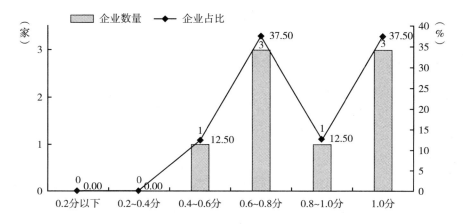

图 62　工具软件行业创业企业负外部性折价分布情况

（十二）汽车交通行业创业企业可持续发展指数排名和基本特征

1. 汽车交通行业创业企业社会价值评估排名

汽车交通行业创业企业的社会价值评估结果如表 30 所示。

表 30　我国汽车交通行业创业企业社会价值评估

排名	企业	成立时间	企业经济估值（亿美元）	正外部性溢价（分）	本质责任外部效应（分）	创新责任外部效应（分）	实践责任外部效应（分）	责任管理外部效应（分）	负外部性折价（分）	可持续发展指数	社会价值（亿美元）
1	滴滴快的	2012 年	150.00	1.51	4	4	3	0	0.60	0.91	135.80
2	上海雾博信息技术有限公司（Uber 中国）	2015 年	70.00	1.30	3	4	0	0	0.60	0.78	54.71
3	e 代驾	2011 年	10.00	1.50	5	4	2	0	0.60	0.90	8.99
4	嘀嗒拼车	2014 年	5.00	1.46	4	4	2	0	0.60	0.88	4.38
5	51 用车	2013 年	3.00	1.46	4	4	2	0	0.80	1.17	3.50
6	易到用车	2010 年	3.70	1.34	4	4	2	0	0.40	0.54	1.99
7	宝驾租车	2014 年	3.00	1.34	4	4	2	0	0.40	0.54	1.61
8	PP 租车	2013 年	3.00	1.46	4	4	2	0	0.30	0.44	1.31

2. 社会价值高于经济价值的汽车交通行业创业企业不足15%

多数汽车交通行业创业企业的社会价值低于其经济价值，社会价值高于经济价值的汽车交通行业创业企业不足 15%。具体来看，在 8 家作为研究对象的汽车交通行业创业企业中，可持续发展指数低于 1 的企业有 7 家，占所有作为研究对象的创业企业的比例将近90%，为 87.50%；与之相对，仅有 1 家汽车交通行业创业企业的可持续发展指数高于 1，占所有作为研究对象的创业企业的比例仅为 12.50%。

3. 汽车交通行业创业企业本质责任外部效应和创新责任外部效应相对最高

8 家汽车交通行业创业企业的本质责任外部效应和创新责任外部效应的外部性溢价平均得分均为 4 分，相对较高，反映了汽车交通行业创业企业的

182

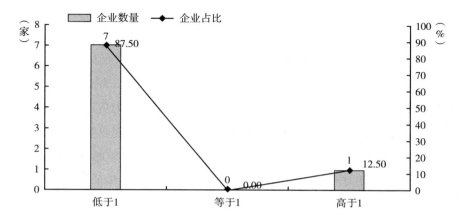

图 63　汽车交通行业创业企业可持续发展指数分布情况

本质责任外部效应和创新责任外部效应较好。汽车交通行业创业企业实践责任外部效应溢价平均得分为 1.38 分，居于其次。汽车交通行业创业企业责任管理外部效应溢价平均得分为 0 分，反映了汽车交通行业创业企业责任管理维度不存在任何外部效应。

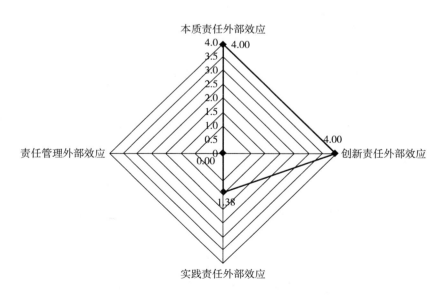

图 64　汽车交通行业创业企业正外部性溢价情况

4. 所有汽车交通行业创业企业均不同程度地发生了负面舆情事件

没有任何汽车交通行业企业负外部性折价得分为1.0分，说明所有汽车交通行业企业均不同程度地发生了负面舆情事件。其中，汽车交通行业创业企业负外部性折价得分为0.6~0.8分的创业企业相对最多，有4家，占所有作为研究对象的汽车交通行业创业企业的50.00%。其次，为负外部性折价得分处于0.4~0.6分组的创业企业，占所有作为研究对象的创业企业的25.00%。另外，负外部性折价得分处于0.2~0.4分和0.8~1.0分组的创业企业均有1家。显而易见，所有汽车交通行业创业企业均不同程度地发生了负面舆情事件。

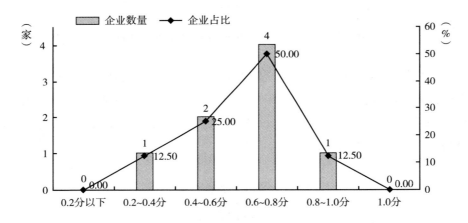

图65 汽车交通行业创业企业负外部性折价分布情况

（十三）房产家居行业创业企业可持续发展指数排名和基本特征

1. 房产家居行业创业企业社会价值评估排名

房产家居行业创业企业的社会价值评估结果如表31所示。

2. 社会价值高于经济价值的房产家居行业创业企业不足三成五

在作为研究对象的6家房产家居行业创业企业中，可持续发展指数高于1和低于1的创业企业分别有2家和4家，分别占所有作为研究对象的房产家居行业创业企业的33.33%和66.67%，反映了社会价值高于经济价值的房产家居行业创业企业不足三成五。

表31 我国房产家居创业企业社会价值评估

排名	企业	成立时间	企业经济估值（亿美元）	正外部性溢价（分）	本质责任外部效应（分）	创新责任外部效应（分）	实践责任外部效应（分）	责任管理外部效应（分）	负外部性折价（分）	可持续发展指数	社会价值（亿美元）
1	房多多	2011年	8.00	1.30	3	4	0	0	0.60	0.78	6.25
2	Q房网	2013年	4.20	1.22	2	3	0	0	0.80	0.98	4.11
3	爱屋吉屋	2014年	12.00	1.36	3	4	1	0	0.20	0.27	3.27
4	蘑菇公寓	2014年	2.20	1.18	2	2	0	0	1.00	1.18	2.60
5	亚朵	2013年	1.52	1.25	1	2	1	1	1.00	1.25	1.89
6	You+公寓	2011年	2.50	1.22	3	2	0	0	0.40	0.49	1.22

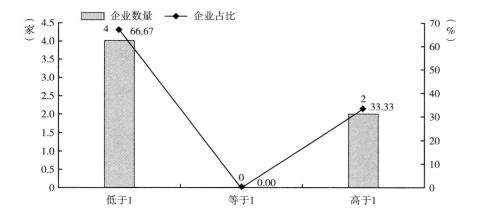

图66 房产家居行业创业企业可持续发展指数分布情况

3. 房产家居行业创业企业创新责任外部效应相对最好

6家房产家居行业的创新责任外部效应平均得分相对最高，为2.83分，反映了房产家居行业创业企业创新责任外部效应相对最好。其次为本质责任外部效应平均得分，为2.33分。实践责任外部效应和责任管理外部效应平均得分不足0.5分，分别为0.33分和0.17分，均较低。

4. 相对多数房产家居行业创业企业不同程度地发生了负面舆情事件

在作为研究对象的6家房产家居行业中，均有1家创业企业的负外部性折价得分处于0.2~0.4分、0.4~0.6分、0.6~0.8分和0.8~1.0分，

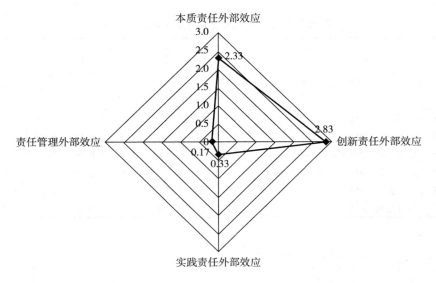

图67 房产家居行业创业企业正外部性溢价情况

合计占所有作为研究对象的房产家居行业创业企业的66.67%，反映了相对多数房产家居行业创业企业不同程度地发生了负面舆情事件。房产家居行业创业企业负外部性折价得分为1分的创业企业有2家，占所有作为研究对象的房产家居行业创业企业的33.33%，这些创业企业未发生负面舆情事件。

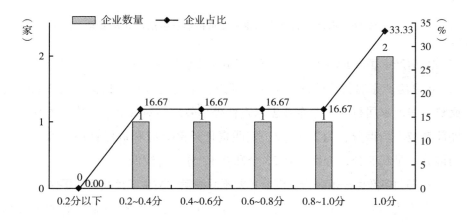

图68 房产家居行业创业企业负外部性折价分布情况

（十四）金融行业创业企业可持续发展指数排名和基本特征

1. 金融行业创业企业社会价值评估排名

金融行业创业企业的社会价值评估结果如表 32 所示。

表 32　我国金融行业创业企业社会价值评估

排名	企业	成立时间	企业经济估值（亿美元）	正外部性溢价（分）	本质责任外部效应（分）	创新责任外部效应（分）	实践责任外部效应（分）	责任管理外部效应（分）	负外部性折价（分）	可持续发展指数	社会价值（亿美元）
1	蚂蚁金服	2014 年	460.00	1.59	5	5	3	0	0.40	0.64	292.66
2	众安保险	2013 年	83.30	1.46	4	4	2	0	0.80	1.17	97.25
3	陆金所	2011 年	100.00	1.42	3	4	2	0	0.60	0.85	85.02
4	银联商务	2002 年	12.00	1.50	3	2	3	2	0.80	1.20	14.37
5	信而富	2005 年	10.00	1.26	3	3	0	0	1.00	1.26	12.65
6	玖富	2014 年	10.00	1.42	3	3	3	0	0.80	1.14	11.38
7	融360	2011 年	9.50	1.26	3	3	0	0	0.80	1.01	9.61
8	人人贷	2010 年	15.80	1.42	3	3	3	0	0.40	0.57	8.99
9	拍拍贷	2007 年	15.00	1.30	3	4	0	0	0.40	0.52	7.82
10	随手记	2010 年	6.50	1.30	3	4	0	0	0.80	1.04	6.77
11	挖财网	2009 年	6.50	1.26	3	3	0	0	0.80	1.01	6.58
12	91 金融	2011 年	5.00	1.26	3	3	0	0	1.00	1.26	6.32
13	快钱	2004 年	6.00	1.26	3	3	0	0	0.80	1.01	6.07
14	点融网	2013 年	6.80	1.26	3	3	0	0	0.60	0.76	5.16
15	拉卡拉	2005 年	16.70	1.26	3	3	0	0	0.20	0.25	4.22
16	有利网	2013 年	5.00	1.26	3	3	0	0	0.60	0.76	3.79
17	汇付天下	2006 年	6.00	1.42	3	3	3	0	0.40	0.57	3.41
18	普惠金融	2013 年	2.50	1.26	3	3	0	0	1.00	1.26	3.16
19	易分期	2013 年	2.50	1.18	2	2	0	0	1.00	1.18	2.96
20	积木盒子	2013 年	5.00	1.42	3	3	3	0	0.40	0.57	2.85
21	大特保	2014 年	1.80	1.30	4	3	0	0	0.00	1.30	2.34
22	易宝支付	2003 年	4.00	1.47	3	4	3	0	0.40	0.59	2.34
23	理财范	2014 年	2.30	1.26	3	3	0	0	0.80	1.01	2.33
24	银客网	2013 年	2.00	1.26	3	3	0	0	0.60	0.76	1.52
25	投哪网	2012 年	1.80	1.38	3	3	2	0	0.50	0.69	1.24

2. 金融行业社会价值高于经济价值的创业企业数量略高于社会价值低于经济价值的创业企业数量

在作为研究对象的 25 家金融行业创业企业中，12 家金融行业创业企业的社会价值低于经济价值，13 家金融行业创业企业的社会价值高于经济价值，占所有作为研究对象的金融行业创业企业的比例分别为 48.00% 和 52.00%。显而易见，金融行业创业企业社会价值高于经济价值的创业企业数量略高于社会价值低于经济价值的创业企业数量。

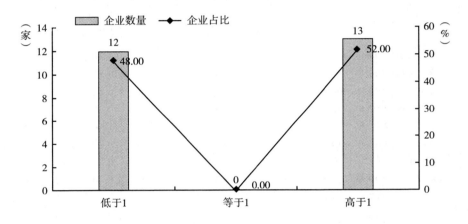

图 69　金融行业创业企业可持续发展指数分布情况

3. 金融行业创业企业创新责任外部效应和本质责任外部效应相对最好，责任管理外部效应溢价得分不足 0.1 分

金融行业创业企业创新责任外部效应和本质责任外部效应平均得分相对最高，分别为 3.20 分和 3.12 分，反映了金融行业创业企业的创新责任外部效应和本质责任外部效应相对最好。与之相比，金融行业创业企业实践责任外部效应和责任管理外部效应则相对较低，其中，实践责任外部效应得分仅为 1.08 分，责任管理外部效应得分不足 0.1 分，仅为 0.08 分，说明金融行业创业企业实践责任外部效应和责任管理外部效应相对较差。

4. 金融行业未发生负面舆情事件的创业企业仅两成

通过对 25 家作为研究对象的金融行业创业企业的负外部性折价进行研

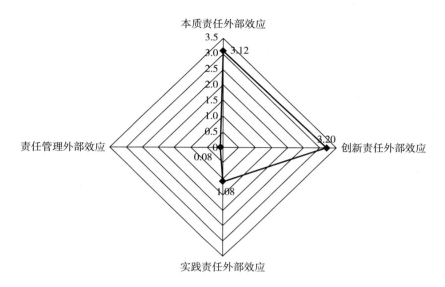

图70　金融行业创业企业正外部性溢价情况

究，课题组发现，金融行业未发生负面舆情事件的创业企业仅有 5 家，它们的负外部性折价得分均为 1.0 分，占所有作为研究对象的金融行业创业企业的比例为 20.00%，反映了仅两成金融行业创业企业未发生负面舆情事件。与之相对，负外部效应折价得分处于 0.2 ~ 0.4 分、0.4 ~ 0.6 分、0.6 ~ 0.8

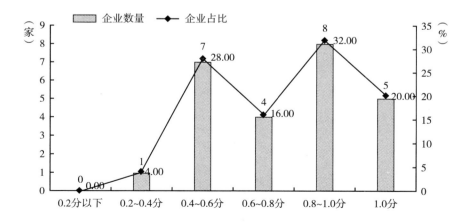

图71　金融行业创业企业负外部性折价分布情况

分以及 0.8～1.0 分的金融行业创业企业分别有 1 家、7 家、4 家和 8 家，占所有作为研究对象的金融行业创业企业的比例分别为 4.00%、28.00%、16.00% 和 32.00%，说明 80% 的金融行业创业企业不同程度地发生了负面舆情事件，这些负面舆情事件对八成金融行业创业企业的社会价值评估造成了负面影响。

B.4

中国创业企业实践

一 蚂蚁金服：依托大数据与云计算积极开拓 普惠金融服务

浙江蚂蚁小微金融服务集团有限公司，简称"蚂蚁金服"，始终秉持"稳妥创新、拥抱监管、服务实体、激活金融"的理念，从网络支付场景起步，与电子商务相伴发展，在推进普惠金融、解决小微企业和普通大众在金融服务中的痛点方面作用不断凸显，促进了金融业的改革、创新，在落实国家"互联网＋"战略、促进国民经济转型升级中发挥了积极作用，已成为我国现代化金融体系的有机组成部分。

蚂蚁金服长期致力于为广大老百姓提供优质而普惠的金融服务，做微小而美好的，有安全感、信赖感和幸福感的金融，在这个冷冰冰的专业时代，为金融注入温暖。

2015 年，蚂蚁金服在安全合规的基础上积极创新，在渠道创新、产品创新、风控创新上取得了显著成效。更值得注意的是，蚂蚁金服将更多的精力和资源投入普惠金融领域，旨在为全社会提供低成本、高效率、广覆盖、低风险的普惠金融服务，并将关注的重点放在社会弱势群体上，包括农村居民、城市低收入者、小微企业等，以互联网的技术为其提供平等享受金融服务的权利和机会。

（一）以支付宝为载体积极完善支付体系

基于互联网平台的金融，在克服时空约束的基础上，加快了资金的流动速度，克服了支付清算资金的"存量化"，最大限度地保证交易双方特别是

191

资金接收方即债权人的利益。互联网支付有助于完善金融支付体系的作用，具体表现在以下几方面。

1. 解决买卖双方信任问题，降低交易成本

在支付宝担保交易模式下，网络买家不用担心卖家收到款以后不发货，卖家不发货，支付宝核实后会退款给买方；卖家也不用担心买方不付款，因为买方已将全款付至支付宝备付金账户。支付宝担保交易模式推出以后，促进了整个电子商务的快速发展。截至目前，蚂蚁金服为4.5亿多的实名制用户提供网购支付服务，为超过2亿多用户提供水电煤缴费等便捷民生支付服务，较好地满足了互联网场景下安全、快捷、方便的支付需求，与银行业支付功能相辅相成，共同促进了我国支付体系功能的不断完善。

突破支付瓶颈后的中国网购规模在2015年已达3.8万亿元，占社会消费品零售总额的12.7%，至此，无论总金额还是比例都已经超过消费大国美国。与希克斯教授的名言同理，网络消费的革命不得不等待网络支付的革命。在新技术的赋能下，新支付与新消费比翼齐飞。

2. 进一步促进去现金化

现金使用越多，往往表明地下经济比例越高，很多企业可能更容易逃税，银行也不得不增加柜面和自动现金处理设备，商户不得不频繁到银行办理存款，央行不得不印制和回收大量纸币，企业、个人及政府都因此增加成本。麦肯锡研究显示，金砖四国——巴西、中国、印度和俄罗斯因现金交易产生的成本，1/3由银行承担，1/3由商户承担[1]。反之，电子化支付有助于降低社会交易成本，使经济活动纳入正规的监管体系，并降低金融体系的风险。

此外，互联网支付满足互联网情境下小额高频的支付需求，也是对银行业支付功能的重要补充。

支付宝正在加快全球支付业务布局，已经在印度等多个海外市场进行战

---

① 吴晓求：《互联网金融的逻辑》，《中国金融》2014年第3期。

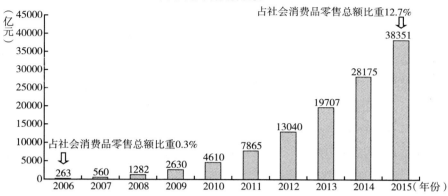

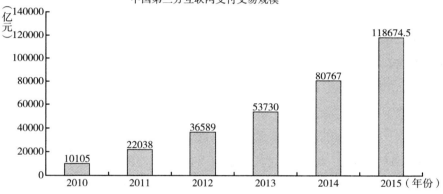

图1 新的支付方式助力中国网络零售弯道超车

资料来源：易观国际，艾瑞集团。

略性投资，成为具有国际竞争力的民族企业，努力实现中国企业能够影响乃至制定全球新的支付标准和规则的目标，提高我国在国际支付领域的话语权并推动人民币国际化，为增强我们国家的软实力贡献力量。此外，围绕线下的消费与支付场景，支付宝钱包还推出"未来医院""未来商圈""未来出行""智慧县域"等计划。截至2015年底，支付宝已服务了100多个国家的6500万海外活跃用户，并打造了首个支付宝县——建德，让农村居民享受到与城市一样的服务和生活便利。

（二）助力打造智慧城市

随着城市化席卷世界各地，越来越多的人涌入城市地区，水、电及交通等城市基础设施日益不堪重负。20世纪90年代中后期，智慧城市的理念在世界范围内悄然兴起，许多发达国家积极开展智慧城市建设，将城市中的水、电、油、气、交通等公共服务资源信息通过互联网有机连接起来，利用技术手段而不是大量投入人力资源来进行城市管理，更好地服务于城市居民的生活、工作、娱乐等方面，也可以帮助政府改善城市管理。2008年11月，在纽约召开的外国关系理事会上，IBM首次提出"智慧地球"这一理念，点燃了新一轮的智慧城市热潮。智慧城市是信息时代的城市新形态，是信息技术在城市的规划、服务和管理过程中的广泛应用。通过市民、企业、政府、第三方组织的共同参与，对城市各类资源进行科学配置，提升城市的竞争力和吸引力，发展创新低碳的产业经济，营造绿色友好的城市环境，实现高效科学的政府治理，最终使市民享受高品质的生活。

目前，我国城市化正加速发展，东部发达地区"城市病"问题渐趋明显，城市居民出行、购物、就医、停车等问题日益困扰着大型和超大型城市。为解决城市发展问题，实现城市可持续发展、建设智慧城市已成为迫在眉睫的重要任务。

蚂蚁金服借助与支付场景的结合以及相关的技术能力，致力于打造智慧城市。2015年上半年，蚂蚁金服将"城市服务"嵌入支付宝钱包的首页。据估计，这个功能很可能在一段时间之后成为最常用的功能之一。点击"城市服务"的图标，用户便可以直接在手机上查询交通违章、出入境等信息，甚至还能在手机上进行车牌摇号、结婚预约。支付宝最早在杭州推出了城市服务功能，其后，上海、广州、深圳、长沙、南昌、厦门、南京、苏州以及山西全省等，将陆续上线该功能。更值得注意的是，我们正在以"城市服务"为入口，帮助政府建立"智慧城市"，为市民创造美好的未来生活，并着力全面实现手机端的查询、办理、缴费一站式服务。

另外，支付宝还着力改造医院从挂号、候诊、问诊、检查缴费、取报告、取药、床位预约、交押金到出院结算、医患互动等流程，改善就医体验，提高资源配置效率，节省医院人工和患者的时间，缓解医患矛盾。

案例1：支付宝打造智慧医疗

通过移动智慧医疗系统的升级活动，广州妇儿中心不仅功能丰富了，而且系统操作界面更加友好了，改善了患者多方面的体验，进一步促进移动智慧医疗系统的使用。在2014年12月中旬升级后，移动智慧医疗系统每日支付数量在2015年1月较升级前有较大幅度的提高，每日使用量均保持在3000笔以上，在2015年1月5日创下每日支付3804笔交易的新纪录。对于诊间支付，升级后的诊间支付使用数量也是较升级前有明显的提升，在2015年1月6日创下每日诊间支付1016笔的新纪录，这也是广州妇儿中心移动智慧医疗系统服务系统诊间支付首次突破1000笔的大关。

（三）以"蚂蚁小贷"和"网商银行"为载体探索解决小微企业和农村融资难问题

小微企业以及个体电商创业者，业务规模小，缺乏合格抵押物，使得小微企业融资难、融资贵成为长期困扰经济发展的问题。对此，蚂蚁金服旗下企业探索以大数据分析为基础的全流程风险管理模式，为小微企业和个体工商户提供纯信用无抵押、小额短期、随借随还、灵活便捷的网络贷款服务，大大简化了信贷流程，提高了贷款可获得性和资金使用的便捷程度。自2010年开展小贷业务以来，已累计为200多万家小微企业提供了6000多亿元贷款，笔均贷款金额不足3万元，积极促进了大众创业和网络经济新业态的发展，带动了就业的增加。同时，网商银行利用互联网手段提供农村金融服务，推出的"旺农贷"产品支持和帮扶农村创业致富，推动农村经济发展，践行普惠金融，目前业务已覆盖17个省的65个县近

1000 个村。

网商银行自 2015 年 6 月 25 日开业至 2015 年 12 月 31 日，累计放款 91.3 亿元，累计放款用户数 57 万户，户均余额 1.6 万元，贷款余额约 73 亿元，担保余额约 416 万元。

蚂蚁金服在长期为小微企业服务的过程中，通过不断地摸索和完善，将业务数据化推到很高的水平，并且投入大量资源进行数据安全保障，为行业树立了标杆。

案例 2：小微贷款助力小微企业及个人创业者成长

（1）墨麦客的成长：

2009 年，一对年轻恋人，辞去工作，用尽积蓄买了一台单反相机，开始投身淘宝创业。2010 年 8 月，这对恋人为了谋求事业上更好的发展，收拾行囊带着一猫一狗，奔向电商之都——杭州。2010 年 9 月，墨麦客工作室初期形成，在办公区域仅 59 平方米、设备简陋的情况下，开始了寻梦之路。2011 年 5 月，发展至拥有 400 平方米办公区域，成立"杭州墨麦客贸易有限公司"，并自创男装品牌"墨麦客/M – MAICCO"。2011 年 7 月 1 日，"墨麦客/M – MAICCO"品牌正式入驻天猫商城平台，以针织衫为切入点，开始打入男装市场。2011 年 11 月 11 日，天猫商城第二届"双十一"节日大促，墨麦客在未参加官方活动的情况下，凭借对针织衫的专业专注，首次迎来了单店单日破百万元销量的纪录。2012 年 2 月，应发展需要，公司由原来 400 平方米办公场所扩大至 1000 平方米的写字楼办公区和 1000 平方米的仓储区。2012 年 11 月 11 日，"墨麦客/M – MAICCO"品牌首次参加天猫官方"双十一"节日大促活动，单日单店突破千万元销量的纪录。2012 年，墨麦客男装针织衫类全年销量排名第二，开启了梦想之门。2013 年 5 月 15 日，创建"s. wo"舍我新品牌，并在天猫平台开启"墨麦客舍"。

（2）淘宝小卖家——小林

90 后淘宝卖家小林大学毕业后，放弃进企业工作，选择在淘宝上开毛绒玩具店创业。经营一段时间后，店铺的资金压力很大，他却又无处借钱。正在小林为资金苦恼的时候，一个好消息不期而至，他的店铺获得了淘宝贷款的准入，可以申请淘宝信用贷款。几天后，小林获得了人生中的第一笔贷款——9000元的淘宝信用贷款。小林坦言绝对没想到自己的第一笔贷款居然是用"鼠标"完成的。

蚂蚁金服将数据工作分为几个步骤，在提高数据生产效率的同时，也提高了数据质量。第一步，许可和信任。蚂蚁金服始终将用户的许可视为开展数据收集和处理的重中之重，在获得许可后，才会在严格保密的情况下对客户的数据进行处理。第二步，数据收集。将外部数据与内部数据进行收集和初步整合。第三步，搭建高效的IT构架以便处理海量数据，进行大数据级别的业务处理并及时响应。第四步，充分理解业务需求，蚂蚁金服灵动的内部架构以及完全面向业务的中后台设置保障了技术人员对业务的高度敏感以及深入理解，能及时处理业务部门的需求，从而将大数据的能力转化成高效的工作和商业洞察。在这些固化的步骤外，是他们的行动能力。经过多年的发展，蚂蚁金服形成了超强的执行能力，能在短时间内将对数据的洞察转化为产品开发与客户发展方案。

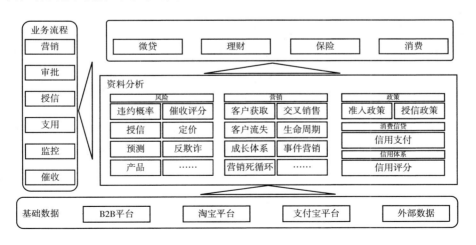

图2 蚂蚁金服数据化决策过程

（四）以"芝麻信用"为载体探索支持社会信用体系建设

蚂蚁金服始终坚持"让信用等于财富"的愿景，在支持社会信用体系建设，发挥信用服务中小企业、信用服务大众民生等方面进行不懈的探索。在政府鼓励大数据企业参与信用体系建设和征信市场发展的号召下，芝麻信用通过大数据及云计算、机器深度学习等技术积极推动中国信用体系建设。根据中国人民银行下发的《关于做好个人征信业务准备工作》的通知要求，芝麻信用搭建了完善的组织架构及以董事会、监事、管理层分权与制衡为特征的现代独立的公司法人治理结构。芝麻信用在依法合规的前提下，通过提供科学、客观、公正的个人信用评价及管理服务，通过赋能合作机构，共同推动中国诚信文化的传播和诚信体系的建设。

经过近一年的试运营，截至2015年12月底，主要选择开通芝麻信用服务的用户超过1亿，使用芝麻信用服务的授信机构超过90家，其间累计反欺诈4.9亿次。

（五）以"余额宝""招财宝""蚂蚁聚宝"为载体探索普惠金融发展

蚂蚁金服积极推动业务创新，针对广大中低收入者碎片化的现金管理及金融理财需求，蚂蚁金服先后推出了"余额宝""招财宝""蚂蚁聚宝"等，探索以发展普惠金融服务的方式，增加普通百姓财产性收入，刺激社会消费和扩大内需。余额宝资金规模超过6200亿元，累计服务2.5亿用户，为用户带来了500多亿元的收益，其中为广大农村地区的用户创造了超过40亿元的收益。作为低风险的货币基金产品，余额宝严格限制资金投向为短期银行存款及3A评级的短期债券等低风险资产，保障了投资安全。蚂蚁金服充分运用大数据能力，根据申购、赎回、消费等数据来精准预测未来的流动性需求，从而做好投资的久期配置，有效管理了流动性风险。

招财宝定位为固定收益理财的金融信息服务平台，平台本身不发行任何理财产品或借款项目，不设资金池，亦不为交易各方及产品提供担保，而是通过为投融资双方提供居间金融信息展示服务，并引入优质的保险公司和担保机构提供担保，以促成投融资双方交易。为保障投资者的合法利益，招财宝平台自建立之日起就建立并强化各种风险控制措施，如合作机构准入机制、合作机构发布的产品须配套担保措施以及严格的担保机构准入标准和额度管理标准机制等。目前，担保机构限定为资产规模超过 2000 亿元的银行、四大资产管理公司、偿付能力超过 150% 的保险公司和 9 家全国最优质的担保公司。

（六）积极探索互联网金融环境下金融合规新范式

蚂蚁金服通过旗下的各经营主体持牌经营相应的金融业务，接受"一行三会"、金融办等金融监管部门的行业监管。蚂蚁金服一直以来严格遵守"依法合规、风险为本、审慎经营"的原则，各经营主体建立了完善的全面风险管理体系和合规体系，有效管理操作风险、流动性风险、信用风险等各类金融风险，并接受监管部门的日常监管。各经营主体之间建立了严格的风险隔离和防火墙机制。在监管部门的有效监管下，蚂蚁金服的各业务板块稳健经营、风险可控，在部分风险管理领域已达到国际先进水平。

1. 严格遵守中国的法律法规、监管规范和行业安全标准

蚂蚁金服旗下所有从事国内业务的经营主体，其业务系统和数据存储都部署在中国境内，严格遵守中国的法律法规。中国用户在海外商户发生的交易都是由部署在国内的业务系统处理并存储于国内。

2. 强大的技术能力保障业务安全稳定

蚂蚁金服的自主可控技术、分布式金融架构、异地多活的容灾体系达到世界领先水平，严格保证业务连续性，并且可以支撑业务的可持续发展。2012～2014 年，支付宝系统的可用率都在 99.99% 以上，没有进行过一次停机维护。在机房建设时，按标准进行选址，严格出入管理、电力供应、消防、温湿度控制等，避免机房基础设施出现异常导致业务故障。网络生产环境划分为办公区、生产区、PCI 区、专线区、运维管理区等安全区域，防火墙的策略默认为最高安全等级，仅开放授权业务流量。

3.完善的安全运营体系保障业务安全稳定

蚂蚁金服建立了安全运营平台,实时检测、防御外部攻击。通过实时数据收集、智能分析,在萌芽阶段及时消除风险,日常不仅对线上系统进行自我漏洞扫描,还借助外部安全专家的力量发现漏洞,并聘请外部安全测评机构进行外部渗透测试。

4.蚂蚁金服坚持安全可控和自主创新的技术方针

蚂蚁金服一直以来坚持安全可控与自主创新的技术方针。从 2010 年开始实施"去 IOE"与第三代"云支付"架构建设等重大技术项目,并取得了突破性成果。2013 年,支付宝最后一台 IBM 小型机下线。2015 年,支付宝的核心交易、支付与客户平台已运行在安全可控的 OceanBase 数据库上,摆脱了对 Oracle 数据库的依赖,并且以极高的性能与稳定性支撑了 2015 年"双十一"大促。

蚂蚁金服一直非常注重对知识产权的申请和保护,截至目前已累计申请互联网金融领域的专利 1981 件。

蚂蚁金服秉持"稳妥创新、拥抱监管、服务实体、激活金融"的发展方针,从网络支付场景起步,与电子商务相伴而生,在推进普惠金融,解决小微企业和普通大众在金融服务中的痛点,以及刺激内需消费的探索中不断壮大,不仅经受住了市场和消费者的检验,更促进了金融业的改革和创新,已经成为我国现代金融体系的有益补充,在落实国家"互联网+"战略、促进国民经济转型升级中发挥了积极作用,并在国际竞争中率先实现了"弯道超车",正在成长为一家具有国际竞争力的民族企业。

二 小米:让每个人都能享受科技的乐趣

(一)小米公司简介

小米公司成立于 2010 年 4 月,是一家专注于高端智能手机、互联网电视以及智能家居生态链建设的创新型科技企业。

"让每个人都能享受科技的乐趣"是小米公司的愿景。小米公司应用了互联网开发模式开发产品，用极客精神做产品，用互联网模式优化中间环节，致力于让全球每个人都能享用来自中国的优质科技产品。

小米公司自创办以来，保持了令世界惊讶的增长速度，小米公司2012年全年售出手机719万台，2013年售出手机1870万台，2014年售出手机6112万台，2015年售出手机7100万台。

小米公司在互联网电视机顶盒、互联网智能电视以及家用智能路由器和智能家居产品等领域也颠覆了传统市场。目前，小米公司旗下生态链企业已达55家，其中7家公司年收入过亿元，2家年收入破10亿元，4家公司估值已达10亿美元，成为"独角兽"。紫米科技的小米移动电源、华米科技的小米手环、智米科技的小米空气净化器、加一联创的小米活塞耳机等产品均在短时间内迅速成为影响整个中国消费电子市场的明星产品。

小米的LOGO是一个"MI"形，是Mobile Internet的缩写，代表小米是一家移动互联网公司。另外，小米的LOGO倒过来是一个心字，少一个点，意味着小米要让用户省一点心。

（二）小米公司的经营理念

1. 向同仁堂学习做产品要真材实料

同仁堂最重要的是其司训——"炮制虽繁必不敢省人工，品味虽贵必不敢减物力"，意即做产品，材料即便贵也要用最好的，过程虽烦琐也不能偷懒。换句话说，要真材实料。小米认为要基业长青，就要做到两条：第一，真材实料；第二，对得起良心。

小米做产品的材料，要全部用全球最好的。对于一个从零创办的公司而言，这是非常不容易的，因为这意味着小米的成本比别人高了一大截。但小米还是这样做了。手机处理器用高通，屏幕是夏普的，最后组装也找全球最大的平台——富士康。小米的每一款手机，哪怕是只卖599元的红米4G，也都用国内顶尖的供应商。

2. 向海底捞学习口碑

海底捞的秘诀其实只有两个字：口碑。跟其他火锅店一样，海底捞的环境很嘈杂。但海底捞的服务员有着发自内心的笑容，海底捞服务员的笑容真的能够打动人。

口碑的核心是超越用户的预期。小米公司成立初期，没有成立市场部，也没有做公关。小米相信口碑，认为最好的产品就是营销，最好的服务就是营销，好东西大家会心甘情愿地帮你推广。

比如，看到一个用户在微博里投诉"电池用了两个星期以后充不进去电"，第二天这个用户贴了一条微博，说"已经收到小米同事免费寄的一个新电池"。大量制造的工业品不可能不出一点差错，但用户投诉时，一般人只会建议返修，而小米的员工却给他寄了一个新的电池，用户得到了超出预期的服务。

再比如，"双十一"，子夜一点多钟下的单，第二天早晨六点就送到了。用户说，"小米的物流丧心病狂，刚买完几个小时以后，货就已经送到了"，这就是一个能够打动用户的小细节。口碑不是新媒体营销，其本质是认真琢磨产品和服务怎么能够打动消费者，这是关键。

3. 向沃尔玛、Costco 学习低毛利、高效率

1962 年，老山姆在家乡创办了一个杂货店。他发现那时美国流通行业的平均毛利率是 45%。老山姆就想，我能不能只赚别人一半的钱，只做 22% 的毛利率呢？天天平价，销量可以是别人的好几倍，肯定能挣钱。所以，他就把"天天平价"做成沃尔玛创办的 slogan。

老山姆琢磨了很久，心想只要便宜 100 美元，美国人就会愿意开车到十英里以外。所以他就不在市中心办，而是找了一个旧仓库，把所有的成本降到最低，就算毛利率只有 22%，他也还有几个点的净利润。结果，沃尔玛用了 30 年就成为世界第一，这就是高效率。

Costco 是美国最大的连锁会员制仓储量贩店。他们的信条是：所有的东西，定价只有 1%～14% 的毛利率。任何东西的定价要超过 14% 的毛利率，就要经过 CEO 批准，还要经过董事会批准。Costco 的平均毛利是 7%，他们

通过会员费来盈利，要买东西的必须成为会员。2000多万的会员，每人每年100美元。Costco的店面大概只有沃尔玛的1/4，每种东西只有两三个品牌，都超级好，也超级便宜。

小米向沃尔玛、Costco这样的公司学运作效率。小米刚开始是零毛利的，依靠大规模的生产，目前能有百分之十几的毛利率。小米的整体运作成本控制在5%以内，可以说是全球运作效率最高的公司之一。通过模式优化，把中间渠道、零售店全部干掉，少做事，用最聪明的人简化流程。小米用了大量的模式创新来提高效率，只有这样，才能使成本大幅度降低。

（三）发动生态链计划，"制造"优秀的创业公司

小米进入智能手机领域，带动了中国国内手机的整体崛起，国产手机做得越来越好，越来越漂亮，国产手机的市场份额也越来越高。小米进而思考，是否可以用新国货的理念，带动更多的行业进步，带动中国制造业的升级。有了这个想法，小米从2013年底开始试水小米的生态链计划。

两年多来，小米投资了55家创业公司，相当于每15天就投资一家新的创业公司。其中29家公司是从零开始的，意味着小米参与了团队组建、产品方向的确定，甚至公司叫什么名字，都是从零开始孵化。目前，20家公司已经发布了产品，最让人惊讶的是，短短两年有7家公司年收入超过1亿元，有2家公司年收入突破10亿元，有4家公司成为"独角兽"（指估值在10亿美金的企业）。这在传统产业中是无法想象的。

举几个例子，紫米公司空气净化器，第一年销量突破100万台；紫米科技移动电源，2013年底发布，两年间，销量突破4690万只；华米科技小米手环一年半时间里销量为1850万只，在可穿戴设备里，目前在全球排第二位。小米生态链产品在小米网销售额2015年比2014年增长了220%，2016年有机会突破100亿元的规模。投资界评价，小米不仅制造优秀产品，还制造优秀的创业企业。

这些产品不仅品质好，价钱实惠，重要的是产品都很美，得到国际设计界的认可。短短两年时间，生态链里20家企业发布近30款产品，获得28

项国际设计大奖，其中包括美国的 IDEA 奖 1 项，德国的红点设计奖 7 项，德国的 IF 奖 18 项，日本的 G-MARK 奖 2 项。

（四）小米有个梦想，就是改善国货的国际形象

改革开放以来，中国制造业迅猛发展，中国一跃成为"世界工厂"，但总体表现为大而不强。一方面，中国国内中低端产能过剩；另一方面，消费者进入消费升级阶段，对高品质商品的需求得不到满足，纷纷转向海淘、海购。这说明中国经济产业结构不合理，导致供给结构不能适应需求结构的变化。

小米公司正是在这样的大背景下，积极尝试用互联网思维改造传统行业模式，依靠互联网的粉丝力量，始终坚持走群众路线，相信群众、发动群众、依靠群众，坚持真材实料做国货精品，用口碑传播迅速打开了知名度和美誉度。小米推出的每一款产品，往往会迅速在同类产品中成为爆品，市场供不应求，排队成为常态。

小米创办时提出一个理念——"新国货"。中国是个制造大国，生产了非常多的东西，卖到世界各地，但是中国人对国货却并不是很信任。所以，小米想用新国货的理念，改变大家对国货的印象。这五六年里，小米谈得最多的是两个词——真材实料和做感动人心的产品。小米用真材实料做感动人心的产品，带动一批国内制造业企业，共同改善国货的形象。这就是小米的梦想。

2011 年小米发布了第一款手机，就是因为新国货的理念，极深地打动了消费者。小米仅仅用了三年时间，就排到国内市场的第一位，并且 2014 年和 2015 年连续两年都是第一。2016 年小米 5 手机发布，不仅得到消费者的认可，也得到挑剔的国际媒体的认可。《福布斯》评价：小米用 300 美元的小米 5，发动了对苹果和三星的突袭。这就是说，小米的品质可以媲美三星和苹果的旗舰机型。《瘾科技》评价：小米最让人惊艳的地方不在于价钱，而在于其所达到的极致品质。

（五）坚持工匠精神，做极致的产品，对细节完美的"病态"追求

怎么做到每个产品都是精品呢。举一个小例子，小米插线板。两三年

前，一次开会时，雷军提出新国货就是要从生活中的点点滴滴做起，比如，墙角的插线板没一个做得好看的，能不能把这个做得好看点。青米科技的工程师做了一年半，终于研发出来了。现在很多家庭用的插线板，还是几十年前的点焊工艺水平，就是说，很多企业做生活中真正用到的产品，没有体会到中国作为制造大国的使命。小米插线板研发团队对这些细节一点点抠一点点做，最终它带动了整个行业的进步。同样做模具都有拔模线，斜度越小精度越高，小米的插线板几乎看不出来，几乎是垂直的线条。不仅是外表精致，打开以后里面也很漂亮。在产品发布了几个月后，各大企业都向小米学习，小米希望带动大家一起进步，形成良好的生态。

小米的产品就是要呈现优雅。工匠精神就是对细节完美的"病态"追求。小米这五六年就是用近乎病态的苛求来做产品。小米从一点一滴做起，从小事情做起。以小米移动电源为例，2013 年，充电宝在网上的平均价是二三百元，而且外观也很丑。有的充电宝好多个按键，老百姓用充电宝还要学习。小米花了四个多月时间，找各种解决方案，最终找到移动电源的最优解。做产品设计十分重要，先行者占有很多优势，如果它有极致的想法，往往能做出唯一的答案。2013 年小米发布移动电源，至今已销售了 4860 万只。有一个同行说，小米发布移动电源的那天晚上对整个充电宝行业是一个不眠之夜。两年多时间过去了，市场上只剩下了两家：小米和山寨小米。

小米生态链在过去两年里，就是这样默默地影响了一个又一个行业。经过两年多的试水，小米对生态链实施战略升级。战略升级最核心的内容是发布小米生态链的全新品牌，来承载小米的社会使命。米家，让平凡的东西都成为艺术品。20 世纪 70 年代索尼公司的崛起带动了整个日本工业。在 80 年代的时候，三星公司带动了韩国工业。现在小米希望能够推动整个中国"新国货运动"，帮助更多的创业公司。一方面，使优质的产品在各行各业里能够大量出现；另一方面，希望借助互联网的效率，将这些产品做到足够便宜，让每一个消费者都能享受到科技的乐趣。

创业投资报告

Entrepreneurship Investment Reports

　　金融机构开展的投资活动从来就不是价值中立的经济活动，而是可能带来巨大的社会、环境乃至政治影响的活动。所以，对于金融机构投资绩效的评价不应该仅仅局限于相关金融机构所取得的经济成绩，而应该将金融机构投资活动所导致的非经济影响考虑到金融机构投资绩效的评估过程中。为了对金融机构投资活动的绩效进行全面的评估，本篇在对金融机构负责任投资评估技术路线进行研究的基础上，分别以30家风险投资（VC）机构和30家私募股权（PE）投资机构为样本，对金融机构开展社会责任的绩效进行了全面的评估，力争提高金融机构对自身投资活动所带来的社会影响的认识，推进金融机构开展负责任投资活动，从而营造我国金融机构开展负责任投资的良好氛围。

B.5
研究方法和技术路线

负责任投资也称为社会责任投资，是个人或机构投资者在选择投资目标企业前，不仅对目标企业的财务绩效进行考察，而且对目标企业的社会和环境绩效进行分析；在选择投资目标企业的过程中，不仅将企业的财务绩效作为考虑因素，而且还将目标企业运营过程中所带来的直接或间接经济、社会和环境影响也作为选择是否投资的决定因素；在投资目标企业之后，还会根据投资企业的社会责任表现以股东的身份采取相应的股东行动以及投资于社区发展金融机构的投资方式。创业投资报告的主体内容——VC 投资机构负责任投资研究和 PE 投资机构负责任投资研究的路径如下。

首先，根据国内、国外社会责任投资概念相关理论和国内、国外社会责任投资策略相关理论构建包括理念、过程、行动三个维度的负责任投资指标体系框架的"菱形模型"。其次，参照 ISO26000 等国际社会责任倡议、GB/T 36000 - 2015 等国内社会责任倡议、《国务院关于发布政府核准的投资项目目录（2014 年本）的通知》等政府政策措施以及国内外著名金融机构社会责任报告，构建负责任投资指标体系。再次，开发负责任投资指标体系的指标赋权规则和赋分规则，形成负责任投资指数。又次，从所投资企业的社会责任报告以及所评价机构的社会责任报告、所投资企业的官方网站和所评价机构的官方网站、所投资企业的官网微信和所评价机构的官方微信以及权威媒体报道内容搜集所评价机构开展负责任投资相关信息。最后，对所评价机构开展负责任投资相关信息进行内容分析和定量评价，就得到负责任投资指数最终得分。

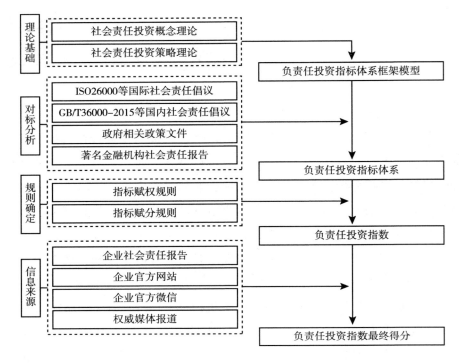

图1 负责任投资研究技术路线

一 理论模型

（一）负责任投资概念

对于负责任投资的概念，国外和国内不同的学者以及不同的专业机构具有不同的观点，提出了不同的看法。整体来看，可以从三个逻辑思路进行理解，即理念、过程、行动。也就是说，机构开展负责任投资需要首先具备负责任投资的"理念"；然后，把这种负责任的投资理念具体落实到投资"过程"中；投资过程完成之后，机构还可以以股东的身份采取"行动"，推动所投资企业积极履行社会责任。

表1　相关负责任投资概念

提出人员或组织	提出年份	主要观点
Shapiro[①]	1992	负责任投资是一种同时考虑社会因素和经济因素的投资决策实践,负责任投资在投资理念上与投资的原则是一致的
Cowton[②]	1999	负责任投资是指在投资决策中,不仅将所投资的企业的财务指标考虑在内,而且还考虑所投资企业的社会指标、伦理指标和环境指标等的投资方法
Sparkes[③]	2002	负责任投资是运用伦理或社会标准来选择和管理通常由公司的股份(股票)构成的投资组合
ESIF[④]	2010	负责任投资是指将投资者的财务目标与投资者对环境、社会和治理议题结合的任何投资过程
USSIF[⑤]	2005	负责任投资将投资所带来的积极的社会、环境结果以及消极的社会、环境结果考虑到严格的财务分析的范围内
兴业全球基金公司[⑥]	2011	负责任投资是一种特别的投资理念,即在选择投资的企业时不仅关注投资标的的财务业绩方面的绩效,同时也关注所投资标的社会责任的履行状况,同传统的投资方式相比,负责任的投资在选股模式上增加了企业的环境保护、社会道德以及公共利益等方面的考量;不仅如此,负责任的投资者同时也应用他们企业股东的身份,通过积极的股东行动,促使所投资标的更好地履行社会责任
许英杰[⑦]	2012	负责任投资是一种间接的投资方式,它不仅要求投资者在投资过程中考虑企业的财务绩效,而且更要求投资者在投资的过程中关注投资标的的经济、社会和环境影响;负责任的投资也包括投资者以股东的身份采取股东行动以及投资于社区发展金融机构

注：①Shapiro J. , Social Investing: Origins, the Movement Since 1970, In: Kinder/Peter et al. Social Investment Almanach, Holt & Co, New York, 1992.

②Cowton C. J. , Accounting and Financial Ethics: from Margin to Mainstream? *Business Ethics: A European Review*, 1999 (08): 99 – 107.

③Sparkes R. , *Socially Responsible Investment: a Global Revolution*, Chichester: Wiley, 2002.

④Eurosif, European SRI Study 2010 , http://www. eurosif. org/our – work/research/sri/.

⑤USSIF, 2005 Report on Socially Responsible Investing Trends in the United States, 2005.

⑥兴业全球基金管理有限公司：《社会责任投资》，http://www. xyfunds. com. cn/column. do? mode = searchtopic & channelid = 162 & categoryid = 2280。

⑦许英杰：《中国证券投资基金社会责任评价（2010）》，四川省社会科学院硕士学位论文，2012。

（二）负责任投资策略理论

负责任投资源自西方发达国家，它不仅获得了重要的发展，而且已经从

局限于边缘市场的过程转变为主流市场的重要投资方式①。在负责任投资策略理论方面，经过漫长的发展，美国和欧洲分别形成了独具特色的负责任投资策略理论（见表2）。其中，美国一般将负责任投资策略分为社会筛选、股东主张和社区投资三个类型，欧洲将负责任投资策略分为核心策略和广义策略两个类别。

表2　相关负责任投资策略理论

区域/国家	策略分类
美国	美国的多数学术研究和机构一般将负责任投资的策略分为三个类型，分别为社会筛选、股东主张和社区投资，其中社会筛选包括积极筛选和消极筛选
欧洲	欧洲的多数学术研究和机构一般将负责任投资策略分为两大类别，分别为核心策略和广义策略。其中，核心策略包括积极筛选、类别最佳、负责任投资主题基金、价值观排除和规范排除五个方面；广义策略包括简单筛选、参与和整合三个方面

资料来源：许英杰《中国证券投资基金社会责任评价（2010）》，四川省社会科学院硕士学位论文，2012。

（三）负责任投资"菱形模型"

基于负责任投资概念所隐含的理念－过程－行动的逻辑思路，以及美国和欧洲负责任投资策略理论研究，课题组提出负责任投资的"菱形模型"。其中，理念－过程－行动的逻辑思路是暗线，负责任投资理念、积极筛选、消极筛选和股东行动四个方面的投资策略是明线。具体来看，负责任的投资首先是一种新型的投资理念，从传统投资方式来讲，仅将企业的财务绩效考虑到投资目标企业的选择过程中就足矣，既是将目标企业的社会和环境表现作为基本要素考虑到投资目标企业的选择过程中，也是仅仅将目标企业的社会和环境表现作为降低投资风险手段而言；与之不同，负责任的投资将目标企业的财务绩效以及社会绩效和环境绩效看作同等重要的因素，没有一定社

---

① Josep M. L., Laura A., Balaguer M. R., "Socially Responsible Investment in the Spanish Financial Market," *Journal of Business Ethics*, 2006（03）：305－316.

会绩效和环境绩效，即使具有较高的财务绩效，也不会成为负责任投资青睐的对象。负责任投资也是一个过程，在负责任投资开展投资活动过程中，主要采取两种基本的投资方式，分别为积极筛选和消极筛选。所谓积极筛选，就是投资者在投资的过程中，会对目标企业的社会责任绩效进行排名，首先选择那些在社会责任方面取得较高绩效的目标企业进行投资；所谓消极筛选，就是投资者在投资过程中，会对目标企业的社会责任绩效进行分析，将那些造成负面社会或环境影响的目标企业直接排除到投资目标之外。负责任投资理念、积极筛选、消极筛选和股东行动构成了本研究负责任投资指标体系的基本框架，这也是负责任投资指标体系的一级指标。

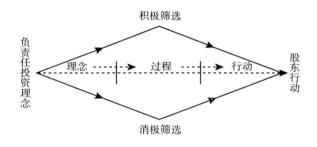

图 2 负责任投资"菱形模型"

二 对标分析

评估机构负责任投资的程度如何，需要对机构所投资企业的社会责任状况进行评价，而评估企业的社会责任状况的标准既包括国际社会责任倡议，也包括国内社会责任倡议。所以，基于该思路，ISO26000 等国际社会责任倡议以及 GB/T 36000 - 2015 等国内社会责任倡议成为构建负责任投资指标体系的基本对标标准。除此之外，政府相关政策文件倡议机构避免进入的行业以及鼓励机构进入的行业，也成为构建负责任投资指标体系的基本对标标准之一。另外，国内和国外著名金融机构的社会责任报告所体现的这些金融机构开展的负责任投资实践的可资借鉴内容也是本研究构建负责任投资指标

　　总之，通过同 ISO26000 等国际社会责任倡议、GB/T 36000 – 2015 等国内社会责任倡议、政府相关政策文件以及著名金融机构社会责任报告进行对标分析，课题组得到负责任投资指标体系的二级指标。该二级指标同一级指标一起共同构成负责任投资指标体系（见表3）。

表3　负责任投资指标体系

一级指标	二级指标
负责任投资理念	责任投资理念
负面筛选	游戏
	香烟
	赌博
	色情文学
	酒精和饮品（含酒精）
	与兵器相关的产业
	动物实验
	环境影响大、环境风险高的行业
	国家限制投资的行业（包括钢铁、电解铝、水泥、平板玻璃、船舶等产能严重过剩行业）
	其他带来不良社会影响的行业
积极筛选	绿色能源
	清洁技术、环保
	智能制造
	新技术
	医药、生物技术、大健康
	高新材料
	互联网金融、小微金融
	其他有利于民生/环境/科技的行业（物联网、智慧城市）
股东行动	消费者权益
	员工权益
	环境
	供应链责任
	社区参与（慈善公益）
	守法合规
	诚实守信
	透明运营

三　规则确定

（一）二级指标赋权赋分

采用专家访谈方法，确定二级指标的评分标准，对于责任投资理念，具有明确的负责任投资理念，加1分；没有负责任投资理念的，0分；具有明确的唯利是图的投资理念，扣1分。由于在一级指标负责任投资理念下只有一个指标，所以作为二级指标的责任投资理念权重为100%。

对于负面筛选一级指标下的二级指标而言，如果投资机构进入特定行业，则在该二级指标下扣1分，反之，如果投资机构未进入特定行业，则在该二级指标下加1分。由于负面筛选一级指标下具有10个限制性进入的行业指标，而每一个二级指标的最高得分均相等，所以，负面筛选一级指标下的所有二级指标的权重均相等。

对于积极筛选一级指标下的二级指标而言，如果投资机构进入特定行业，则在该二级指标下加1分，反之，如果投资机构未进入特定行业，则在该二级指标下不扣分。由于积极筛选一级指标下具有8个鼓励进入的行业指标，而每一个二级指标的最高得分均相等，所以，积极筛选一级指标下的所有二级指标的权重均相等。

对于股东行动一级指标下的二级指标而言，如果投资机构通过股东行动推动相关企业履行相关责任，则在该二级指标下加1分；如果投资机构没有通过股东行动推动相关企业履行相关责任，则在该二级指标下不扣分；如果投资机构所投资的企业在特定二级指标下发生重大负面事件，而投资机构没有采取股东行动，则在特定二级指标下扣1分。由于股东行动一级指标下具有8个鼓励投资机构积极开展股东行动的二级指标，而每一个二级指标的最高得分均相等，所以，股东行动一级指标下的所有二级指标的权重均相等。

（二）一级指标赋权赋分

采用专家访谈方法，确定一级指标的评分权重。一级指标的得分是由二级指标得分之和计算得出的。其中，负责任投资理念最高得分为1分；负面筛选一级指标最高得分为3分，最低得分为－3分；积极筛选一级指标最高得分为3分，最低得分为0分；股东行动一级指标最高得分为3分，最低得分为－3分。显而易见，从权重角度来讲，负责任投资理念、负面筛选、积极筛选和股东行动的权重分别为10%、30%、30%和30%。

表4　负责任投资指数

一级指标	二级指标	赋分原则
负责任投资理念	责任投资理念	·有明确的负责任投资理念加1分 ·没有负责任投资理念的0分 ·明确的唯利是图的投资理念扣1分
负面筛选	游戏 香烟 赌博 色情文学 酒精和饮品（含酒精） 与兵器相关的产业 动物实验 环境影响大、环境风险高的行业 国家限制投资的行业 其他带来不良社会影响的行业	·不进入该行业加1分 ·进入该行业扣1分
积极筛选	绿色能源 清洁技术、环保 智能制造 新技术 医药、生物技术、大健康 高新材料 互联网金融、小微金融 其他有利于民生/环境/科技的行业	·进入该行业加1分 ·未进入该行业不扣分

续表

股东行动	消费者权益	·开展股东行动保护消费者权益得1分 ·发生消费者权益负面事件未做出股东行动扣1分 ·未做出股东行动得0分
	员工权益	·开展股东行动保护员工权益得1分 ·发生员工权益负面事件未做出股东行动扣1分 ·未做出股东行动得0分
	环境	·开展股东行动保护环境得1分 ·发生环境负面事件未做出股东行动扣1分 ·未做出股东行动得0分
	供应链责任	·开展股东行动推进供应链责任得1分 ·发生供应链负面事件未做出股东行动扣1分 ·未做出股东行动得0分
	社区参与（慈善公益）	·开展股东行动推进社区参与得1分 ·发生社区负面事件未做出股东行动扣1分 ·未做出股东行动得0分
	守法合规	·开展股东行动推进守法合规得1分 ·发生守法合规负面事件未做出股东行动扣1分 ·未做出股东行动得0分
	诚实守信	·开展股东行动推进诚实守信得1分 ·发生诚实守信负面事件未做出股东行动扣1分 ·未做出股东行动得0分
	透明运营	·开展股东行动推进透明运营得1分 ·发生透明运营负面事件未做出股东行动扣1分 ·未做出股东行动得0分

四 信息来源

在形成负责任投资指数的基础上，分别通过投资机构的企业社会责任报告和所投资企业的社会责任报告、投资机构的官方网站和所投资企业的官方网站、投资机构的官方微信和所投资企业的官方微信以及权威媒体报道对投资机构的负责任投资信息和所投资企业的社会责任信息进行收集，从而形成评估负责任投资状况的基本依据。

从信息收集的时间范围来讲，本研究所收集的信息为 2015 年数据，部分数据资料超过 2015 年的范围。

五 计算得分

（一）综合得分

投资机构负责任投资指数得分为负责任投资理念、负面筛选、积极筛选和股东行动得分之和，用 CS_i （Comprehensive Score） 表示第 i 家投资机构的综合得分，用 SRI_i （Social Responsibility Investing） 表示第 i 家投资机构的负责任投资理念得分，用 NS_i （Negative Screening） 表示第 i 家投资机构的负面筛选得分，用 PS_i （Positive Screening） 表示第 i 家投资机构的积极筛选得分，用 SA_i （Shareholder Activism） 表示第 i 家投资机构的股东行动得分，那么第 i 家投资机构的综合得分就可以表示为：

$$CS_i = SRI_i + NS_i + PS_i + SA_i$$

（二）一级指标得分

1. 负责任投资理念得分

对于一级指标负责任投资理念得分 SRI_i 而言，SRI_i 也是负责任投资理念一级指标下的二级指标责任投资理念的得分。

2. 负面筛选得分

对于一级指标负面筛选得分 NS_i 而言：

$$NS_i = \begin{cases} \sum_{j=1}^{10} N_{ij}, & -3 < \sum_{j=1}^{10} N_{ij} < 3 \\ 3, & \sum_{j=1}^{10} N_{ij} \geqslant 3 \\ -3, & \sum_{j=1}^{10} N_{ij} \leqslant -3 \end{cases}$$

注：遵照一级指标赋权赋分原则，分别基于约束条件设置计算公式，形成 NS_i 计算公式的分段函数形式。

N_{ij} 表示第 i 家 VC 投资机构负面筛选一级指标下第 j 个二级指标的得分，当 $j=1$ 时，N_{ij} 表示第 i 家 VC 投资机构负面筛选一级指标下二级指标游戏的得分；当 $j=2$ 时，N_{ij} 表示第 i 家 VC 投资机构负面筛选一级指标下二级指标香烟的得分；当 $j=3$ 时，N_{ij} 表示第 i 家 VC 投资机构负面筛选一级指标下二级指标赌博的得分；当 $j=4$ 时，N_{ij} 表示第 i 家 VC 投资机构负面筛选一级指标下二级指标色情文学的得分；当 $j=5$ 时，N_{ij} 表示第 i 家 VC 投资机构负面筛选一级指标下二级指标酒精和饮品（含酒精）的得分；当 $j=6$ 时，N_{ij} 表示第 i 家 VC 投资机构负面筛选一级指标下二级指标与兵器相关的产业的得分；当 $j=7$ 时，N_{ij} 表示第 i 家 VC 投资机构负面筛选一级指标下二级指标动物实验的得分；当 $j=8$ 时，N_{ij} 表示第 i 家 VC 投资机构负面筛选一级指标下二级指标环境影响大、环境风险高的行业的得分；当 $j=9$ 时，N_{ij} 表示第 i 家 VC 投资机构负面筛选一级指标下二级指标国家限制投资的行业的得分；当 $j=10$ 时，N_{ij} 表示第 i 家 VC 投资机构负面筛选一级指标下二级指标其他带来不良社会影响的行业的得分。

3. 积极筛选得分

对于一级指标积极筛选得分 PS_i 而言：

$$PS_i = \begin{cases} \sum_{j=1}^{8} P_{ij}, & \sum_{j=1}^{8} P_{ij} < 3 \\ 3, & \sum_{j=1}^{8} P_{ij} \geq 3 \end{cases}$$

注：遵照一级指标赋权赋分原则，分别基于约束条件设置计算公式，形成 PS_i 计算公式的分段函数形式。

P_{ij} 表示第 i 家 VC 投资机构积极筛选一级指标下第 j 个二级指标的得分，当 $j=1$ 时，P_{ij} 表示第 i 家 VC 投资机构积极筛选一级指标下二级指标绿色能源的得分；当 $j=2$ 时，P_{ij} 表示第 i 家 VC 投资机构积极筛选一级指标下二级指标清洁技术、环保的得分；当 $j=3$ 时，P_{ij} 表示第 i 家 VC 投资机构积极筛选一级指标下二级指标智能制造的得分；当 $j=4$ 时，P_{ij} 表示第 i 家 VC 投资机构积极筛选一级指标下二级指标新技术的得分；当 $j=5$ 时，P_{ij} 表示第 i 家 VC 投资机构积极筛选一级指标下二级指标医药、生物技术、大健康的

得分；当 $j = 6$ 时，P_{ij} 表示第 i 家 VC 投资机构积极筛选一级指标下二级指标高新材料的得分；当 $j = 7$ 时，P_{ij} 表示第 i 家 VC 投资机构积极筛选一级指标下二级指标互联网金融、小微金融的得分；当 $j = 8$ 时，P_{ij} 表示第 i 家 VC 投资机构积极筛选一级指标下二级指标其他有利于民生/环境/科技的行业的得分。

4. 股东行动得分

对于一级指标股东行动得分 SA_i 而言：

$$SA_i = \begin{cases} \sum_{j=1}^{8} S_{ij}, & -3 < \sum_{j=1}^{8} S_{ij} < 3 \\ 3, & \sum_{j=1}^{8} S_{ij} \geq 3 \\ -3, & \sum_{j=1}^{8} S_{ij} \leq -3 \end{cases}$$

注：遵照一级指标赋权赋分原则，分别基于约束条件设置计算公式，形成 SA_i 计算公式的分段函数形式。

S_{ij} 表示第 i 家 VC 投资机构股东行动一级指标下第 j 个二级指标的得分，当 $j = 1$ 时，S_{ij} 表示第 i 家 VC 投资机构股东行动一级指标下二级指标消费者权益的得分；当 $j = 2$ 时，S_{ij} 表示第 i 家 VC 投资机构股东行动一级指标下二级指标员工权益的得分；当 $j = 3$ 时，S_{ij} 表示第 i 家 VC 投资机构股东行动一级指标下二级指标环境的得分；当 $j = 4$ 时，S_{ij} 表示第 i 家 VC 投资机构股东行动一级指标下二级指标供应链责任的得分；当 $j = 5$ 时，S_{ij} 表示第 i 家 VC 投资机构股东行动一级指标下二级指标社区参与（慈善公益）的得分；当 $j = 6$ 时，S_{ij} 表示第 i 家 VC 投资机构股东行动一级指标下二级指标守法合规的得分；当 $j = 7$ 时，S_{ij} 表示第 i 家 VC 投资机构股东行动一级指标下二级指标诚实守信的得分；当 $j = 8$ 时，S_{ij} 表示第 i 家 VC 投资机构股东行动一级指标下二级指标透明运营的得分。

B.6
风险投资（VC）投资机构
负责任投资研究

一 样本选择

为了研究风险投资（VC）投资机构负责任投资状况，本研究选择"福布斯2014年最佳VC投资机构/投资人榜单"中30家VC投资机构作为研究样本。

（一）九成VC投资机构成立年限处于10年以上

30家VC投资机构平均成立年限为15年。以10年以下、10~15年（包括10年）、15~20年（包括15年）、20~25年（包括20年）以及25年以上（包括25年）分组，研究30家VC投资机构成立年限的分布发现，成立时间处于10年以上的VC投资机构最多，有27家，其中，成立时间处于10~15年、15~20年、20~25年和25年以上组别的VC投资机构数量依次降低，分别有13家（43.33%）、10家（33.33%）、3家（10.00%）和1家（3.33%）。成立时间处于10年以下的VC投资机构有3家，占所有研究对象的比例为10.00%。

（二）三成VC投资机构管理资产在50亿~100亿元

30家VC投资机构管理资产的平均水平为118亿元。以50亿元以下、50亿~100亿元（包括50亿元）、100亿~150亿元（包括100亿元）、150亿~200亿元（包括150亿元）以及200亿元以上（包括200亿元）分组，考察30家VC投资机构的管理资产分布发现，管理资产规模水平处于50

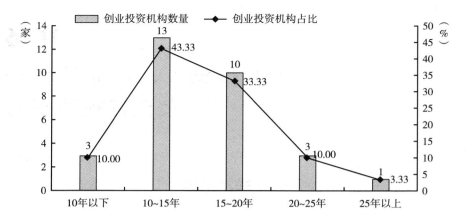

图1　VC投资机构样本的成立时间分布

亿~100亿元的创业投资企业相对最多，有9家，占所有作为研究对象的VC投资机构的比例为30.00%。其次为管理资产处于50亿元以下的VC投资机构数量，为7家，占所有作为研究对象的VC投资机构的比例为23.33%。除此之外，管理资产处于150亿~200亿元、200亿元以上和100亿~150亿元的VC投资机构数量依次减少，分别为6家、5家和3家，占所有作为研究对象的VC投资机构的比例分别为20.00%、16.67%和10.00%。

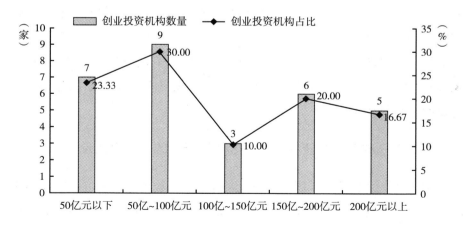

图2　VC投资机构样本的管理资产规模分布

注：所采用人民币兑美元汇率为：1美元=6.4621元人民币。

二　结果排名

基于本研究的技术路线，通过对作为研究对象的 30 家 VC 投资机构的负责任投资理念、负面筛选的负责任投资策略、积极筛选的负责任投资策略以及股东行动的负责任投资策略进行考察，课题组得到反映创业投资基金负责任投资程度的指数，即 VC 投资机构负责任投资指数（见表1）。指数越大，反映了相关 VC 投资机构开展负责任投资的水平越高；指数越小，反映了相关 VC 投资机构开展负责任投资的水平越低；指数为负，反映了相关 VC 投资机构不仅没有开展任何负责任投资实践，而且在所投资企业发生社会责任重大负面事件的时候，并没有采取任何体现负责任投资理念的行动。

表1　30 家 VC 投资机构负责任投资指数排名

责任指数排名	投资机构	负责任投资指数	责任指数排名	投资机构	负责任投资指数
1	软银中国资本	6	14	达晨创投	1
2	君联资本	5	14	兰馨亚洲	1
3	永宣投资	3	14	晨兴资本	1
3	德同资本	3	14	松禾资本	1
3	华登国际	3	14	启明创投	1
3	华睿投资管理	3	14	维思资本	1
7	同创伟业	2	22	今日资本	0
7	东方富海	2	22	深圳创新投	0
7	经纬中国	2	22	赛富投资基金	0
7	创东方投资	2	22	凯鹏华盈/华盈创投	0
7	赛伯乐投资集团	2	22	鼎晖创业投资	0
7	北极光创投	2	27	纪源资本	−1
7	基石资本	2	27	普凯投资	−1
14	红杉资本中国基金	1	29	海纳亚洲	−2
14	IDG 资本	1	30	DCM	−3

三 基本结论

（一）VC投资机构负责任投资水平整体偏低

通过对30家VC投资机构负责任投资状况进行考察，课题组发现，我国VC投资机构负责任投资水平整体偏低，不仅在树立负责任投资理念方面，我国VC投资机构需要进一步有所作为；在开展负面筛选、进行积极筛选以及推进股东行动方面，我国VC投资机构开展负责任投资也存在极大的提升空间。

具体来看，从VC投资机构负责任投资的总体平均水平角度来看，我国VC投资机构负责任投资指数得分平均水平为1.27分，远低于本研究对VC投资机构进行负责任评估所规定的最高水平10分。从我国VC投资机构负责任投资指数的分布状况来看，以0分以下、0~2分、2~4分、4~6分、6~8分和8分以上分组，课题组发现，30家VC投资机构负责任投资指数得分处于0~2分组别的VC投资机构最多，有13家，占所有作为评价对象的VC投资机构的比例超过四成，为43.33%，同VC投资机构负责任投资的总体平均水平所反映的状况相似。其次，为负责任投资指数得分处于2~4分的VC投资机构数量，为11家，占所有作为评价对象的30家VC投资机构的比例为36.67%。负责任投资指数得分为6~8分和4~6分的VC投资机构均有1家（3.33%），而没有1家VC投资机构的负责任投资指数得分处于8分以上。另外，还有4家（占比13.33%）VC投资机构负责任投资得分不足0分，说明我国还存在一定比例的VC投资机构在树立负责任投资理念、开展负面筛选、进行积极筛选以及推进股东行动方面毫无作为。

（二）VC投资机构开展积极筛选投资整体水平较好

分别对VC投资机构开展负责任投资的负责任投资理念、负面筛选、积

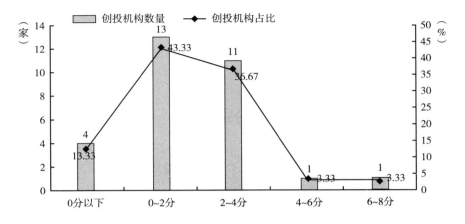

图3　VC投资机构负责任投资指数得分分布状况

极筛选以及股东行动四类方式的基本状况进行考察，课题组发现，30家VC投资机构通过开展积极筛选进行负责任投资的得分相对最高，30家VC投资机构开展积极筛选的平均得分为1.87分，较30家VC投资机构通过树立负责任投资理念进行负责任投资得分的0.07分、通过开展负面筛选进行负责任投资得分的-0.3分以及通过开展股东行动进行负责任投资得分的-0.27分而言，相对较好。不过，需要指出的是，由于负责任投资理念、负面筛选、积极筛选和股东行动的最高理论得分分别为1分、3分、3

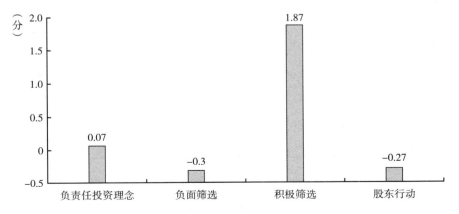

图4　VC投资机构负责任投资指数分项平均状况

分和 3 分，所以，从绝对角度来看，除了开展积极筛选整体水平较好之外，无论是树立负责任投资理念，还是开展负面筛选或股东行动，整体水平均较差。

四　分项结果

（一）八成 VC 投资机构不具有负责任投资理念

通过对 30 家 VC 投资机构的负责任投资理念进行考察，课题组发现，在 30 家考察对象中，不具有负责任投资理念的 VC 投资机构有 24 家，占所有作为研究对象的 VC 投资机构的比例达 80.00%。与之相比，具有负责任投资理念的 VC 投资机构有 4 家，占所有作为研究对象的 VC 投资机构的比例不足 15%。不仅如此，30 家 VC 投资机构中，还有 2 家 VC 投资机构竟然具有唯利是图的投资理念，同开展负责任投资理念背道而驰。显而易见，在我国，VC 投资机构多数不具备负责任的投资理念。

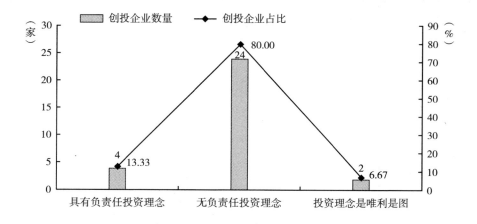

图 5　VC 投资机构负责任投资理念分布情况

表2　VC投资机构负责任投资理念示例

编号	VC投资机构	负责任投资理念
1	君联资本	富而有道:拥有高尚职业道德和专业素养的投资家团队;与投资人和企业家建立相互尊重和信任的合作伙伴关系;在持续创造优异的投资业绩的同时,积极践行社会责任
2	达晨创投	达晨创投秉承"专业、品牌、效益"的核心价值观,坚持投资、融资、风控、管理、服务"五位一体"体系化运营,积极推进专业化、渠道化、品牌化、国际化"四化建设",致力于成为一家以人为本、值得信赖、受人尊重、基业长青的卓越企业,做中国企业家和投资人最值得信赖的长期合作伙伴,在帮助企业成长过程中获得投资回报,共同为中国经济社会发展做出积极的贡献
3	华登国际	华登国际高度严肃地坚持课题组的社会责任感,通过课题组的投资和管理活动,努力促进构建一个公平、环保和道德的环境
4	基石资本	课题组努力追求财务回报及其以外的社会价值,创造"美好"的东西

（二）多数VC投资机构开展负责任投资采用负面筛选策略

1. 七成VC投资机构尚未进入争议性行业

在30家VC投资机构中,所投资企业进入游戏、香烟、赌博、色情文学、酒精和饮品（含酒精）、与兵器相关的产业、动物实验等争议性行业的VC投资机构有9家,占所有作为研究对象的VC投资机构的比例为30%,相对较少。与之相对,在30家VC投资机构中,所投资企业尚未进入游戏、香烟、赌博、色情文学、酒精和饮品（含酒精）、与兵器相关的产业、动物实验等争议性行业的VC投资机构有21家,占所有作为研究对象的VC投资机构的比例为70%,相对较多。显而易见,在我国七成VC投资机构尚未进入争议性行业。

2. 七成五VC投资机构未进入游戏行业

在30家VC投资机构中,所投资企业涉足游戏行业的VC投资机构有7家,占所有作为研究对象的VC投资机构的比例不足25%,仅为23.33%,相对不多。

与之相对,在30家VC投资机构中,所投资企业涉足游戏行业的VC投

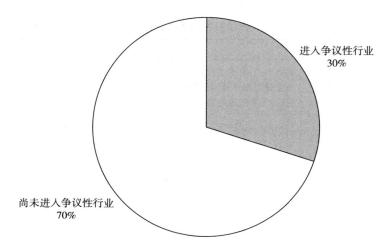

图6 VC 投资机构负责任投资负面筛选情况

资机构有 23 家，占所有作为研究对象的 VC 投资机构的比例超过 75%，为 76.67%，数量相对较多。

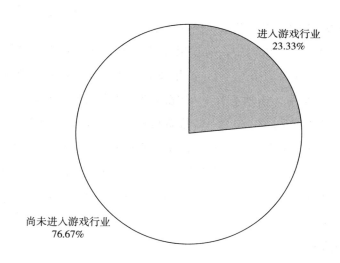

图7 VC 投资机构负责任投资是否进入游戏行业情况

3. 九成五 VC 投资机构未投资香烟行业

在作为研究对象的 30 家 VC 投资机构中，仅有 1 家（3.33%）涉足香烟行业，占所有作为研究对象的 VC 投资机构的比例不足 5%，占比较小。与之相比，在作为研究对象的 30 家 VC 投资机构中，所投资行业不涉足香烟行业企业的数量有 29 家，占所有作为研究对象的 VC 投资机构数量的比例超过 95%，达 96.67%，占比较大。

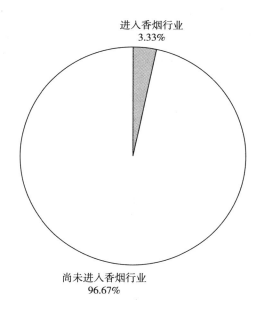

图 8　VC 投资机构负责任投资是否进入香烟行业情况

4. 无任何 VC 投资机构问津赌博、色情文学、酒精、动物实验、环境影响大和环境风险大、国家限制性行业

在作为研究对象的 30 家 VC 投资机构中，没有任何 1 家 VC 投资机构投资于赌博、色情文学、酒精和饮料（含酒精）、动物实验、环境影响大和环境风险大、国家限制投资（比如钢铁、电解铝、水泥、平板玻璃、传播等产能过剩行业）以及其他能够带来不良社会影响的行业，说明 VC 投资机构在开展投资过程中，已经将赌博、色情、酒精、动物实验、环境影响大和环境风险大、国家限制行业以及其他能够带来不良社会影响的行业进行了负面筛选，将这些行业企业排除在外。

创业蓝皮书

5. 较少 VC 投资机构涉足兵器行业

在作为研究对象的 30 家 VC 投资机构中，投资于与兵器相关的行业的
VC 投资机构仅有 1 家，数量较少，占所有作为研究对象的 VC 投资机构的
比例仅为 3. 33%，不足 5%。

与之相反，在所有作为研究对象的 30 家 VC 投资机构中，未投资任何
同兵器相关的行业的 VC 投资机构有 29 家，数量较多，占所有作为研究对
象的 VC 投资机构的比例超过 95%，占比为 96. 67%。

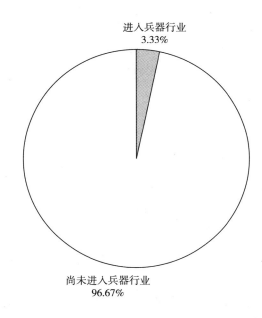

图 9　VC 投资机构负责任投资是否进入兵器行业情况

（三）采取积极筛选策略开展负责任投资 VC 投资机构居多

1. 八成 VC 投资机构采用积极筛选策略开展负责任投资

在 30 家 VC 投资机构中，所投资企业为绿色能源、清洁技术、智能制
造、新技术、医药和生物技术、高新材料、金融（互联网金融）和其他有
利于民生/环境/科技行业的企业相对最多，有 24 家 VC 投资机构投资于上

228

述行业中的 1 个或 1 个以上，占所有 VC 投资机构的比例为 80.00％，也就是说，八成 VC 投资机构采用积极筛选策略开展负责任投资。与之相对，未投资任何上述行业的 VC 投资机构相对较少，有 6 家，占所有作为研究对象的 VC 投资机构的比例为 20.00％，也就是说，两成 VC 投资机构未采用积极筛选策略开展负责任投资。

从 VC 投资机构开展负责任投资积极筛选的分布结构来看，有 4 家 VC 投资机构采用积极筛选策略开展负责任投资进入上述行业中的 1 个行业，占所有作为研究对象 VC 投资机构的比例超过 10％，为 13.33％；有 8 家 VC 投资机构采用积极筛选策略开展负责任投资进入上述行业中的任意 2 个行业，占所有作为研究对象 VC 投资机构的比例超过 25％，为 26.67％；采用积极筛选策略开展负责任投资进入上述行业中 3 个及以上行业的 VC 投资机构最多，有 12 家，占所有作为研究对象的 VC 投资机构的比例为 40.00％。

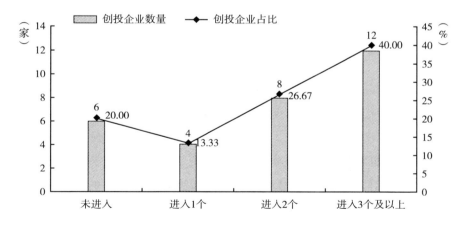

图 10　VC 投资机构负责任投资积极筛选情况

2. 进入绿色能源行业的 VC 投资机构仅占一成

在作为研究对象的 30 家 VC 投资机构中，仅 3 家 VC 投资机构投资于绿色能源行业，占所有作为研究对象的 VC 投资机构的比例只有 10.00％，数量偏少。与之相比，尚未进入绿色能源行业的 VC 投资机构

有 27 家，占所有作为研究对象的 VC 投资机构的比例为 90.00%，数量较多，说明大多数 VC 投资机构开展负责任投资没有投资于绿色能源行业。

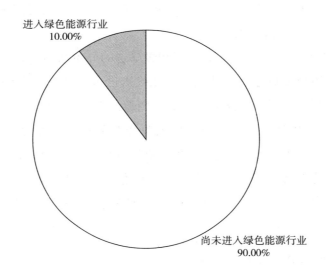

图11　VC 投资机构负责任投资是否进入绿色能源行业情况

3. 超过六成五 VC 投资机构进入清洁技术行业

在作为研究对象的 30 家 VC 投资机构中，投资于清洁技术行业的 VC 投资机构相对较多，有 20 家，占所有作为研究对象的 VC 投资机构的比例为 66.67%，也就是说，超过六成五 VC 投资机构采用积极筛选的负责任策略进入清洁技术行业。与之相对，没有进入清洁技术行业的 VC 投资机构有 10 家，占所有作为研究对象的 VC 投资机构的比例为 33.33%，数量相对较少。

4. 过半数 VC 投资机构涉足智能制造行业

在作为研究对象的 30 家 VC 投资机构中，有 17 家 VC 投资机构所投资企业处于智能制造行业，占所有作为研究对象投资机构的比例超过五成，为56.67%，反映了过半数 VC 投资机构涉足智能制造行业。

与之相对，在作为研究对象的 30 家 VC 投资机构中，尚未投资于智能

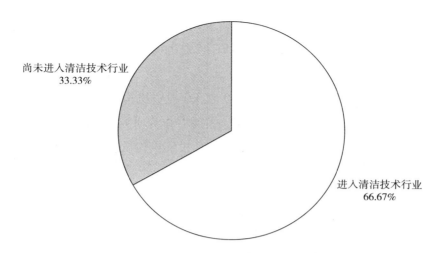

图 12　VC 投资机构负责任投资是否进入清洁技术行业情况

制造行业的 VC 投资机构只有 13 家，占所有作为研究对象的 VC 投资机构的比例为 43.33% ，数量相对偏少。

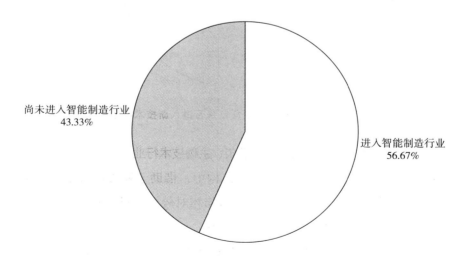

图 13　VC 投资机构负责任投资是否进入智能制造行业情况

5. 过八成 VC 投资机构投资于新技术行业

在作为研究对象的 30 家 VC 投资机构中，进入新技术行业进行投资的

VC 投资机构有 25 家，占所有作为研究对象的 VC 投资机构的比例超过 80%，为 83.33%，反映了超过八成 VC 投资机构通过积极筛选策略投资于新技术行业。

与之相对，在作为研究对象的 30 家 VC 投资机构中，未进入新技术行业进行投资的 VC 投资机构只有 5 家，占所有作为研究对象的 VC 投资机构的比例不足 20%，为 16.67%，反映了 VC 投资机构没有进行积极筛选投资于新技术行业的 VC 投资机构数量相对较少。

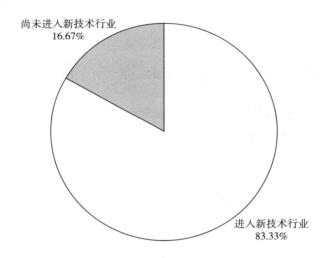

图 14　VC 投资机构负责任投资是否进入新技术行业情况

6. 七成 VC 投资机构尚未投资于医药、生物技术行业

在作为研究对象的 30 家 VC 投资机构中，借助于积极筛选的投资策略投资于医药、生物技术行业的 VC 投资机构相对较少，只有 9 家，占所有作为研究对象的 VC 投资机构的比例为 30.00%。

与之相对，七成 VC 投资机构尚未通过积极筛选的投资策略投资于医药、生物技术行业。具体来看，在作为研究对象的 30 家 VC 投资机构中，有 21 家 VC 投资机构尚未通过积极筛选的投资策略投资于医药、生物技术行业，占所有作为研究对象的 VC 投资机构的比例为 70.00%。

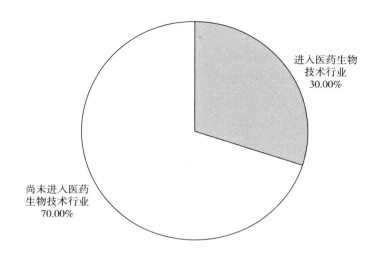

图15　VC 投资机构负责任投资是否进入医药、生物技术行业情况

7. 高新材料行业成为 VC 投资机构开展积极筛选的当然选择

在作为研究对象的 30 家 VC 投资机构中，通过积极筛选的投资策略投资于高新材料行业的 VC 投资机构最多，有 28 家，占所有作为研究对象的 VC 投资机构的比例超过 90%，为 93.33%，反映了 VC 投资机构积极通过积极筛选的策略投资于高新材料行业。

与之相对，在作为研究对象的 30 家 VC 投资机构中，尚未通过积极筛选的投资策略投资于高新材料行业企业的 VC 投资机构相对较少，仅有 2 家，占所有作为研究对象的 VC 投资机构的比例不足 10%，为 6.67%，反映了高新材料行业也成为 VC 投资机构通过积极筛选策略开展投资的当然选择。

8. 九成 VC 投资机构通过积极筛选投资于互联网金融行业

在作为研究对象的 30 家 VC 投资机构中，使用积极筛选策略投资于互联网金融行业的 VC 投资机构有 27 家，占所有作为研究对象的 VC 投资机构的比例为 90.00%，反映了九成 VC 投资机构致力于通过积极筛选策略投资于互联网金融行业。

与之相对，在作为研究对象的 30 家 VC 投资机构中，尚未使用积极筛

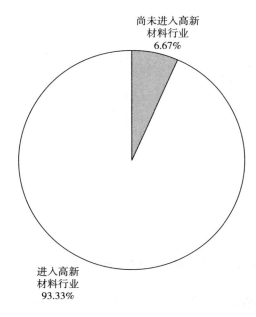

图 16 VC 投资机构负责任投资是否进入高新材料行业情况

选策略投资于互联网金融行业的 VC 投资机构只有 3 家，占所有作为研究对象的 VC 投资机构的比例仅为 10.00%，数量相对较少，反映了投资于互联网金融行业已经成为 VC 投资机构通过积极筛选策略开展负责任投资的重要行业领域。

9. 逾九成五 VC 投资机构通过积极筛选投资于其他鼓励行业

在作为研究对象的 30 家 VC 投资机构中，通过积极筛选的策略投资于民生、环境、科技等负责任投资鼓励进入行业的 VC 投资机构有 29 家，占所有作为研究对象的 VC 投资机构的比例超过 95%，为 96.67%，表明逾九成五 VC 投资机构通过积极筛选的负责任投资策略投资于民生、环境、科技等其他鼓励行业。

在作为研究对象的 30 家 VC 投资机构中，尚未通过积极筛选的负责任投资策略投资于民生、环境、科技等鼓励进入行业的 VC 投资机构仅有 1 家，占所有作为研究对象的 VC 投资机构的比例不足 5%，仅为 3.33%，反

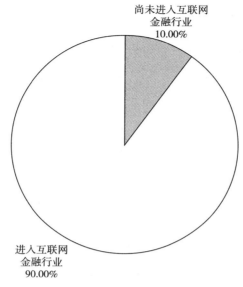

图17　VC 投资机构负责任投资是否进入互联网金融行业情况

映了民生、环境、科技等负责任投资鼓励进入行业已经成为 VC 投资机构通过积极筛选的投资策略开展负责任投资的不二选择。

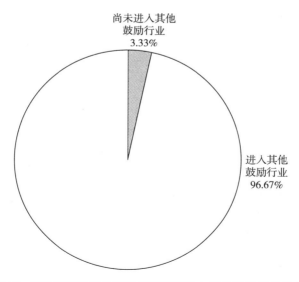

图18　VC 投资机构负责任投资是否进入其他鼓励行业情况

（四）多数 VC 投资机构尚未通过股东行动进行负责任投资

1. 开展股东行动进行负责任投资不足两成

按照所投资的企业具有重大的社会价值或环境价值的加 1 分，所投资企业发生重大的社会负面事件或环境重大事件的企业减 1 分的标准（且最终得分的范围为 ［-3，3]），对作为研究对象的 30 家 VC 投资机构通过开展股东行动开展负责任投资的状况进行研究发现，得分为 0 分的 VC 投资机构相对最多，有 14 家，占所有作为研究对象的 VC 投资机构的近五成，为46.67%。其次为得分处于 0 分以下的 VC 投资机构数量，为 12 家，占所有作为研究对象的 VC 投资机构的比例为 40.00%。再次，得分为 1 分的 VC 投资机构有 2 家，占所有作为研究对象的 VC 投资机构的比例为 6.67%。最后，各有 1 家 VC 投资机构得分为 2 分和 3 分，占所有作为研究对象的 VC 投资机构的比例均不超过 5%，均为 3.33%。

不难看出，在作为研究对象的 30 家 VC 投资机构中，充分利用自身影响力和股东权利，积极通过直接对话、股东提案、代理投票等方式积极影响公司的政策和行为，以实现经济效益和社会效益双赢的 VC 投资机构相对较少，多数 VC 投资机构尚未通过股东行动进行负责任投资。不仅如此，在作为研究对象的 30 家 VC 投资机构所投资的企业中，多数企业均不同程度地在消费者权益保护、员工权益保护、生态环境、供应链管理、社区参与、守法合规、诚实守信或透明运营等方面发生了重大负面事件，作为股东的 VC 投资机构并未采取相应的负责任行动，采用相关的负责任行动履行股东责任或义务的 VC 投资机构不足两成。

2. 采取股东行动保护消费者权益的 VC 投资机构不足一成五

在作为研究对象的 30 家 VC 投资机构中，采取股东行动积极影响公司保护消费者权益的 VC 投资机构相对最少，仅有 4 家，占所有作为研究对象的 VC 投资机构的比例不足 15%，仅为 13.33%，反映了采取股东行动保护消费者权益的 VC 投资机构不足一成五。

与之相对，未采取任何股东行动积极影响企业的行为保护消费者权益的

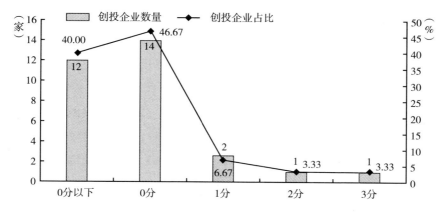

图 19　VC 投资机构负责任投资股东行动情况

VC 投资机构较多，有 26 家，占所有作为研究对象的 VC 投资机构的比例超过 85%，为 86.67%。其中，还有 4 家 VC 投资机构所投资的企业发生了重大消费者权益保护负面事件，而相关 VC 投资机构并未采取股东行动，保护处于负面影响的消费者合法权益。

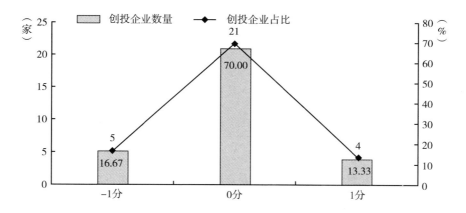

图 20　VC 投资机构负责任投资是否开展股东行动保护消费者权益情况

3. 逾九成五 VC 投资机构尚未采取股东行动保护投资企业员工权益

在作为研究对象的 30 家 VC 投资机构中，通过采取股东行动的负责任投资策略保护所投资企业员工权益的 VC 投资机构不足 5%，仅有 1 家 VC

投资机构通过股东行动的负责任投资策略保护所投资企业的员工权益,占所有作为研究对象的 VC 投资机构的比例为 3.33%。

与之相比,在作为研究对象的 30 家 VC 投资机构中,尚未通过采取股东行动的负责任投资策略保护所投资企业员工权益的 VC 投资机构超过 95%,有 29 家 VC 投资机构在开展投资的过程中尚未通过采取股东行动的负责任投资策略保护所投资企业的员工权益,占所有作为研究对象的 VC 投资机构的比例为 96.67%,也就是说,逾九成五 VC 投资机构尚未采取股东行动保护所投资企业的员工权益。不仅如此,在尚未采取股东行动的负责任投资策略保护所投资企业的员工权益的 VC 投资机构中,还有 2 家 VC 投资机构在所投资企业发生侵害员工合法权益事件的情况下,也没有采取任何股东行动,反映了采取股东行动策略保护所投资企业的员工权益尚未进入这些 VC 投资机构的视野。

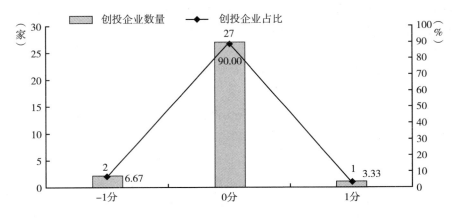

图 21 VC 投资机构负责任投资是否开展股东行动保护员工权益情况

4. 通过股东行动推动所投资企业保护生态环境尚未成为 VC 投资机构选择

在作为研究对象的 30 家 VC 投资机构中,通过采取股东行动的负责任投资策略积极影响所投资企业保护生态环境的 VC 投资机构仅有 1 家,占所有 VC 投资机构的比例不足 5%,仅为 3.33%,反映了通过股东行动推动其投资企业保护生态环境尚未成为 VC 投资机构的当然选择。

与之相比，在所有作为研究对象的 VC 投资机构中，尚未通过股东行动的负责任投资策略积极推动所投资企业保护生态环境的 VC 投资机构超过 95%，有 29 家 VC 投资机构尚未通过股东行动的负责任投资策略积极推动所投资企业保护生态环境，占所有作为研究对象的 VC 投资机构的比例为 96.67%。

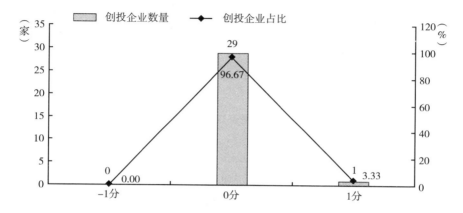

图 22　VC 投资机构负责任投资是否开展股东行动保护生态环境情况

5. 多数 VC 投资机构尚未通过股东行动推动投资企业开展供应链管理

在作为研究对象的 30 家 VC 投资机构中，通过股东行动的负责任投资策略积极推动所投资企业开展供应链管理的 VC 投资机构仅有 2 家，占所有作为研究对象的 VC 投资机构的比例不足 10%，仅为 6.67%，反映了通过股东行动推进所投资企业开展供应链管理、履行供应链责任还没有成为 VC 投资机构的重要行为。

与之相对，在作为研究对象的 30 家 VC 投资机构中，尚未通过股东行动的负责任投资策略积极推动所投资企业开展供应链管理、履行供应链责任的 VC 投资机构有 28 家，占所有作为研究对象的 VC 投资机构的比例超过 90%，为 93.33%，反映了逾九成 VC 投资机构尚未通过股东行动推动投资企业开展供应链管理。其中，还有 2 家 VC 投资机构所投资企业发生了供应链负面社会责任事件，而相关 VC 投资机构并未通过开展股东行动积极推动所投资企业履行供应链管理的社会责任。

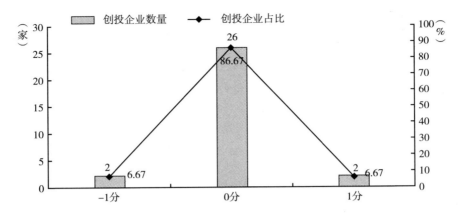

图23　VC投资机构负责任投资是否开展股东行动推动供应链管理情况

5. 逾八成VC投资机构尚未通过股东行动推动投资企业参与社区建设

在作为研究对象的30家VC投资机构中，致力于通过股东行动的负责任投资策略推进所投资企业参与社区建设、履行社区责任的VC投资机构只有5家，占所有作为研究对象的VC投资机构的比例不足20%，仅为16.67%，反映了通过股东行动的负责任投资策略推进所投资企业参与社区建设的VC投资机构偏少。

与之相对，在作为研究对象的30家VC投资机构中，尚未通过股东行动的负责任投资策略推进所投资企业参与社区建设、履行社区责任的VC投资机构有25家，占所有作为研究对象的VC投资机构的比例超过80%，为83.33%，反映了逾八成VC投资机构尚未通过股东行动推动投资企业参与社区建设。

6. 守法合规成为VC投资机构股东行动的真空地带

在作为研究对象的30家VC投资机构中，没有任何一家VC投资机构通过股东行动的负责任投资策略推动所投资企业开展守法合规活动，反映了守法合规已经成为VC投资机构股东行动的真空地带。

与之相对，所有的VC投资机构均没有通过股东行动的负责任投资策略推动所投资企业开展守法合规活动，其中，所投资企业发生一项重大守法合规负面事件的VC投资机构有5家，占所有VC投资机构的比例超过15%，

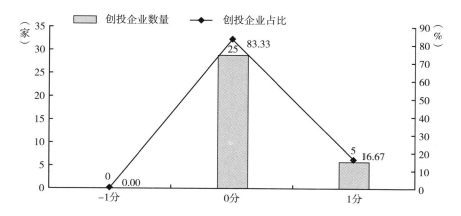

图 24　VC 投资机构负责任投资是否开展股东行动推动社区参与情况

为 16.67%；所投资企业发生两项重大守法合规负面事件的 VC 投资机构也有 1 家，占所有 VC 投资机构的比例为 3.33%。

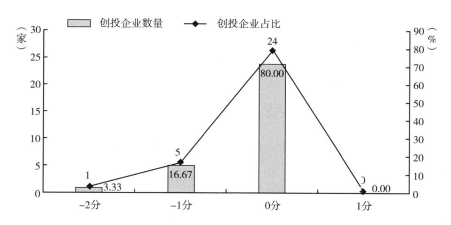

图 25　VC 投资机构负责任投资是否开展股东行动推动守法合规情况

7. VC 投资机构并未做好通过股东行动推动诚实守信的准备

在作为研究对象的 VC 投资机构中，仅有 1 家 VC 投资机构通过股东行动的负责任投资策略推动所投资企业积极做好诚实守信，占所有作为研究对象的 VC 投资机构的比例不足 5%，仅为 3.33%，反映了 VC 投资机构并未

做好通过股东行动推动所投资企业积极开展诚实守信的准备。

与之相对，在作为研究对象的 VC 投资机构中，尚未通过股东行动的负责任投资策略推进任何所投资企业做好诚实守信的 VC 投资机构有 29 家，占所有作为研究对象的 VC 投资机构的比例超过 95%，为 96.67%。其中，还有 4 家 VC 投资机构在所投资企业发生重大诚实守信负面事件的情况下，依然没有采取任何股东行动推动这些企业做好城市守信工作。这也从反面验证了 VC 投资机构并没有做好通过股东行动推动所投资企业积极开展诚实守信的准备，即使是在所投资的企业发生重大守法合规负面事件的情况之下。

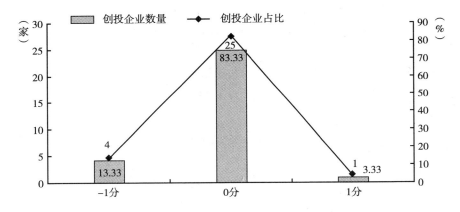

图26　VC 投资机构负责任投资是否开展股东行动推动诚实守信情况

8. 通过股东行动推动透明运营的 VC 投资机构不足一成

在作为研究对象的 30 家 VC 投资机构中，仅有 2 家 VC 投资机构通过股东行动的负责任投资策略推动所投资企业更加透明地运营，占所有作为研究对象的 VC 投资机构的比例不足 10%，为 6.67%，反映了 VC 投资机构很少将透明运营作为通过股东行动的负责任投资策略推动所投资企业履行社会责任的重要内容。

与之相对，在作为研究对象的 30 家 VC 投资机构中，尚未通过股东行动的负责任投资策略推动所投资企业更加透明地运营的 VC 投资机构有 28 家，占所有作为研究对象的 VC 投资机构的比例超过 90%，为 93.33%，反映了 VC 投资机构并没有做好通过股东行动推动所投资企业更加透明运营的准备。不仅如此，在尚未通过股东行动的负责任投资策略推动所投资企业更加透明地运营的 28 家 VC 投资机构中，还有 2 家 VC 投资机构在所投资企业发生透明运营重大负面事件时，依然没有通过股东行动的负责任投资策略要求相关企业更加透明地运营。

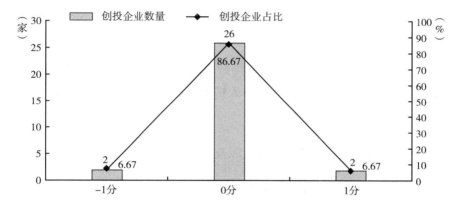

图 27　VC 投资机构负责任投资是否开展股东行动推动透明运营情况

B.7
私募股权（PE）负责任投资研究

一 样本选择

为了研究私募股权（PE）投资机构负责任投资状况，本研究选择"福布斯2014年最佳VC投资机构/投资人榜单"中30家PE投资机构作为研究样本。

（一）成立时间处于20年以上以及10年以下PE投资机构相对较多

以10年以下、10~15年（包括10年）、15~20年（包括15年）以及20年以上（包括20年）为成立时间阶段进行分组，对30家PE投资机构的成立时间进行考察。结果发现，在30家作为研究对象的PE投资机构中，成立时间在20年以上的PE投资机构相对最多，有10家，占所有作为研究对象的PE投资机构的比例超过30%，为33.33%。其次为成立时间处于10年以下的PE投资机构数量，为9家，占所有作为研究对象的PE投资机构的比例为30.00%。另外，成立时间处于10~15年和15~20年的PE投资机构分别有6家和5家，占所有作为研究对象的PE投资机构的比例分别为20.00%和16.67%。

（二）国内PE投资机构相对较多，内地PE投资机构多于香港

在30家作为研究对象的PE投资机构中，逾七成五总部位于中国，占所有作为研究对象的比例为76.67%。总部位于国外的PE投资机构有7家，占所有作为研究对象的PE投资机构的比例超过20%，为23.33%，相对较少。

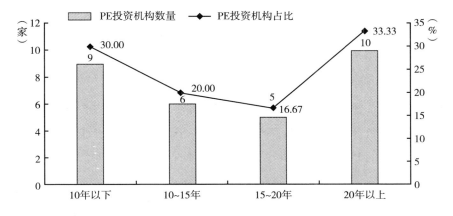

图1 PE 投资机构样本的成立时间分布

在总部位于中国的 23 家作为研究对象的 PE 投资机构中，位于中国内地的 PE 投资机构有 20 家，位于中国香港的 PE 投资机构有 3 家，占所有作为研究对象的 PE 投资机构的比例分别为 66.67% 和 10.00%。

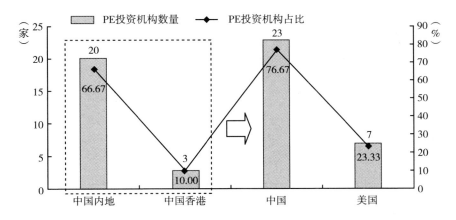

图2 PE 投资机构样本的总部所在地分布

二 结果排名

基于本研究的技术路线，通过对作为研究对象的 30 家 PE 投资机构的负

责任投资理念、负面筛选的负责任投资策略、积极筛选的负责任投资策略以及股东行动的负责任投资策略进行考察，课题组得到反映 PE 投资机构负责任投资程度的指数，即 PE 投资机构负责任投资指数（见表 1）。指数越大，反映了相关 PE 投资机构开展负责任投资的水平越高；指数越小，反映了相关 PE 投资机构开展负责任投资的水平越低；指数为负，反映了相关 PE 投资机构不仅没有开展任何负责任投资实践，而且在所投资企业发生社会责任重大负面事件的时候，相应的 PE 投资机构并没有采取任何体现负责任投资理念的行动。

表 1　30 家 PE 投资机构负责任投资排名

单位：分

责任得分排名	PE 投资机构	负责任投资得分	责任得分排名	PE 投资机构	负责任投资得分
1	摩根士丹利	7	11	中金直投	3
2	中信产业基金	5	11	明石投资	3
2	昆吾九鼎	5	11	方源资本	3
2	凯雷投资集团	5	11	美国华平投资集团	3
2	国际金融公司	5	11	信中利资本	3
2	光大控股	5	11	海富产业基金	3
7	新天域资本	4	22	鼎晖投资	2
7	中科招商集团	4	22	平安财智	2
7	老虎环球基金	4	22	招商湘江	2
7	景林	4	22	磐石资本	2
11	复星资本	3	26	弘毅投资	1
11	建银国际	3	26	高盛集团	1
11	国信弘盛	3	28	霸菱亚洲	0
11	金石投资	3	28	KKR	0
11	广发信德	3	28	挚信资本	0

三　基本结论

（一）PE 投资机构开展负责任投资水平整体不高

通过对 30 家 PE 投资机构负责任投资状况进行考察，课题组发现，我国 PE 投资机构负责任投资平均得分为 3.03 分，整体不高，反映了我国 PE 投资机构不仅需要进一步树立负责任的投资理念，而且需要在投资过程中继续推进负面筛选、积极筛选以及股东行动等负责任投资策略的使用。

具体来看，以 0~2 分（包括 0 分）、2~4 分（包括 2 分）、4~6 分（包括 4 分）、6 分以上（包括 6 分）分组，考察 PE 投资机构的负责任投资的分布状况。课题组发现，在作为研究对象的 30 家 PE 投资机构中，负责任投资指数得分处于 2~4 分组的 PE 投资机构最多，有 15 家，占所有作为研究对象的 PE 投资机构的 50.00%，反映了半数 PE 投资机构得分处于该组（2~4 分组）。其次，为负责任投资指数得分处于 4~6 分组的 PE 投资机构数量，为 9 家，占所有作为研究对象 PE 投资机构的比例为 30.00%。最后，负责任投资指数的得分处于 0~2 分组和 6 分以上组两个组别的 PE 投资机构数量依此减少，分别有 5 家和 1 家，占所有作为研究对象的 PE 投资机构的比例分别为 16.67% 和 3.33%。

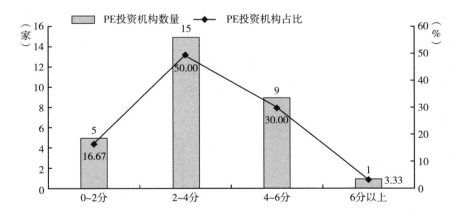

图 3　PE 投资机构负责任投资指数得分分布状况

（二）积极筛选是 PE 投资机构开展负责任投资的优先选择策略

分别对 PE 投资机构开展负责任投资的负责任投资理念、负面筛选、积

极筛选以及股东行动四类负责任投资策略的基本状况进行考察，其中，负责任投资理念的最高得分为 1 分，负面筛选的负责任投资策略的最高得分为 3 分，积极筛选的负责任投资策略的最高得分为 3 分，股东行动的负责任投资策略的最高得分为 3 分。

通过对 30 家 PE 投资机构在树立负责任投资理念、负面筛选、积极筛选和股东行动四个方面的平均状况进行考察发现，积极筛选的负责任投资策略平均得分相对最高，为 2.50 分，表明积极筛选的负责任投资策略是 PE 投资机构开展负责任投资优先采取的投资策略。其次，为树立负责任投资理念的平均得分，在负责任投资理念最高得分为 1 分的情况下，作为研究对象的 30 家 PE 投资机构平均得分为 0.41 分，显示了一些 PE 投资机构已经树立了负责任投资理念，开展了负责任的投资行动。另外，在总分为 3 分的股东行动负责任投资策略方面，30 家 PE 投资机构的平均得分为 0.30 分，相对较低，表明通过使用股东行动的负责任投资策略开展负责任投资的 PE 投资机构相对较少。不过，在最高得分为 3 分的负面筛选的负责任投资策略方面，30 家 PE 投资机构的平均得分低于 0 分，仅为 -0.17 分，反映了 PE 投资机构不仅极少通过使用负面筛选的负责任投资策略开展负责任投资行为，而且在所投资企业发生重大负面事件的情况下，相关 PE 投资机构也不会通过负面筛选的负责任投资策略退出相应的企业。

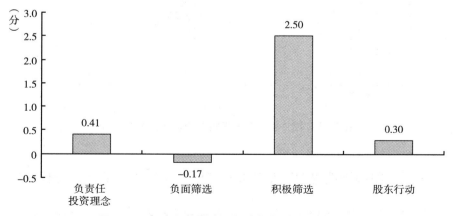

图4　PE 投资机构负责任投资指数分项平均状况

四　分项结果

（一）逾半数 PE 投资机构不具有负责任投资理念

在作为研究对象的 30 家 PE 投资机构中，开展投资过程中具有负责任投资理念的 PE 投资机构有 13 家，占所有作为研究对象的 PE 投资机构的比例不足五成，占所有作为研究对象的 PE 投资机构的比例为 43.33%。

与之相对，在开展投资过程中不具有负责任投资理念的 PE 投资机构有 17 家，占所有作为研究对象的 PE 投资机构的比例逾半数。其中，无负责任投资理念的 PE 投资机构有 16 家，占所有作为研究对象的 PE 投资机构的比例为 53.33%；具有的投资理念是唯利是图的 PE 投资机构有 1 家，占所有作为研究对象的 PE 投资机构的比例为 3.33%。

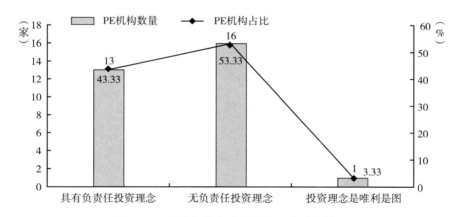

图 5　PE 投资机构负责任投资理念分布情况

表 2　PE 投资机构负责任投资理念示例

编号	PE 投资机构	负责任投资理念
1	中科招商集团	把赚钱放到第二位，把推动区域经济发展、为股东创造价值放到第一位
2	弘毅投资	专注于发现价值、创造价值，超越单纯的资本运作
3	凯雷投资集团	负责任的投资，在投资过程中厘清并降低环境、社会和公司治理（ESG）方面的风险

编号	PE 投资机构	负责任投资理念
4	方源资本	为那些在中国消费结构升级、城市化建设进程和经济的可持续发展等方面起到推动作用并能从中获益的企业提供成长性资本
5	美国华平投资集团	致力于进行负责任的投资,促进环境保护,履行社会责任等
6	国际金融公司	哪里最需要课题组,课题组就去哪里;哪里能取得最大的实效,课题组就将资源配置到哪里
7	光大控股	在努力发展业务的同时,力求利用本身的专长及资源为各界持有股份者创造最大利益
8	信中利资本	大环保、新能源、新材料

（二）逾八成 PE 投资机构采用负面筛选策略开展负责任投资

1. 进入争议性行业进行投资的 PE 投资机构不足二成

在 30 家 PE 投资机构中所投资企业涉足游戏、香烟、赌博、色情文学、酒精和饮品（含酒精）、与兵器相关的产业、动物实验等争议性行业的有 5 家，占所有作为研究对象的 PE 投资机构的比例不足 20%，为 16.67%，整体数量不多。

与之相对，在 30 家 PE 投资机构中，所投资企业尚未涉足游戏、香烟、赌博、色情文学、酒精和饮品（含酒精）、与兵器相关的产业、动物实验等争议性行业的有 25 家，占所有作为研究对象的 PE 投资机构的比例超过 80%，为 83.33%，整体数量较多。不难看出，尚未进入争议性行业进行投资的 PE 投资机构多于八成。

2. 尚未进入游戏行业开展投资的 PE 投资机构超过八成

在作为研究对象的 30 家 PE 投资机构中，所投资企业为游戏行业企业的 PE 投资机构有 5 家，占所有作为研究对象的 VC 投资机构的比例不足 20%，为 16.67%，整体占比不高。

与之相对，在 30 家作为研究对象的 PE 投资机构中，尚未采用负面筛选的负责任投资策略进入游戏行业的 PE 投资机构有 25 家，占所有作为研究对象的 PE 投资机构的比例超过 80%，为 83.33%，整体数量较多。

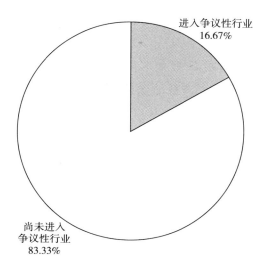

图6　VC 投资机构负责任投资负面筛选情况

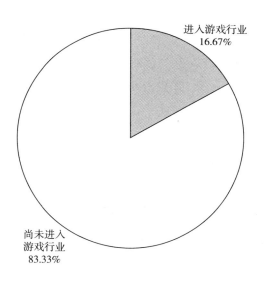

图7　PE 投资机构负责任投资是否进入游戏行业情况

3. 没有 PE 投资机构所投资企业涉足香烟、赌博等其他限制性行业

在 30 家作为研究对象的 PE 投资机构中，没有 PE 投资机构所投资的行业涉足香烟、赌博、色情文学、酒精和饮品（含酒精）、与兵器相

关的产业、动物实验等争议性行业，环境影响大和环境风险高的行业，国家限制投资的行业（包括钢铁、电解铝、水泥、平板玻璃、船舶等产能严重过剩行业）以及其他带来不良社会影响的行业，反映了 PE 投资机构在投资过程中已经通过负面筛选的负责任投资策略将上述行业排除。

（三）采用积极筛选的负责任投资策略已经成为 PE 投资机构的常态

1. 所有 PE 投资机构均采用积极筛选策略开展负责任投资

在 30 家 PE 投资机构中，所投资企业均不同程度地涉足绿色能源、清洁技术、智能制造、新技术、医药和生物技术、高新材料、金融（互联网金融）行业和其他有利于民生/环境/科技等行业，反映了 PE 投资机构采用积极筛选的负责任投资策略开展投资活已经成为 PE 投资机构开展投资的通行做法。

具体来看，分别以进入 1 个行业、进入 2 个行业以及进入 3 个以及以上行业为组别，对 30 家 PE 投资机构采用积极筛选的策略开展负责任投资状况进行分析，课题组发现，在所有的 30 家 PE 投资机构中，采用积极筛选的负责任投资策略投资于 3 个以及以上鼓励进入行业的 PE 投资机构最多，有 18 家，占所有作为研究对象的 PE 投资机构的比例为60.00%。在所有的 30 家 PE 投资机构中，采用积极筛选的负责任投资策略投资于 2 个鼓励进入行业的 PE 投资机构数量居于其次，为 9 家，占所有作为研究对象的 PE 投资机构的比例为 30.00%。最后，在所有的 30 家 PE 投资机构中，采用积极筛选的负责任投资策略投资于 1 个鼓励进入行业的 PE 投资机构有 3 家，占所有作为研究对象的 PE 投资机构的比例为 10.00%。

2. 六成 PE 投资机构进入绿色能源行业

在所有作为研究对象的 30 家 PE 投资机构中，采用积极筛选的负责任投资策略投资于绿色能源行业的 PE 投资机构有 18 家，占所有作为研究对

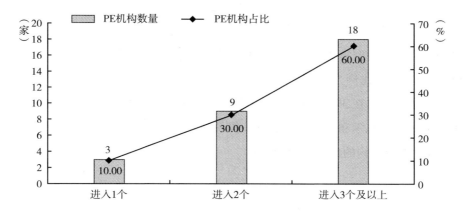

图 8　PE 投资机构负责任投资积极筛选情况

象的 PE 投资机构的比例为 60.00%，反映了多数 PE 投资机构通过积极筛选的负责任投资策略投资于绿色能源行业。

与之相对，在作为研究对象的 30 家 PE 投资机构中，尚未采用积极筛选的负责任投资策略投资于绿色能源行业的 PE 投资机构有 12 家，占所有作为研究对象的 PE 投资机构的比例为 40%。

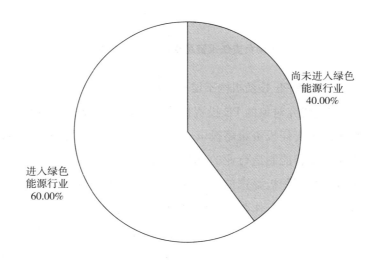

图 9　PE 投资机构负责任投资是否进入绿色能源行业情况

3. 逾半数 PE 投资机构进入清洁技术和环保行业

在 30 家作为研究对象的 PE 投资机构中，过半数 PE 投资机构采用积极筛选的负责任投资策略投资于清洁技术和环保行业，占所有作为研究对象的 PE 投资机构的比例为 53.33%。

与之相对，在 30 家 PE 投资机构中，尚未采用积极筛选的负责任投资策略进入清洁技术和环保行业的 PE 投资机构有 14 家，占所有作为研究对象的 PE 投资机构的比例为 46.67%。

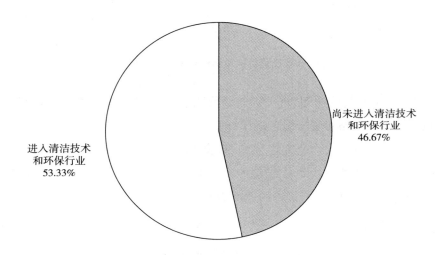

图 10　PE 投资机构负责任投资是否进入清洁技术和环保行业情况

4. 进入智能制造 PE 投资机构不足一成五

在 30 家作为研究对象的 PE 投资机构中，超过八成五 PE 投资机构尚未采用积极筛选的负责任投资策略投资于智能制造行业，采用积极筛选的负责任投资策略投资于智能制造行业的 PE 投资机构不足一成五。

具体来看，采用积极筛选的负责任投资策略投资于智能制造行业的 PE 投资机构有 4 家，占所有作为研究对象的 PE 投资机构的比例不足 15%，为 13.33%。尚未采用积极筛选的负责任投资策略投资于智能制造行业的 PE 投资机构有 26 家，占所有作为研究对象的 PE 投资机构的比例超过 85%，为 86.67%。

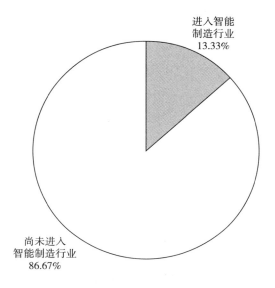

图 11 PE 投资机构负责任投资是否进入智能制造行业情况

5. 逾七成五 PE 投资机构尚未进入新技术行业

在作为研究对象的 30 家 PE 投资机构中，只有 7 家 PE 投资机构采用积极筛选的负责任投资策略进入新技术行业，占所有作为研究对象的 PE 投资机构的比例不足 25%，为 23.33%。尚未采用积极筛选的负责任投资策略进入新技术行业的 PE 投资机构有 23 家，占所有作为研究对象的 PE 投资机构的比例超过 75%，为 76.67%。显而易见，许多 PE 投资机构尚未做好通过积极筛选的负责任投资策略投资于新技术行业的准备。

6. 逾七成五 PE 投资机构进入医药等健康行业

在作为研究对象的 30 家 PE 投资机构中，采用积极筛选的负责任投资策略进入医药等健康行业的 PE 投资机构有 23 家，占所有作为研究对象的 PE 投资机构的比例超过 75%，为 76.67%。

与之相对，在作为研究对象的 30 家 PE 投资机构中，尚未采用积极筛选的负责任投资策略进入医药等健康行业的 PE 投资机构只有 7 家，占所有作为研究对象的 PE 投资机构的比例为 23.33%。

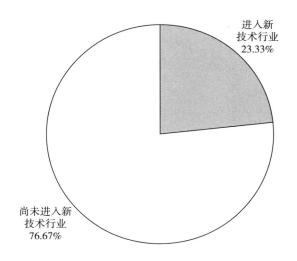

图12　PE 投资机构负责任投资是否进入新技术行业情况

显而易见，多数 PE 投资机构已经开始采用积极筛选的负责任投资策略进入医药等健康行业。

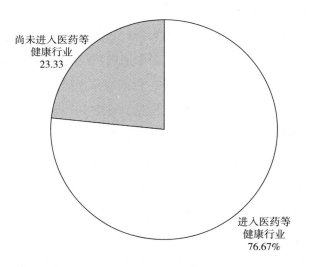

**图13　PE 投资机构负责任投资是否进入医药
等健康行业情况**

7. 逾八成 PE 投资机构尚未进入高新材料行业

在作为研究对象的 30 家 PE 投资机构中，采用积极筛选的负责任投资策略投资于高新材料行业的 PE 投资机构只有 5 家，占所有作为研究对象的 PE 投资机构的比例不足 20%，仅为 16.67%。

与之相比，尚未采用积极筛选的负责任投资策略投资于高新材料行业的 PE 投资机构有 25 家，占所有作为研究对象的 PE 投资机构的比例超过 80%，为 83.33%。

显而易见，少数 PE 投资机构不断通过积极筛选的负责任投资策略进入高新材料行业。

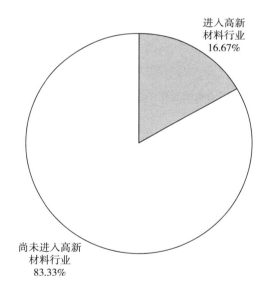

图 14 PE 投资机构负责任投资是否进入高新材料行业情况

8. 七成 PE 投资机构尚未进入互联网行业

在作为研究对象的 30 家 PE 投资机构中，采用积极筛选的负责任投资策略投资于互联网行业的 PE 投资机构和尚未采用积极筛选的负责任投资策略投资于互联网行业的 PE 投资机构分别有 9 家和 21 家，占所有作为研究对象的 PE 投资机构的比例分别为 30.00% 和 70.00%，反映了相对较多

的 PE 投资机构并没有选择通过积极筛选的负责任投资策略投资于互联网行业。

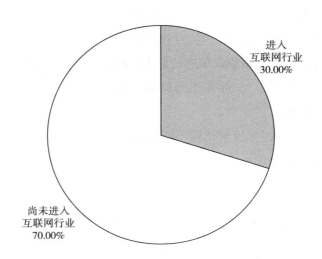

进入
互联网行业
30.00%

尚未进入
互联网行业
70.00%

图 15　PE 投资机构负责任投资是否进入互联网行业情况

9. 逾九成 PE 投资机构尚未进入其他鼓励行业

在作为研究对象的 30 家 PE 投资机构中，使用积极筛选的负责任投资策略投资于有利于民生/环境/科技的行业（比如物联网、智慧城市）的 PE 投资机构仅有 2 家，占所有作为研究对象的 PE 投资机构的比例不足 10%，仅为 6.67%。

与之相对，尚未使用积极筛选的负责任投资策略投资于有利于民生/环境/科技的行业（比如物联网、智慧城市）的 PE 投资机构有 28 家，占所有作为研究对象的 PE 投资机构的比例超过九成。

显而易见，绝大多数 PE 投资机构根本没有采取积极筛选的负责任投资策略投资于有利于民生、环境、科技的行业。

（四）相对多数 PE 投资机构并未通过股东行动进行负责任投资

1. 逾六成五 PE 投资机构尚未通过股东行动进行负责任投资

按照所投资的企业具有重大的社会价值或环境价值的加 1 分，所投

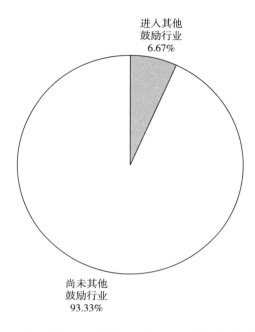

进入其他
鼓励行业
6.67%

尚未其他
鼓励行业
93.33%

图 16 PE 投资机构负责任投资是否进入其他鼓励行业情况

资企业发生重大的社会负面事件或环境重大事件的企业减 1 分的标准
（且最终得分的范围为 [- 3，3]），对作为研究对象的 30 家 PE 投资机
构通过开展股东行动开展负责任投资的状况进行研究。研究结果显示，
在作为研究对象的 PE 投资机构中，得分为 0 分的相对最多，有 13 家，
占所有作为研究对象的 PE 投资机构的比例超过 40%，为 43.33%。其
次为得分处于 0 分以下的 PE 投资机构数量，为 7 家，占所有作为研究
对象的 PE 投资机构的比例超过 20%，为 23.33%。另外，得分为 1 分、
3 分和 2 分的 PE 投资机构数量依次减少，分别为 5 家、4 家和 1 家，占
作为研究对象的 PE 投资机构的比例分别为 16.67%、13.33% 和
3.33%。

　　显而易见，尽管有超过三成 PE 投资机构通过股东行动的负责任投资策
略开展投资活动，但是从整体来看，没有通过股东行动的负责任投资策略开
展投资活动的 PE 投资机构仍占相对多数。

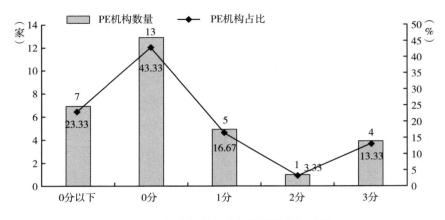

图17　PE 投资机构负责任投资股东行动情况

2. 仅一成 PE 投资机构通过股东行动保护消费者权益

在作为研究对象的 30 家 PE 投资机构中，通过股东行动的负责任投资策略推动所投资企业保护消费者权益的 PE 投资机构仅有 3 家，占所有作为研究对象的 PE 投资机构的一成。

与之相对，在作为研究对象的 30 家 PE 投资机构中，尚未通过股东行动的负责任投资策略推动所投资企业保护消费者权益的 PE 投资机构有 27 家，占所有作为研究对象的 PE 投资机构的九成。其中，还有 7 家 PE 投资机构不仅没有通过股东行动的负责任投资策略推动所投资企业保护消费者权益，反而在所投资企业发生侵害消费者权益事件的时候无动于衷。

显而易见，通过股东行动的负责任投资策略推动所投资企业保护消费者的合法权益不仅没有形成 PE 投资机构的共识，而且绝大多数 PE 投资机构并没有形成相应的意识。

3. 九成 PE 投资机构尚未通过股东行动保护员工权益

在作为研究对象的 30 家 PE 投资机构中，通过股东行动的负责任投资策略推动所投资企业保护员工权益的 PE 投资机构只有 3 家，占所有作为研究对象的 PE 投资机构的比例为 10.00%。与之相对，在作为研究对象的 30 家 PE 投资机构中，尚未通过股东行动的负责任投资策略推动所投资企业保护员工权益的 PE 投资机构有 27 家，占所有作为研究对象的 PE 投资机构的

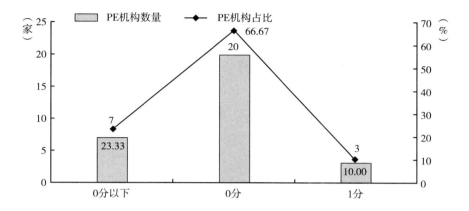

图18　PE 投资机构负责任投资是否开展股东行动保护消费者权益情况

比例为90.00％，其中，还有 1 家 PE 投资机构在所投资企业发生重大员工权益保护重大负面事件的时候，并没有撤出对相关企业的投资。

显而易见，绝大多数 PE 投资机构还没有通过股东行动的负责任投资策略保护员工权益的行为。

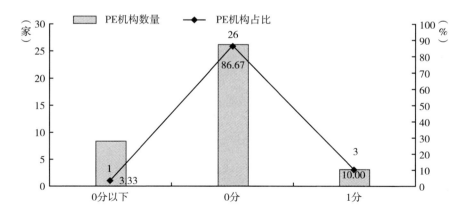

图19　PE 投资机构负责任投资是否开展股东行动保护员工权益情况

4. 通过股东行动保护生态环境的 PE 投资机构不足二成

在所研究的 30 家 PE 投资机构中，通过股东行动的负责任投资策略推动所投资企业保护生态环境的 PE 投资机构有 5 家，占所有作为研究对象的

PE 投资机构的比例为 16.67%，不足两成。

与之相对，25 家 PE 投资机构尚未通过股东行动的负责任投资策略推动所投资企业保护生态环境，占所有作为研究对象的 PE 投资机构的比例超过八成，为 83.33%。不仅如此，在尚未通过股东行动的负责任投资策略推动所投资企业保护生态环境的 25 家 PE 投资机构中，还有 2 家 PE 投资机构在所投资企业发生生态环境负面事件的情况下，依然保持对相关企业的投资。

不难看出，通过股东行动推动所投资企业保护生态环境也没有走入 PE 投资机构的视野。

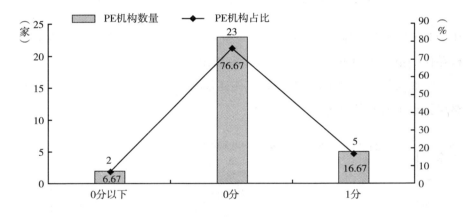

图 20　PE 投资机构负责任投资是否开展股东行动保护生态环境情况

5. 九成 PE 投资机构尚未通过股东行动推进供应链管理

在作为研究对象的 30 家 PE 投资机构中，通过股东行动的负责任投资策略推进所投资企业开展供应链管理、履行供应链责任的 PE 投资机构数量和尚未通过股东行动的负责任投资策略推进所投资企业开展供应链管理、履行供应链责任的 PE 投资机构分别有 3 家和 27 家，占所有作为研究对象的 PE 投资机构的比例分别为 10.00% 和 90.00%，反映了大多数 PE 投资机构还没有规划或打算更没有以实际行动推动所投资企业推进供应链管理、履行供应链责任。

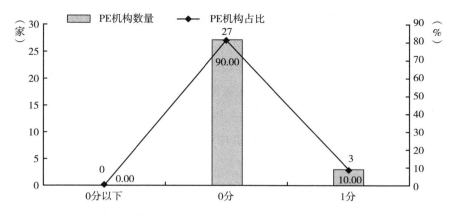

图 21　PE 投资机构负责任投资是否开展股东行动推进供应链管理情况

6. 逾四成 PE 投资机构通过股东行动推进社区参与

在作为研究对象的 30 家 PE 投资机构中，通过股东行动的负责任投资策略推动所投资企业积极开展社区参与的 PE 投资机构有 13 家，占所有作为研究对象的 PE 投资机构的比例超过 40%，为 43.33%。与之相比，尚未通过股东行动的负责任投资策略推动所投资企业积极开展社区参与的 PE 投资机构有 17 家，占所有作为研究对象的 PE 投资机构的比例为 56.67%。

不难看出，PE 投资机构积极通过股东行动的负责任投资策略推动所投资企业参与社区建设逐渐成为 PE 投资机构开展股东行动的重要组成部分。

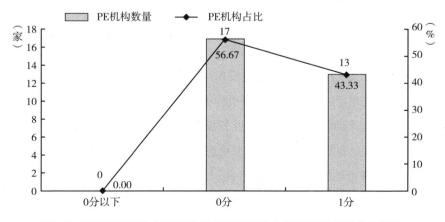

图 22　PE 投资机构负责任投资是否开展股东行动推进社区参与情况

7. 逾九成 PE 投资机构尚未通过股东行动推进守法合规

在作为研究对象的 30 家 PE 投资机构中，通过股东行动的负责任投资策略推动所投资企业积极做好守法合规的 PE 投资机构和尚未通过股东行动的负责任投资策略推动所投资企业积极做好守法合规的 PE 投资机构分别有2 家和 28 家，占所有作为研究对象的 PE 投资机构的比例分别为 6.67% 和93.33%，反映了绝大多数 PE 投资机构依然没有做到通过股东行动的负责任投资策略推动相关企业做好守法合规。不仅如此，在尚未通过股东行动的负责任投资策略推动所投资企业积极做好守法合规的 28 家 PE 投资机构中，还有 3 家 PE 投资机构在得知所投资企业具有守法合规负面事件后，依然没有采用股东行动的负责任投资策略。

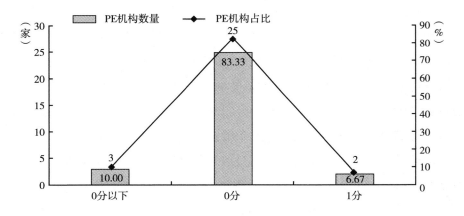

图 23　PE 投资机构负责任投资是否开展股东行动推进守法合规情况

8. 所有 PE 投资机构均尚未通过股东行动推进诚实守信

在作为研究对象的 30 家 PE 投资机构中，所有 PE 投资机构均尚未通过股东行动的负责任投资策略推动所投资企业积极做好诚实守信，反映了 PE 投资机构并将推动所投资企业的诚实守信作为开展股东行动的负责任投资策略的内容。

9. 通过股东行动推进透明运营的 PE 投资机构不足一成

在作为研究对象的 30 家 PE 投资机构中，通过股东行动的负责任投资策略推动所投资企业透明运营的 PE 投资机构和尚未通过股东行动的负责任投资

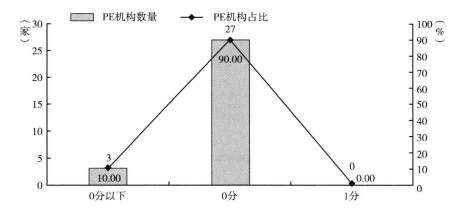

图 24　PE 投资机构负责任投资是否开展股东行动推进诚实守信情况

策略推动所投资企业透明运营的 PE 投资机构分别有 2 家和 28 家，占所有作为研究对象的 PE 投资机构的比例分别为 6.67% 和 93.33%，反映了推动所投资企业做好透明运营并不是大多数 PE 投资机构开展股东行动的负责任投资策略所关注的重点。在尚未通过股东行动的负责任投资策略推动所投资企业透明运营的 PE 投资机构中，还有 2 家 PE 投资机构在所投资企业出现透明运营重大负面事件的情况下，依然保持对相关企业的投资，并没有通过股东行动的负责任投资策略推进相关企业采取透明运营的规划或举措。

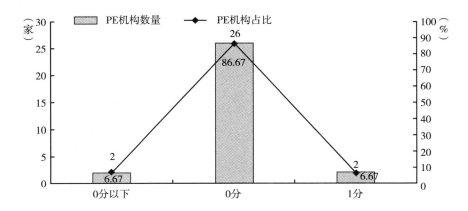

图 25　PE 投资机构负责任投资是否开展股东行动推进透明运营情况

附　　录

Appendices

B.8

国家创业指数评估结果

排名	国家	所在区域	发展状况	创业文化	创业机会	创业资源	创业绩效	国家创业指数
1	瑞　　士	欧　洲	发达国家	16.46	61.73	100.00	19.83	100.00
2	丹　　麦	欧　洲	发达国家	43.83	81.88	46.91	6.44	78.90
3	美　　国	北　美	发达国家	100.00	25.47	59.43	84.58	78.55
4	英　　国	欧　洲	发达国家	67.90	36.41	45.88	38.33	73.38
5	德　　国	欧　洲	发达国家	12.62	37.94	60.95	2.83	58.82
6	加　拿　大	北　美	发达国家	43.83	30.69	35.56	34.22	58.28
7	瑞　　典	欧　洲	发达国家	34.47	30.86	41.14	12.64	56.09
8	芬　　兰	欧　洲	发达国家	10.58	29.85	47.98	6.44	49.92
9	爱　尔　兰	欧　洲	发达国家	26.39	24.80	38.62	9.87	48.10
10	荷　　兰	欧　洲	发达国家	36.50	14.95	45.88	22.11	47.63
11	新　加　坡	亚　洲	发达国家	4.42	28.87	27.53	27.45	39.09
12	澳大利亚	大洋洲	发达国家	57.87	13.34	19.63	30.63	32.17
13	韩　　国	亚　洲	发达国家	0.00	100.00	11.07	15.91	29.64

续表

排名	国家	所在区域	发展状况	创业文化	创业机会	创业资源	创业绩效	国家创业指数
14	法 国	欧 洲	发达国家	13.19	25.06	16.91	6.44	28.81
15	日 本	亚 洲	发达国家	2.63	47.02	12.71	3.65	25.69
16	以 色 列	亚 洲	发达国家	5.77	8.00	19.63	22.11	20.94
17	中 国	亚 洲	发展中国家	3.70	13.78	10.85	100.00	20.00
18	意 大 利	欧 洲	发达国家	21.70	7.95	5.89	1.33	10.41
19	西 班 牙	欧 洲	发达国家	4.18	8.69	6.52	5.44	9.60
20	捷 克	欧 洲	发展中国家	7.72	0.00	8.80	15.91	7.03
21	印度尼西亚	亚 洲	发展中国家	1.70	4.08	4.86	38.33	6.81
22	印 度	亚 洲	发展中国家	8.46	5.57	3.15	15.91	6.74
23	智 利	拉 美	发展中国家	0.72	3.46	4.86	72.59	6.64
23	泰 国	亚 洲	发展中国家	1.70	1.80	5.89	72.59	6.64
25	南 非	非 洲	发达国家	14.40	8.05	0.00	12.64	4.94
26	巴 西	拉 美	发展中国家	2.44	6.18	0.46	55.15	4.19
27	墨 西 哥	拉 美	发展中国家	1.52	3.46	1.46	55.15	3.54
28	俄 罗 斯	欧 洲	发展中国家	1.88	7.06	1.25	2.83	2.97
29	沙特阿拉伯	亚 洲	发达国家	3.04	2.08	0.75	0.00	0.00

B.9
中国城市创业指数评估结果

排名	城市	所在省份	分布地区	创业文化得分	创业机会得分	创业资源得分	创业绩效得分	中国创业城市综合得分
1	北 京	北 京	东部地区	0.00	93.69	100.00	100.00	97.90
2	上 海	上 海	东部地区	0.00	87.31	44.39	58.19	63.30
3	深 圳	广 东	东部地区	75.24	45.45	28.43	39.45	37.77
4	广 州	广 东	东部地区	0.00	52.97	22.75	19.00	31.58
5	天 津	天 津	东部地区	0.00	73.70	8.10	12.06	31.29
6	杭 州	浙 江	东部地区	97.31	43.67	27.51	20.45	30.54
7	苏 州	江 苏	东部地区	86.58	46.74	11.81	30.01	29.52
8	武 汉	湖 北	中部地区	0.00	46.18	11.71	19.40	25.76
9	重 庆	重 庆	西部地区	85.06	56.86	6.28	7.73	23.62
10	成 都	四 川	西部地区	92.70	36.49	16.77	12.58	21.95
11	南 京	江 苏	东部地区	99.18	35.89	16.63	12.32	21.61
12	西 安	陕 西	西部地区	0.00	39.18	8.84	7.60	18.54
13	无 锡	江 苏	东部地区	0.00	33.94	5.81	13.50	17.75
14	长 沙	湖 南	中部地区	0.00	29.32	11.87	8.65	16.61
15	青 岛	山 东	东部地区	96.68	36.65	2.07	6.82	15.18
16	大 连	辽 宁	东北地区	0.00	32.31	3.41	8.13	14.61
17	郑 州	河 南	中部地区	0.00	25.21	3.80	10.88	13.30
18	哈尔滨	黑龙江	东北地区	100.00	29.01	5.15	4.59	12.92
19	宁 波	浙 江	东部地区	95.59	23.47	5.85	8.39	12.57
20	常 州	江 苏	东部地区	0.00	25.03	3.68	7.99	12.23
21	东 莞	广 东	东部地区	0.00	22.51	4.18	8.26	11.65
22	济 南	山 东	东部地区	92.34	20.53	3.87	9.70	11.36
23	沈 阳	辽 宁	东北地区	0.00	26.00	3.97	4.06	11.34
24	合 肥	安 徽	中部地区	81.14	21.50	5.24	6.55	11.10
25	佛 山	广 东	东部地区	0.00	20.89	5.35	5.37	10.54
26	长 春	吉 林	东北地区	0.00	23.66	4.50	3.01	10.39
27	昆 明	云 南	西部地区	81.95	22.16	2.32	4.98	9.82

排名	城市	所在省份	分布地区	创业文化得分	创业机会得分	创业资源得分	创业绩效得分	中国创业城市综合得分
28	厦门	福建	东部地区	0.00	12.43	9.47	7.08	9.66
29	福州	福建	东部地区	0.00	16.48	4.63	6.16	9.09
30	烟台	山东	东部地区	94.67	18.13	3.18	5.11	8.81
31	石家庄	河北	东部地区	0.00	20.31	2.01	3.80	8.71
32	南通	江苏	东部地区	0.00	18.63	1.17	4.72	8.17
33	潍坊	山东	东部地区	0.00	20.11	1.51	2.75	8.12
34	盐城	江苏	东部地区	0.00	20.64	0.33	2.49	7.82
35	绍兴	浙江	东部地区	75.85	14.74	5.18	3.41	7.78
36	温州	浙江	东部地区	0.00	14.47	4.18	3.67	7.44
37	徐州	江苏	东部地区	78.42	18.93	2.08	1.18	7.40
38	南昌	江西	中部地区	74.46	16.72	1.96	2.88	7.19
39	淄博	山东	东部地区	0.00	15.26	1.51	3.15	6.64
40	泉州	福建	东部地区	0.00	16.50	2.68	0.00	6.39
41	嘉兴	浙江	东部地区	0.00	13.32	2.01	3.01	6.11
42	台州	浙江	东部地区	0.00	10.54	3.34	4.33	6.07
43	扬州	江苏	东部地区	0.00	12.55	0.50	4.46	5.84
44	太原	山西	中部地区	0.00	13.37	1.15	2.49	5.67
45	临沂	山东	东部地区	0.00	15.49	1.34	0.00	5.61
46	唐山	河北	东部地区	0.00	14.74	0.67	1.31	5.57
47	湖州	浙江	东部地区	70.50	10.40	1.34	4.59	5.44
48	镇江	江苏	东部地区	0.00	12.07	0.67	3.15	5.30
49	南宁	广西	西部地区	0.00	13.76	2.11	0.00	5.29
50	保定	河北	东部地区	0.00	14.27	1.23	0.00	5.17
51	贵阳	贵州	西部地区	0.00	9.63	1.50	3.80	4.98
52	泰州	江苏	东部地区	0.00	12.58	0.50	1.83	4.97
53	东营	山东	东部地区	0.00	10.99	2.34	1.57	4.97
54	济宁	山东	东部地区	0.00	14.00	0.50	0.00	4.83
55	洛阳	河南	中部地区	0.00	10.76	0.33	3.28	4.79
56	芜湖	安徽	中部地区	0.00	8.82	0.84	4.46	4.70
57	邯郸	河北	东部地区	0.00	12.82	1.17	0.00	4.66
58	乌鲁木齐	新疆	西部地区	0.00	9.77	1.08	3.01	4.62
59	南阳	河南	中部地区	0.00	13.35	0.50	0.00	4.62
60	鄂尔多斯	内蒙古	西部地区	0.00	7.54	3.18	2.49	4.40
61	珠海	广东	东部地区	90.25	4.96	1.17	6.55	4.23

续表

排名	城市	所在省份	分布地区	创业文化得分	创业机会得分	创业资源得分	创业绩效得分	中国创业城市综合得分
62	德 州	山 东	东部地区	0.00	12.14	0.50	0.00	4.21
63	襄 阳	湖 北	中部地区	0.00	10.99	0.17	1.31	4.16
64	聊 城	山 东	东部地区	0.00	9.71	0.67	1.97	4.11
65	中 山	广 东	东部地区	0.00	7.42	1.84	2.75	4.00
66	金 华	浙 江	东部地区	80.38	9.81	1.67	0.00	3.83
67	泰 安	山 东	东部地区	0.00	9.52	0.17	1.70	3.80
68	沧 州	河 北	东部地区	0.00	10.76	0.33	0.00	3.70
69	宜 昌	湖 北	中部地区	0.00	9.72	0.17	1.18	3.69
70	新 乡	河 南	中部地区	0.00	8.68	0.33	1.70	3.57
71	威 海	山 东	东部地区	90.89	6.85	0.84	2.88	3.52
72	惠 州	广 东	东部地区	98.77	9.69	0.84	0.00	3.51
73	淮 安	江 苏	东部地区	0.00	10.00	0.33	0.00	3.45
74	周 口	河 南	中部地区	0.00	10.07	0.00	0.26	3.44
75	兰 州	甘 肃	西部地区	0.00	8.03	2.08	0.00	3.37
76	宿 迁	江 苏	东部地区	0.00	8.64	0.50	0.79	3.31
77	岳 阳	湖 南	中部地区	0.00	9.34	0.17	0.39	3.30
78	菏 泽	山 东	东部地区	0.00	9.73	0.17	0.00	3.30
79	吉 林	吉 林	东北地区	0.00	9.68	0.17	0.00	3.28
80	湛 江	广 东	东部地区	0.00	9.51	0.17	0.00	3.23
81	茂 名	广 东	东部地区	0.00	9.24	0.17	0.00	3.14
82	包 头	内蒙古	西部地区	0.00	9.00	0.33	0.00	3.11
83	衡 阳	湖 南	中部地区	0.00	9.11	0.00	0.00	3.04
84	连云港	江 苏	东部地区	0.00	7.61	1.17	0.00	2.93
85	呼和浩特	内蒙古	西部地区	0.00	7.05	1.49	0.00	2.85
86	漳 州	福 建	东部地区	0.00	7.18	0.17	1.18	2.84
87	许 昌	河 南	中部地区	0.00	6.07	0.67	1.70	2.81
88	常 德	湖 南	中部地区	0.00	8.42	0.00	0.00	2.81
89	株 洲	湖 南	中部地区	0.00	7.35	0.00	1.05	2.80
90	滨 州	山 东	东部地区	0.00	7.18	1.17	0.00	2.78
91	大 庆	黑龙江	东北地区	0.00	8.30	0.00	0.00	2.77
92	鞍 山	辽 宁	东北地区	0.00	7.49	0.67	0.00	2.72
93	江 门	广 东	东部地区	0.00	7.47	0.50	0.00	2.66
94	遵 义	贵 州	西部地区	0.00	7.76	0.00	0.00	2.59
95	柳 州	广 西	西部地区	83.36	7.04	0.17	0.00	2.40

续表

排名	城市	所在省份	分布地区	创业文化得分	创业机会得分	创业资源得分	创业绩效得分	中国创业城市综合得分
96	枣庄	山东	东部地区	0.00	6.81	0.00	0.39	2.40
97	廊坊	河北	东部地区	0.00	5.92	0.84	0.00	2.25
98	焦作	河南	中部地区	0.00	6.49	0.00	0.00	2.16
99	郴州	湖南	中部地区	0.00	6.29	0.17	0.00	2.15
100	榆林	广西	西部地区	0.00	5.91	0.17	0.13	2.07

B.10
我国创业企业社会价值
评估结果

序号	企业	成立时间	行业	社会价值（亿美元）
1	蚂蚁金服	2014 年	金　融	292.66
2	小米科技	2010 年	硬　件	259.21
3	滴滴快的	2012 年	汽车交通	135.80
4	大疆创新	2006 年	硬　件	109.08
5	美团大众点评	2010 年	消费生活	102.46
6	众安保险	2013 年	金　融	97.25
7	陆金所	2011 年	金　融	85.02
8	上海雾博信息技术有限公司（Uber 中国）	2015 年	汽车交通	54.71
9	易商	2011 年	企业服务	37.00
10	魅族	2003 年	硬　件	28.25
11	乐视移动	2014 年	硬　件	26.99
12	Face + +	2012 年	工具软件	22.77
13	同程旅游	2004 年	旅　游	22.69
14	阅文集团	2015 年	文体娱乐	20.12
15	美图公司	2008 年	工具软件	19.72
16	蘑菇街美丽说	2011 年	电子商务	17.90
17	途家	2011 年	旅　游	14.92
18	银联商务	2002 年	金　融	14.37
19	优信拍	2011 年	电子商务	13.57
20	信而富	2005 年	金　融	12.65
21	罗计物流	2014 年	电子商务	12.33
22	饿了么	2008 年	消费生活	12.23
23	丽人丽妆	2010 年	电子商务	11.92
24	辣妈帮	2012 年	电子商务	11.92
25	宝宝树	2007 年	电子商务	11.77
26	玖富	2014 年	金　融	11.38

序号	企业	成立时间	行业	社会价值（亿美元）
27	盘石	2004 年	广告营销	10.30
28	口袋购物	2011 年	电子商务	10.08
29	孩子王	2009 年	电子商务	9.86
30	沪江网	2001 年	教育培训	9.81
31	融 360	2011 年	金 融	9.61
32	土巴兔	2008 年	电子商务	9.39
33	猪八戒网	2005 年	企业服务	9.38
34	人人贷	2010 年	金 融	8.99
35	e 代驾	2011 年	汽车交通	8.99
36	趣分期	2014 年	电子商务	8.93
37	齐家网	2005 年	电子商务	8.87
38	百姓网	2005 年	消费生活	8.56
39	豆瓣	2005 年	消费生活	8.47
40	搜狗	2004 年	工具软件	8.26
41	车易拍	2010 年	电子商务	7.98
42	洋码头	2010 年	电子商务	7.94
43	一起作业网	2007 年	教育培训	7.91
44	拍拍贷	2007 年	金 融	7.82
45	贝贝网	2014 年	电子商务	7.78
46	返利网	2006 年	电子商务	7.68
47	e 袋洗	2013 年	消费生活	7.63
48	小猪短租网	2012 年	旅 游	7.10
49	豌豆荚	2009 年	工具软件	6.83
50	51 无忧英语	2011 年	教育培训	6.81
51	随手记	2010 年	金 融	6.77
52	蚂蜂窝	2006 年	旅 游	6.72
53	Bilibili	2010 年	文体娱乐	6.63
54	秒针系统	2006 年	广告营销	6.62
55	蚂蚁短租网	2011 年	旅 游	6.60
56	零度智控	2009 年	硬 件	6.59
57	挖财网	2009 年	金 融	6.58
58	我买网	2009 年	电子商务	6.36
59	爱奇艺	2010 年	文体娱乐	6.32
60	91 金融	2011 年	金 融	6.32
61	房多多	2011 年	房产家居	6.25

序号	企业	成立时间	行业	社会价值（亿美元）
62	唱吧	2012 年	文体娱乐	6.15
63	快钱	2004 年	金融	6.07
64	乐视体育	2014 年	文体娱乐	5.96
65	雪球财经	2010 年	消费生活	5.92
66	芒果 TV	2006 年	文体娱乐	5.72
67	百度外卖	2014 年	消费生活	5.69
68	到家美食会	2010 年	消费生活	5.69
69	一加手机	2013 年	硬件	5.62
70	丁香园	2000 年	医疗健康	5.51
71	Ucloud	2012 年	企业服务	5.44
72	挂号网	2010 年	医疗健康	5.43
73	邮乐网	2009 年	电子商务	5.42
74	中国海洋音乐	2015 年	工具软件	5.39
75	墨麟	2011 年	游戏动漫	5.37
76	9377	2011 年	游戏动漫	5.37
77	悠游堂	2010 年	文体娱乐	5.30
78	点融网	2013 年	金融	5.16
79	人人车	2014 年	电子商务	5.12
80	好大夫在线	2006 年	医疗健康	5.04
81	春雨掌上医生	2011 年	医疗健康	5.01
82	优必选	2012 年	硬件	4.77
83	云家政	2010 年	消费生活	4.77
84	阿姨帮	2013 年	消费生活	4.77
85	今日头条	2012 年	文体娱乐	4.71
86	热酷游戏	2007 年	游戏动漫	4.67
87	典典养车	2014 年	消费生活	4.55
88	找塑料网	2014 年	电子商务	4.48
89	知乎	2011 年	社交网络	4.47
90	猿题库	2013 年	教育培训	4.44
91	百程旅行网	2000 年	旅游	4.39
92	酒仙网	2013 年	电子商务	4.38
93	嘀嗒拼车	2014 年	汽车交通	4.38
94	触控	2010 年	游戏动漫	4.27
95	拉卡拉	2005 年	金融	4.22
96	PPTV	2005 年	文体娱乐	4.18
97	中商惠民	2013 年	电子商务	4.18
98	卷皮折扣	2012 年	电子商务	4.17
99	天神互动	2010 年	游戏动漫	4.16

续表

序号	企业	成立时间	行业	社会价值(亿美元)
100	分期乐	2014 年	电子商务	4.16
101	壹药网	2010 年	医疗健康	4.15
102	Q 房网	2013 年	房产家居	4.11
103	YHOUSE 悦会	2012 年	消费生活	4.00
104	本来生活	2012 年	电子商务	3.97
105	蜜芽宝贝	2011 年	电子商务	3.96
106	金山云	2012 年	企业服务	3.92
107	秒拍网	2011 年	社交网络	3.87
108	寺库	2008 年	电子商务	3.87
109	极飞科技	2007 年	硬件	3.82
110	华米科技	2014 年	硬件	3.79
111	有利网	2013 年	金融	3.79
112	PLU	2005 年	文体娱乐	3.77
113	纷享销客	2013 年	企业服务	3.76
114	面包旅行	2012 年	旅游	3.76
115	美乐乐家具网	2008 年	电子商务	3.75
116	跟谁学	2014 年	教育培训	3.72
117	河狸家美甲	2014 年	消费生活	3.70
118	wifi 万能钥匙	2012 年	消费生活	3.69
119	e 家洁	2013 年	消费生活	3.57
120	找钢网	2012 年	电子商务	3.57
121	乐动卓越	2011 年	游戏动漫	3.55
122	心动游戏	2011 年	游戏动漫	3.51
123	51 用车	2013 年	汽车交通	3.50
124	品果科技	2010 年	工具软件	3.44
125	为为网	2010 年	电子商务	3.43
126	豆果网	2008 年	社交网络	3.42
127	汇付天下	2006 年	金融	3.41
128	淡蓝网	2000 年	社交网络	3.29
129	今目标	2005 年	企业服务	3.29
130	爱屋吉屋	2014 年	房产家居	3.27
131	云知声	2012 年	企业服务	3.20
132	品友互动	2009 年	广告营销	3.19
133	虎扑	2004 年	文体娱乐	3.18
134	普惠金融	2013 年	金融	3.16
135	暴走漫画	2010 年	游戏动漫	3.14
136	走着旅行	2015 年	旅游	3.10
137	易分期	2013 年	金融	2.96

续表

序号	企业	成立时间	行业	社会价值（亿美元）
138	七乐康	2001 年	电子商务	2.90
139	眯客	2014 年	旅　游	2.87
140	淘汽档口	2014 年	电子商务	2.87
141	爱鲜蜂网	2014 年	消费生活	2.86
142	华云数据	2010 年	企业服务	2.85
143	积木盒子	2013 年	金　融	2.85
144	蚁视科技	2013 年	硬　件	2.77
145	淘在路上	2011 年	旅　游	2.74
146	呀苹果	2014 年	电子商务	2.69
147	掌阅	2008 年	文体娱乐	2.68
148	东方购物（东方 CJ）	2003 年	电子商务	2.68
149	多益网络	2006 年	游戏动漫	2.63
150	春播网	2014 年	电子商务	2.63
151	SenseTime	2014 年	工具软件	2.62
152	胡莱	2010 年	游戏动漫	2.62
153	布卡漫画	2011 年	游戏动漫	2.62
154	趣加游戏	2010 年	游戏动漫	2.62
155	炎龙	2007 年	游戏动漫	2.62
156	Nice	2013 年	社交网络	2.60
157	蘑菇公寓	2014 年	房产家居	2.60
158	亿航无人机	2014 年	硬　件	2.55
159	互众广告	2013 年	广告营销	2.50
160	驴妈妈	2008 年	旅　游	2.49
161	礼物说	2013 年	电子商务	2.48
162	晶赞科技	2011 年	企业服务	2.45
163	要玩娱乐	2008 年	游戏动漫	2.37
164	猎聘网	2006 年	企业服务	2.36
165	小区无忧	2012 年	消费生活	2.35
166	大特保	2014 年	金　融	2.34
167	易宝支付	2003 年	金　融	2.34
168	理财范	2014 年	金　融	2.33
169	穷游网	2004 年	旅　游	2.32
170	马可波罗	2006 年	电子商务	2.30
171	开桌	2012 年	消费生活	2.30
172	岂凡网络	2013 年	游戏动漫	2.29
173	有棵树	2010 年	电子商务	2.29
174	青云	2012 年	企业服务	2.28
175	七牛	2011 年	企业服务	2.28

续表

序号	企业	成立时间	行业	社会价值(亿美元)
176	4399	2004 年	游戏动漫	2.26
177	锤子科技	2012 年	硬　件	2.23
178	点媒	2010 年	广告营销	2.18
179	极客学院	2014 年	教育培训	2.10
180	易淘食	2011 年	消费生活	2.09
181	Imbatv	2014 年	文体娱乐	2.05
182	果壳网	2010 年	社交网络	2.02
183	易到用车	2010 年	汽车交通	1.99
184	华康全景	2011 年	医疗健康	1.96
185	亚朵	2013 年	房产家居	1.89
186	101 同学派	2011 年	硬　件	1.88
187	幸福 9 号	2014 年	电子商务	1.86
188	三只松鼠	2012 年	电子商务	1.77
189	酒美网	2008 年	电子商务	1.65
190	宝驾租车	2014 年	汽车交通	1.61
191	银客网	2013 年	金　融	1.52
192	蜗牛	2000 年	游戏动漫	1.47
193	PP 租车	2013 年	汽车交通	1.31
194	百合网	2005 年	社交网络	1.26
195	斗鱼 tv	2014 年	文体娱乐	1.25
196	投哪网	2012 年	金　融	1.24
197	You + 公寓	2011 年	房产家居	1.22
198	一块邮	2013 年	广告营销	1.14
199	AcFun	2007 年	文体娱乐	1.14
200	喜马拉雅	2012 年	工具软件	1.09

B.11

风险投资（VC）投资机构
负责任投资评估结果

责任指数排名	投资机构	创立年份	管理资金规模	聚焦行业	负责任投资指数
1	软银中国资本｜SBCVC	2000	逾20亿美元	信息技术、清洁技术、医疗健康、消费零售和高端制造等行业	6
2	君联资本｜LEGEND CAPITAL	2001	190亿元	TMT、清洁技术、医疗健康、先进制造、消费品、现代服务	5
3	德同资本｜DT Capital Partners	2006	70亿元＋5.5亿美元	节能环保、消费连锁、医疗健康、信息科技、先进制造	3
3	华登国际｜Walden International	1987	逾20亿元	电子科技新能源及环保医疗健康现代消费及服务互联网以及其他高成长性的行业	3
3	华睿投资管理（Sinowisdom Capital）	2002	80亿元	"移动互联网＋传统产业"、科技、大数据、智能硬件化生产、工业4.0智能生产、移动互联网和互联网等高科技产业	3
3	永宣投资｜NewMargin Ventures	1999	4.3亿美元＋173.6亿元	IT、高成长性技术、生物医药、高附加值的制造业	3
7	北极光创投（Northern Light Venture Capital）	2005	约10亿美元	高科技、新媒体、通信（TMT）、清洁技术、消费及健康医疗	2
7	创东方投资｜CDF－capital	2007	逾75亿元	创东方管理的创业投资基金主要投资领域包括新材料、新IT、新消费（服务）、新健康、新环保（节能）、新制造六大板块，专注和擅长于"高科技、高成长、创新型、中小型"优秀企业的股权投资。创东方投资领域涵盖新材料、大IT、大消费、大健康等	2

续表

责任指数排名	投资机构	创立年份	管理资金规模	聚焦行业	负责任投资指数
7	东方富海（Oriental Fortune Capital）	2006	85.49 亿元	信息技术、健康医疗、消费品、节能环保	2
7	基石资本（Costone Venture Capital）	2000	65.6 亿元	先进制造、TMT（科技、媒体、通信）、医疗健康、消费及服务	2
7	经纬中国（Matrix Partners China）	2008	13 亿美元	互联网与移动、医疗健康、消费与服务、清洁能源	2
7	赛伯乐投资集团（Cybernaut Investment Group）	2005	6000 万美元 + 222.3 亿元	互联网与大数据基础设施的建设和运营，新一代信息技术和服务，新一代信息技术的各行业应用，提升整个城市的创新与国际化程度	2
7	同创伟业（Cowin Capital）	2000	80 亿元	"三大三新"（大健康、大信息、大消费，新能源、新材料、新工业）	2
14	IDG 资本（IDG Capital Partners）	1993	逾 30 亿美元	互联网移动高科技、新型服务/品牌、医疗健康、工业技术/资源、媒体内容/旅游地产	1
14	晨兴资本（Morningside Venture Capital）	2008	9 亿元	医疗保健、互联网、信息服务、媒体、软件、通信、生命科技和教育等	1
14	达晨创投（Fortune VC）	2000	150 亿元	TMT、智能制造与机器人、节能环保、消费服务、医疗健康、军工、现代农业	1
14	红杉资本中国基金（Sequoia Capital China）	2005	35.8 亿美元 + 95 亿元	科技/传媒、医疗健康、消费品/服务、新能源/清洁技术/先进制造	1
14	兰馨亚洲（Orchid Asia）	1993	30 亿美元	兰馨亚洲主要投资于扩张期私营企业并具有高进入门槛并有增长潜力的消费产品及服务行业	1
14	启明创投（Qiming Venture Partners）	2006	17 亿美元	专注于互联网消费 Intersumer、医疗健康 Healthcare、信息技术 IT 以及清洁环保技术 Clean Technology 等行业	1

续表

责任指数排名	投资机构	创立年份	管理资金规模	聚焦行业	负责任投资指数
14	松禾资本(Green Pine Capital Parters)	2007	31.3亿元	移动互联网、生命科学、绿色经济、新制造新服务	1
14	维思资本(Envision Capital)	2009	5000万美元+11.94亿元	信息技术:aac、共达、techfaith/迈普、博彦科技、newtouch/瑞金麟、adtime/网娱智信、凤凰都市传媒、hanen	1
22	鼎晖创业投资(CDH Venture)	2006	18亿元	零售及消费品、工业制造业、金融机构、高科技服务业、医疗/健康、房地产	0
22	今日资本(Capital Today)	2005	6.8亿美元	零售、消费品、医药、互联网	0
22	凯鹏华盈/华盈创投(KPCB China/TDF Capital)	2005	7.93亿美元+3.8亿元	互联网科技、消费升级以及医疗健康	0
22	赛富投资基金(SAIF Partners)	2001	50亿元+38亿美元	消费品及服务、教育、金融、健康医疗、信息技术、互联网、制造业、移动业务	0
22	深圳创新投(SCGC)	1999	300亿元	制造业、高科技行业,还同时关注服务业、物流业等具有创新特质的领域	0
27	纪源资本(GGV Capital)	2000	22亿美元+12.8亿元	互联网数字媒体、云计算软件服务、中国城市化发展推动的消费领域	−1
27	普凯投资(Prax Capital)	2003	7.09亿美元+11.62亿元	普凯资本主要投资目标:医疗(含药品、器械、保健、养老等)、现代农业(含养殖业、林业)、绿色产业(环保节能、有机等)、文化教育与出版传媒、新材料、新能源、移动通信与互联网应用、软件等战略新兴行业里的高成长企业	−1
29	海纳亚洲(SIG Asia Investment)	2005	9亿美元+10亿元	关注消费类、服务类以及数字媒体	−2
30	DCM	1996	26亿美元	移动技术、消费者互联网、软件与服务	−3

B.12
私募股权（PE）投资机构
负责任投资评估结果

得分排名	成立年份	总部所在地	PE 投资机构	负责任投资得分
1	1935	美　　国	摩根士丹利	7
2	1983	中国香港	光大控股	5
2	1956	美　　国	国际金融公司	5
2	1987	美　　国	凯雷投资集团	5
2	2011	中　　国	昆吾九鼎	5
2	2008	中　　国	中信产业基金	5
7	2010	中　　国	景林	4
7	1980	美　　国	老虎环球基金	4
7	2005	中　　国	新天域资本	4
7	2000	中　　国	中科招商集团	4
11	2008	中国香港	方源资本	3
11	1992	中　　国	复星资本	3
11	2008	中　　国	广发信德	3
11	2008	中　　国	国信弘盛	3
11	1986	中　　国	海富产业基金	3
11	2004	中　　国	建银国际	3
11	2007	中　　国	金石投资	3
11	1966	美　　国	美国华平投资集团	3
11	1999	中　　国	明石投资	3
11	1999	中　　国	信中利资本	3
11	2007	中　　国	中金直投	3
22	2002	中　　国	鼎晖投资	2
22	2008	中　　国	磐石资本	2
22	2008	中　　国	平安财智	2
22	2008	中　　国	招商湘江	2
26	1869	美　　国	高盛集团	1

续表

得分排名	成立年份	总部所在地	PE 投资机构	负责任投资得分
26	2003	中　国	弘毅投资	1
28	1976	美　国	KKR	0
28	1998	中国香港	霸菱亚洲	0
28	2006	中　国	挚信资本	0

B.13

后 记

《中国创业发展研究报告（2015～2016）》是集体劳动成果的结晶。总报告、创业企业报告、创业投资报告的数据收集工作历时6个月，先后40余人投入其中。内容结构和技术路线由黄群慧、赵卫星、钟宏武研究确定，并听取了相关专家的意见和建议。

数据采集过程涉及29个作为国家创业指数研究对象的国家、100座作为中国城市创业指数研究对象的城市、200家作为创业企业报告研究对象的创业企业以及作为创业投资研究对象的30家VC投资机构和30家PE投资机构，所收集信息均为公开信息，收集信息的过程涉及对相关信息的阅读、辨识和整理，由赵卫星、钟宏武组织协调完成，魏秀丽等同志负责29个国家的数据收集工作，杨小科、石颖等同志负责100座城市的数据收集工作，张唐槟等同志负责200家创业企业的数据收集工作，叶柳红、张宓、赵思琪、党思等同志负责30家VC投资机构和30家PE投资机构的数据收集工作。赵卫星、钟宏武、许英杰、魏秀丽、杨小科、张唐槟等同志共同完成了信息的录入、数据审核以及指标赋分和计算工作。

《中国创业发展研究报告（2015～2016）》的写作提纲由黄群慧、赵卫星、钟宏武共同确定。总报告部分："国家创业指数（2015）"由黄群慧、赵卫星、钟宏武、魏秀丽撰写；"中国城市创业指数（2015）"由杨小科、石颖撰写。创业企业报告部分："中国创业企业社会价值评估（2015）"由许英杰撰写；"中国创业企业实践"由赵卫星整理。创业投资报告部分："研究方法和技术路线"、"风险投资（VC）投资机构负责任投资研究"、"私募股权（PE）负责任投资研究"由许英杰撰写。附录部分：附录一"国家创业指数评估结果"、附录二"中国城市创业指数评估结果"、附录三

"我国创业企业社会价值评估结果"、附录四"风险投资（VC）投资机构负责任投资评估结果"、附录五"私募股权（PE）投资机构负责任投资评估结果"由许英杰整理。

全书由赵卫星、钟宏武和许英杰审阅、修改和定稿。

"创业发展"研究刚刚起步，还有许多问题需要进一步的探索和解决，期待本书的出版能够对推进"创业发展"研究尽绵薄之力。《中国创业发展研究报告（2015~2016）》是中国第一份以创业发展为主题的研究报告，存在一些纰漏在所难免，希望各行各业的专家学者、读者朋友不吝赐教，共同推动中国创业更好更快发展，助力我国全面建成小康社会的伟大事业。

❖ 皮书起源 ❖

"皮书"起源于十七、十八世纪的英国，主要指官方或社会组织正式发表的重要文件或报告，多以"白皮书"命名。在中国，"皮书"这一概念被社会广泛接受，并被成功运作、发展成为一种全新的出版形态，则源于中国社会科学院社会科学文献出版社。

❖ 皮书定义 ❖

皮书是对中国与世界发展状况和热点问题进行年度监测，以专业的角度、专家的视野和实证研究方法，针对某一领域或区域现状与发展态势展开分析和预测，具备原创性、实证性、专业性、连续性、前沿性、时效性等特点的公开出版物，由一系列权威研究报告组成。

❖ 皮书作者 ❖

皮书系列的作者以中国社会科学院、著名高校、地方社会科学院的研究人员为主，多为国内一流研究机构的权威专家学者，他们的看法和观点代表了学界对中国与世界的现实和未来最高水平的解读与分析。

❖ 皮书荣誉 ❖

皮书系列已成为社会科学文献出版社的著名图书品牌和中国社会科学院的知名学术品牌。2011年，皮书系列正式列入"十二五"国家重点出版规划项目；2012~2015年，重点皮书列入中国社会科学院承担的国家哲学社会科学创新工程项目；2016年，46种院外皮书使用"中国社会科学院创新工程学术出版项目"标识。

法律声明

  "皮书系列"（含蓝皮书、绿皮书、黄皮书）之品牌由社会科学文献出版社最早使用并持续至今，现已被中国图书市场所熟知。"皮书系列"的LOGO（ ）与"经济蓝皮书""社会蓝皮书"均已在中华人民共和国国家工商行政管理总局商标局登记注册。"皮书系列"图书的注册商标专用权及封面设计、版式设计的著作权均为社会科学文献出版社所有。未经社会科学文献出版社书面授权许可，任何使用与"皮书系列"图书注册商标、封面设计、版式设计相同或者近似的文字、图形或其组合的行为均系侵权行为。

  经作者授权，本书的专有出版权及信息网络传播权为社会科学文献出版社享有。未经社会科学文献出版社书面授权许可，任何就本书内容的复制、发行或以数字形式进行网络传播的行为均系侵权行为。

  社会科学文献出版社将通过法律途径追究上述侵权行为的法律责任，维护自身合法权益。

  欢迎社会各界人士对侵犯社会科学文献出版社上述权利的侵权行为进行举报。电话：010－59367121，电子邮箱：fawubu@ssap.cn。

社会科学文献出版社

权威报告·热点资讯·特色资源

皮书数据库
ANNUAL REPORT(YEARBOOK)
DATABASE

当代中国与世界发展高端智库平台

S 子库介绍
ub-Database Introduction

中国经济发展数据库

涵盖宏观经济、农业经济、工业经济、产业经济、财政金融、交通旅游、商业贸易、劳动经济、企业经济、房地产经济、城市经济、区域经济等领域，为用户实时了解经济运行态势、把握经济发展规律、洞察经济形势、做出经济决策提供参考和依据。

中国社会发展数据库

全面整合国内外有关中国社会发展的统计数据、深度分析报告、专家解读和热点资讯构建而成的专业学术数据库。涉及宗教、社会、人口、政治、外交、法律、文化、教育、体育、文学艺术、医药卫生、资源环境等多个领域。

中国行业发展数据库

以中国国民经济行业分类为依据，跟踪分析国民经济各行业市场运行状况和政策导向，提供行业发展最前沿的资讯，为用户投资、从业及各种经济决策提供理论基础和实践指导。内容涵盖农业，能源与矿产业，交通运输业，制造业，金融业，房地产业，租赁和商务服务业，科学研究环境和公共设施管理，居民服务业，教育，卫生和社会保障，文化、体育和娱乐业等 100 余个行业。

中国区域发展数据库

以特定区域内的经济、社会、文化、法治、资源环境等领域的现状与发展情况进行分析和预测。涵盖中部、西部、东北、西北等地区，长三角、珠三角、黄三角、京津冀、环渤海、合肥经济圈、长株潭城市群、关中一天水经济区、海峡经济区等区域经济体和城市圈，北京、上海、浙江、河南、陕西等 34 个省份及中国台湾地区。

中国文化传媒数据库

包括文化事业、文化产业、宗教、群众文化、图书馆事业、博物馆事业、档案事业、语言文字、文学、历史地理、新闻传播、广播电视、出版事业、艺术、电影、娱乐等多个子库。

世界经济与国际政治数据库

以皮书系列中涉及世界经济与国际政治的研究成果为基础，全面整合国内外有关世界经济与国际政治的统计数据、深度分析报告、专家解读和热点资讯构建而成的专业学术数据库。包括世界经济、世界政治、世界文化、国际社会、国际关系、国际组织、区域发展、国别发展等多个子库。